THE PHOENIX ECONOMY
Work, Life, and Money in the New Not Normal

凤凰经济

新不确定时代个人、企业和社会如何涅槃重生

[美] 费利克斯·萨蒙（Felix Salmon）◎著

许宏 何矞 等◎译

中信出版集团 | 北京

图书在版编目（CIP）数据

凤凰经济：新不确定时代个人、企业和社会如何涅槃重生 /（美）费利克斯·萨蒙著；许宏等译. -- 北京：中信出版社, 2023.8
ISBN 978-7-5217-5750-7

Ⅰ.①凤… Ⅱ.①费… ②许… Ⅲ.①世界经济-经济发展趋势-研究 Ⅳ.① F113.4

中国国家版本馆 CIP 数据核字（2023）第 131188 号

THE PHOENIX ECONOMY by Felix Salmon
Copyright © 2023 by Felix Salmon
Published by arrangement with Harper Business, an imprint of HarperCollins Publishers
Simplified Chinese translation copyright © 2023 by CITIC Press Corporation
ALL RIGHTS RESERVED
本书仅限中国大陆地区发行销售

凤凰经济——新不确定时代个人、企业和社会如何涅槃重生
著者：　　[美] 费利克斯·萨蒙
译者：　　许宏　何裔　等
出版发行：中信出版集团股份有限公司
　　　　　（北京市朝阳区东三环北路 27 号嘉铭中心　邮编　100020）
承印者：　北京诚信伟业印刷有限公司

开本：880mm×1230mm　1/32　　印张：11　　　　字数：249 千字
版次：2023 年 8 月第 1 版　　　　印次：2023 年 8 月第 1 次印刷
京权图字：01-2023-3365　　　　　书号：ISBN 978-7-5217-5750-7
　　　　　　　　　　　　　　　　定价：79.00 元

版权所有·侵权必究
如有印刷、装订问题，本公司负责调换。
服务热线：400-600-8099
投稿邮箱：author@citicpub.com

致埃丽卡

再来一个瘟疫年,种种偏见、对博爱和基督教团结的背离等分歧就会得到调和;与死亡或那些有死亡威胁的疾病密切交谈,会滤去我们性情中的毒汁,消除我们中间的种种怨怼,并让我们换一种眼光看待世界,不同于从前我们对待事物的那些看法。

——丹尼尔·笛福《瘟疫年纪事》[1]

---

[1] 译注:引自2013年上海译文出版社出版的《瘟疫年纪事》,有部分改动。

目录

序言 ······ *005*

前言 ······ *009*

第一部分
新不确定时代

第一章　新非常态：一个新不确定时代已然到来 ······ 003
第二章　一种全新的经济模式正加速到来 ········ 036
第三章　股市大跌，零利率时代的投资新逻辑 ···· 043
第四章　投资赌徒心理：从投资金银到加密货币 ···· 079
第五章　居家办公是更高效的工作模式吗？ ······ 109
第六章　后全球化的世界：更加多元，更具韧性 ···· 135

第二部分
被改变的个人世界

第七章 疫情改变世界：身体距离、集体主义
　　　　　与数字化世界 …………………… 149
第八章 从疫情恐惧中走出来 …………………… 172

第三部分
企业、社会：经济该如何涅槃重生

第九章 风险的正反面 …………………… 185
第十章 经济真的会恢复吗：我们应该这样做 …… 206
第十一章 解决经济危机：我们找到了一个超级
　　　　　厉害的办法 …………………… 223
第十二章 经济出现了结构性变化 …………… 240
第十三章 驾驭变幻莫测的货币 …………… 251
第十四章 不平等现象不断加剧 …………… 265

后记　未来可期 …………………… 292

致谢 …………………… 297

注释 …………………… 300

序言

美国西南部有4种非常古老的文化：霍霍卡姆文化、阿那萨吉文化、莫戈永文化和帕塔扬文化。[1]

大约从公元元年开始，霍霍卡姆人就定居在希拉河及其支流圣克鲁斯河、圣佩德罗河、弗德河、索尔特河的河谷地带。其中，索尔特河河谷是霍霍卡姆人最重要的定居点。他们从墨西哥引进了农业技术，在严酷干旱的索诺拉沙漠种植玉米、豆类、南瓜，甚至棉花。

在沙漠中生活并不轻松。因为这里每年大约只有8英寸①的降雨量，而且经常会连续几个月一滴雨都不下，冬季滴水成冰，夏天又有超过48摄氏度的高温。但这里是霍霍卡姆人的家园。大约在公元50年，霍霍卡姆人开始启动他们的第一条小型灌溉渠的建造工程。

---

① 译注：1英寸=2.54厘米。

大约400年后，霍霍卡姆人大幅拓宽这条灌溉渠，同时用巨人柱仙人掌的枝杈建起了第一批房屋。这个定居点后来被称为普韦布洛－格兰德（简称"普韦布洛"），在西班牙语中的意思是"巨大的村镇"。到公元750年，普韦布洛已经发展成一个颇为完善的村庄，甚至建了球场，而且与外界有贸易往来。到公元875年，普韦布洛已能生产出色的陶器，周围开凿了10条水渠，它正处水渠网络的中心。到1150年，原本的村庄已被愈发繁华拥挤的城镇所取代，周围环绕着城墙。14世纪伊始，霍霍卡姆人开始建造"大房子"，普韦布洛有一座用土坯建成的多层建筑，其中至少有一层专为天文观测而设。此时的普韦布洛已经宽逾一英里，成为一座传奇之城，周围有135英里的水渠，灌溉着数千英亩的土地。[①] 农业获得极大发展，索尔特河上甚至出现了水产养殖业。

紧接着，短短不过几代人的时间，一切繁华都湮没在风沙中。大约在1450年，最后一个霍霍卡姆人离开了先辈耕耘了上千年的普韦布洛。城市的建筑继续矗立在沙漠中，但居民却早已背井离乡。

霍霍卡姆人到底为什么背井离乡，考古学家们至今还众说纷纭。显然欧洲殖民者的入侵无法解释这一切，毕竟哥伦布在几十年后才抵达新大陆；也许从时间上判断，霍霍卡姆人与阿帕奇人和纳瓦霍人的战争更说得通一些，但是在霍霍卡姆文明土崩瓦解

---

① 译注：1英里＝1.609344千米，1英亩＝4046.86平方米。

时，这两支部落其实还没有迁徙到普韦布洛的地盘；还有一种可能的原因，是某种瘟疫或者水媒疾病迅速袭击了当地人口。

最让人信服的解释是，普韦布洛因自身的过度膨胀而灭亡。沙漠可以养活的人口是有限的，一场干旱就可能迫使周边的人口全部迁移到普韦布洛城中。人口增加，必然会导致普韦布洛的水渠和土地不堪重负。从15世纪霍霍卡姆人的遗骸来看，他们有营养不良的迹象。而1358年和14世纪80年代的两场洪水或许摧毁了很多灌溉设施，影响了城市的生产能力。皮马人可能是霍霍卡姆人的后裔，他们口口相传的故事暗示，他们的祖先经历过政治动荡，推翻过当时的领导人。

"霍-霍-卡-姆"是后人取的名字，意思是"消失的民族"。斯人已逝，但后人对他们的记忆仍存。1867年，霍霍卡姆文明的消失才刚刚过去400多年，大名鼎鼎的杰克·斯威林搬到了索尔特河河谷，着手新建引水渠，种植和千年前大同小异的农作物。后来这个地区有了"斯威林磨坊"之称，斯威林本人却想纪念南方邦联将军斯通沃尔·杰克逊，要把这个地方命名为斯通沃尔。

斯威林的朋友菲利普·杜帕对这个想法兴趣索然。杜帕是一位真正的拓荒先驱，他是英国人，从南美洲登陆后一路北上，直到抵达这里。他认为区区一个将军配不上这份敬意，在这片土地上大规模耕作了上千年的第一代拓荒者才应该得到这份荣誉——留下他们的名字。

杜帕设想的是一种重生，他希望有一座城市，一座比普韦布洛更庞大、更无畏的城市从遗迹中拔地而起。杜帕曾在剑桥大学学习古典文学,掌握5种语言,非常熟悉文明史上最久远的传说,这样的传说甚至比霍霍卡姆文明还要古老上千年。古埃及人称之为贝努(Bennu),波斯人称之为呼玛(Huma),古印度人称之为迦楼罗(Garuda),中国人称之为凤凰(Feng-huang),犹太人称之为Chol①。它们象征着重生,象征着复兴,象征着结束永远代表新的开始。霍霍卡姆人已经消亡,但他们的精神将与这座建立在普韦布洛废墟上的城市一起长存于世。

如今160万人在此安居乐业。

Phoenix,菲尼克斯,也称凤凰城。

---

① 译注:Chol为犹太教中传说的神鸟。

前言

写这本书缘于我的经纪人 2020 年 4 月初发来的一封电子邮件，邮件中提出希望我写一本书讨论"疫情经济学"。要写一本什么样的书，当时的我毫无头绪，但是我脑海中突然蹦出了"凤凰经济"这个概念。起这样的名字就是希望能反映出一些乐观情绪，我的经纪人希望我表达的正是乐观情绪，比如新冠病毒感染疫情期间和之后商业蓬勃发展，诸如此类。其实，哪怕我自己以及与我交谈过的大多数经济学家都认为商业蓬勃发展的前景非常黯淡。

当时，我观察经济形势，发现股市正在暴跌，破产处处可见。（事实上，都到了 2020 年 6 月中旬，经济衰退已经结束了，《纽约时报》的头条新闻[1]才开始宣称"破产浪潮即将到来"。）在 2020 年 4 月的时候，发生金融危机的可能性越来越大，当然还有一种致命的新冠病毒正在席卷全球，而那位明显无能的美国总统却对该病毒的传播无所作为。当时没有人想得到，这场疫情在经济上的破坏性居然会与2008年爆发的金融危机和由此引发的大衰退不相上下。我的一位前雇主甚至悲观地警告[2]世界会迎来"横向I形复苏",而且最终结果会比20世纪30年代的"大萧条"更加糟糕。

在这种情况下,依我看来,如果我写书时把注意力集中在少数几个亮点上,比如远程办公悄然兴起,或者大家发现自己宅在家里的时候居然学会了烤出不错的面包,那么这样的书也是乏味的。就像是我在说:"别去思考数百万人的死亡啦贫困啦这样的话题,你知不知道疫情对狗的影响有多大?"

这场疫情确实很可怕。美国的死亡人数已达上百万,全球的死亡人数已多达数百万。在几周内,数百万美国人的工作岗位凭空蒸发,其中许多人再也没能重返职场。由于多地采取居家限制及线上授课措施,学校的教学效果非常糟糕,家庭中的亲子相处状况也非常糟糕,一场全国性甚至可能是全球性的心理健康危机开始出现。

环顾周围,满眼"灰烬",有来自亲人的,还有来自整个生活方式的。曾经在飞机上花掉大把时间的人,或者至少定期离开自己国家的人,发现自己已停飞很长时间。从人和人交往的角度看,中国人和世界其他国家的人之间的交往频率急剧下降。突然之间,没有多少人能够进出中国旅行。其实致命的传染病一直伴随着人类历史,在近几十年才有了一些变化,但是在被遗忘了几十年之后,致命病毒突然再次来袭,对所有人造成了不同程度的影响。

然而，随着灰烬的堆积，人们越来越容易从灰烬中看到"凤凰复活"的希望，尤其是在美国。不仅富人的财富激增，穷人也同样在变富。极度紧张的劳动力市场促成了"辞职潮"，人们完全可以辞去不喜欢的工作，然后找到自己更加喜欢的工作。你想住在哪儿就可以选择去住在哪儿，而不用像疫情前一样因为客观限制必须住在什么地方，至少不出国的话是可以自由选择居住地的。尽管还是有焦虑有喧嚣，但是全世界仍有希望像2020年那样真正团结到一起。2020年，几十亿人连续好几周停止流动，成功地拉平了新冠病毒感染率曲线，并为科学家们留出了足够多的时间来研发信使核糖核酸（mRNA）疫苗，以让疫苗更快面世，更加有效，比疫情初期大家所期望的效果还要好。

疫苗是在2021年初开始推广的，然而没过多久人们就开始听到了抱怨，尤其是在更加小心谨慎而且厌恶新冠病毒的人群中："你没听说吗？疫情结束了。"老年人，免疫功能低下的人，以及对每周数千人的死亡数字感到震惊和沮丧的人，他们会环顾四周，在看到一些人不接种疫苗或做出不戴口罩等鲁莽和危险行为时，会感到震惊，会怀疑这些人到底在想些什么。

我曾经也是对此有质疑的人，直到2022年的某一天。从那天开始，虽然我还在说着同样的话，但语气已经不那么讽刺了。2021年9月，我协助举办了一场盛大的生日派对，当时我们采取了很多预防措施，最终没有人感染。2022年6月，我参加了一场婚礼，倒是有5个人感染了新冠病毒，可是大家的反应是"嗯，已经很好了，比我预想的要少"。从流行病学的角度看，疫情仍在肆虐；从人类学的角度看，疫情已经成为生活的一部分，是无法避免的事情，甚至有人开始希望在方便的时候自己也不妨感染一次。

当人们的行为就像疫情结束了一样时，那么，疫情就是结束了，至少在行为层面上是这样的。不过，有两件事是确定的。首先，在流行病学层面上，疫情不太可能迅速根除。新冠病毒将长期与我们同在，在当下以及可以预见的未来，生活在地球上就意味着与新冠病毒共存；其次，总会有人认为疫情是一个严峻而可怕的现实，深刻改变了他们的生活方式。在无法否认新冠病毒确实存在的情况下，这些人主观上或者客观上没法假装疫情真的已经结束了。

这本书不涉及新冠病毒的流行病学影响，我要研究的是，新冠病毒这种微小的东西怎样持久地改变了整个世界。由于新冠病毒，世界发生了相当大的变化。新冠病毒并不是造成这一切后果的唯一原因，但如果你是在 21 世纪 20 年代阅读我的这本书，很可能你确实在很多方面亲身感受到了它的影响，因为和疫情前的世界相比，生活确实在很多方面发生了改变。比如说当涉及你可以在离家多远的地方工作时，这种变化就很明显，但是当涉及你的钱包有多少钱时，这种变化又不那么明显了。但无论程度如何，新冠病毒造成的影响几乎无处不在。

例如，在这本书出版时，富裕国家最大的经济问题是通货膨胀率太高，它们在经历近几十年来从未有过的高通胀。造成高通货膨胀率的原因包括：一部分是供应链问题，可以归因于疫情；

一部分是财政政策的问题，而这些政策同样是疫情带来的；一部分是劳动力的情况突然发生变化，这也与疫情相关；还有很大一部分是俄乌冲突。即使没有疫情，俄乌冲突也可能爆发，但终究我们谁也不知道会不会果然如此。在任何一个原因上深究下去，人们都能看到疫情的影响。我们不能简单地把所有这一切都抛到脑后，不能简单地宣布生活已经恢复到了疫情前的样子。

从疫情初期开始，媒体上就充斥着"疫情改变了一切"的论调，其中一些是诚实的预测，另一些则更多是基于自己的期望而不是基于理性的预期。和持这些论调的人都不一样的是我所称的均值回归者，他们认为大多数事情都会回到疫情前的状态，那些愚蠢地宣称"纽约将永远死去"的人[3]，很快就会被证明说错了。我要声明一下，纽约仍然充满生机，我说的不仅是在我写这本书的时候，也是在你读这本书的时候，甚至可能很多年过去了，纽约仍然生机勃勃。这不是一本预测未来的书，但这句话是我自己非常满意的一个预测。

从本质上来说，我也是一个均值回归者。媒体记者往往对废话高度敏感，我们也相当愤世嫉俗，而且普遍认为做出非凡的论断需要非凡的证据。我们更有可能对改变世界的力量和技术嗤之以鼻，而不是过度炒作。无论如何，像疫情这样规模的全球性事件，对世界的影响都不会小。它必将对世界产生持久的影响。这些影响会非常深远，而且其中很多会出人意料。

我希望这本书能帮助你更深刻地理解已经发生的一些巨大变化，帮助你在其他变化到来时更好地理解它们。关于凤凰的传说

前言

其实是关于复活和重生的故事,是一个循环,但并不是一种缓慢而稳定的循环。凤凰会生存数百年,之后在一场冲天的大火中,它的生命短暂结束,最后在这燃烧后的灰烬中涅槃重生。我的观点是,疫情就是那场罕见的大火,它催生了一个全新的时代。我们大多数人年纪都不大,不记得发生在1945年的"凤凰涅槃",但经历过第二次世界大战的人永远也不会忘记。对于经历过疫情的人来说,疫情带来的有些记忆同样难以磨灭,而且这次疫情也将对全球产生深远的影响。

你如果想简单衡量一件大事到底有多重要,可以看看这件事在P1位置上停留了多长时间。P1可能指"1号位置",也可能不是,据称这是巴拉克·奥巴马使用的概念,也是各大电视新闻网凭直觉就理解了的概念,特别是杰夫·扎克担任总裁时期的美国有线电视新闻网(CNN)。在任何特定的时间点,肯定有一个问题是所有人都最关注的事情。从新闻界和公众角度来看,这就是世界上最重要的事情,只要播报,人们就会观看,但如果播报其他事情,不管是什么事,人们都会感到无聊,然后换台。

在美国,在疫情暴发之前,唐纳德·特朗普在1号位置上待了大约4年。特朗普的总统竞选,还有他担任总统时的表现,成功霸占了几乎所有的新闻播放时间。在其他总统在位期间,大家可能很久都不会去想是谁住在白宫,但在特朗普任内,这是不可能的。

事实证明,新冠病毒是能够打败特朗普,把他推到2号位置的唯一力量。在疫情时代,除了最大的那个事件,其他所有故事都和疫情有关而不是和特朗普有关。唯一的那个例外就是2021年1月6日未遂的政变。冲击国会的事件也让人们深刻认识到"特朗普主义"已经成为反对疫情限制措施的口号,当时参与骚乱事件的很多人是根本不戴口罩的,而且几乎没有人接种过疫苗。

部分民众尽管痛斥全球对新冠病毒反应过度,但他们也还是把疫情放在了1号位置,而且一放就是两年,不是几个星期,也不是几个月。一直到2022年2月底,俄乌冲突这个轰动性的事件终于取代了疫情,占据了全世界的1号位置。而那时,因为许多人接种了疫苗,死亡人数已经大幅降低,而且奥密克戎毒株感染的峰值正逐渐过去。

这是此次疫情与1918年西班牙流感最大的区别。1918年流感暴发时,毁灭性的世界大战即将结束,世界一直受传染病威胁的时代也即将结束,但是可怕的流感从来没有占据过1号位置。吸引全球注意力的事件并不总是以死亡人数来衡量的。例如,2001年9月11日的"9·11"恐怖袭击事件在1号位置盘踞了好几个月,并推动了20年的历史进程,但当时真实的伤亡人数还不到3000。和名人有关的事件占据1号位置的时间可能会持续几周,比如橄榄球超级明星辛普森涉嫌杀人案的审判。

疫情占据1号位置,一占就是两年。其间,新冠病毒导致大约600万人死亡,其中大约100万人是在美国。换句话说:新冠病毒比大多数战争更加致命,而且人们谈论新冠病毒的时间也比谈论大多数战争的时间要长得多。任何现象只要具备这两个属性，就必然会造成重大的长期影响。这场疫情的影响将持续数十年，主要是负面影响，尽管多国政府为减轻医疗压力、降低经济损失做出了最大努力。

正如社交媒体上有人所描述的，此次疫情"在我们的脑海中免费租住了两年"，而且还生了根发了芽。它颠覆了生活，重塑了经济，改变了我们感知空间和时间的方式。

令人更加担忧的是，情况很可能变得更糟。尽管新冠病毒疫苗的分配存在不公平，但面世速度之快却是史无前例的。新冠病毒本身虽然致命，但其致命性远不如历史上许多其他传染病。而且，在撰写本书时，我们似乎有理由相信，发达国家研发和输送疫苗的速度能够始终比新冠病毒的毒株变异快上一步。

可能最重要的是，25年来，互联网刚好发展到了足够普及、带宽足够的程度，即使员工无法去办公地点上班，世界各地的公司和经济体依然能够继续以惊人的效率运营，特别是在美国。美国拥有经济学家所谓的"财政空间"，可以花费数万亿美元来维持国内经济的运转。这一点对其他国家也产生了非常积极的溢出效应。

人们没有忽视这一切。全球性的疫情是可以预测的，而且也真的被预测到了，我们早就知道疫情要到来。但除此之外，其他所有事情几乎都不符合预期。约翰斯·霍普金斯大学、核威胁倡议组织和经济学人智库在2019年精心组织了一场兵棋推演[4]，列出了对疫情准备最充分的国家，并将美国置于榜首。然而，美国的死亡率很快就飙升至全球之首，这部分要归因于无能的总统。

危机期间，金融市场的波动惊人，这是一个关键迹象，表明人们预测后面的走势会很糟糕。无论是对公司受疫情打击的严重程度，还是对公司从中的恢复速度，分析师们的预测普遍都很悲观。

在市场更偏僻的角落，投机狂潮层出不穷，有游戏驿站（GameStop），美国电影院线（AMC），狗狗币（Dogecoin）等加密货币（cryptocurrency），还有加密朋克等非同质化代币。① 在事情发生以后，人们往往很容易找到一种说法——例如美联储、流动性过剩、封控期间无聊、社交媒体等——来解释当时为什么会发生某种情况。但是，在事情发生时，它们都是完全出人意料的，就像骚乱者在2021年1月成功冲击了国会大厦，或是2020年5月人们突然普遍接受了"黑人的命也是命"的观点。回顾一下2014年的第一波"黑人的命也是命"游行，与之相比，2020年公众对这个问题的认识很快就发生了改变，变化速度之快，令民意调查员们都感到惊讶。然而，仅仅在几个月后，公众对于同一个话题的看法又迅速恢复到疫情之前，这一点同样也让民意调查员们感到惊讶。有些变化本身不算大，但即便这样的变化也是人们事先完全预料不到的，比如在户外用餐居然就成了纽约城市景观永久性的组成部分。

经历了这么多意想不到的事件之后，我们会发自内心地感觉

---

① 译注：加密朋克（CryptoPunk）是可收藏的数字货币艺术品，是一系列通过算法生成的24×24像素的艺术图像；非同质化代币（NFT，Non-Fungible Token）是一种不可互换的代币，每一件都是独一无二的，类似于艺术品。

到生活不是正态分布的，我们期望发生的事情往往不会发生，我们从未想过的事情可能会在明天就彻底颠覆我们的生活。疫情就是最好的实证，尽管我们许多人在理论上知道这样的事情很可能发生，但很少有人考虑过如果这样的事情真的发生了，我们会如何进行应对。

这本书的理念是，出人意料的事情还没有结束。疫情带来的冲击和创伤，长期的负面影响，以及人们意想不到的积极影响都还没有完全过去，它们将在未来几十年中继续发挥作用。第二次世界大战带来的冲击和创伤，在战后的半个世纪里塑造了个人行为和地缘政治行为，这次疫情也会如此。

就个人而言，我并没有能力预测意外。如果我能预测，那也就不叫意外了。我想做的是，尝试了解疫情是如何改变世界的，并提供一个思维框架，用来观察思考未来可能发生的其他意外事件，让我们理解到底是什么导致了那些让我们感到惊讶的、不寻常的、意想不到的事件，也让我们理解其中到底有多少原因可以追溯到疫情期间我们经历的那些让人头昏脑涨的日子。

在疫情期间，我学到了很多东西，但这个过程让我感到非常疲惫。我已经处在人生的后半段，所以自然想用疫情暴发前我那48年人生里的所见所学来认识世界。慢慢变老就是这样的：学到的新东西越来越少，改变观念的频率越来越低，越来越依赖曾经对你有用的探索方法和捷径。但是，无论你是谁，只要你是以这种思维方式来看待疫情的，你就必定会错过很多东西，而且很可能最终会陷入黑暗和危险之中。

以遗传修饰生物体（GMO）为例，作物经过基因工程改造，可以更有效地为世界提供食物。转基因食品拯救了生命，养活了饥饿的人，为私营公司赚了很多钱，同时也引发了人们极大的争议：非天然的东西都不好吗？都会带来危害吗？

在疫情前，反对 GMO 的情绪在很大程度上是和归属感有关的，只要反对 GMO 就可以认为自己归属一个特定的群体。这群人关心环境，吃有机食品，通常认为天然的东西都是好的，非天然的都是不好的。这个群体的人看重食品包装上的"非转基因"标签，而且愿意为这个标签支付更高的价钱，或者至少因为这个标签感到放心。与此同时，认为 GMO 没有问题的人却认为贴这种标签倒也没什么害处，这只是让产品尽可能吸引顾客的方式而已。

疫情期间这种情况发生了变化。许多不愿吃转基因食品的人也不愿接种基因工程疫苗，尽管疫苗制造商还在自豪地炫耀自己在信使核糖核酸技术方面经验丰富。反对疫苗派的主要成员倒也不是这些不愿接种的人，一般说来，右翼自由派或"让美国再次伟大"（MAGA）这类人，比具有环保意识的左翼的"脆格兰诺拉麦片人群"① 更加直言不讳，对社会的危害也更大。但实际上，这两类人的根本问题是相同的：他们越是不愿意改变疫情前的观念，在应对新冠病毒及其给社会带来的变化方面就越受到限制。事实证明，即使在最好的情况下，许多这样的限制也没有任

---

① 译注："脆格兰诺拉麦片人群"（crunchy-granola types）通常用于描述追求政治自由、环保的素食主义者。

前言

何帮助，在最糟糕的情况下，这些限制给你带来的完全就是灾难。

我把它叫作"认知上的新冠危机"。数百万人感到自己对确凿事实的依赖正在被剥离。认知危机很难衡量，也不像公共卫生大流行那样显而易见，但实际上两者是紧密交织在一起的。这种认知危机让很大一部分人感到不安，也就是遭遇了经济学家约翰·凯和英格兰银行前行长默文·金所说的"根本上的不确定性"。[5]有一部分人正在慢慢接受认知危机，但它还远没能被所有的人接受。

毕竟，到了 2020 年，科学技术早已达到了成熟阶段，我们无论想了解什么，大部分时候都可以轻松找到答案。成立于 1998 年的谷歌公司在疫情期间市值达到了约 2 万亿美元，原因就在于它无与伦比地实现了企业使命——"整合世界信息，让信息在全世界范围内可以获得、可以使用"。

在疫情期间，我们都消失在了各式各样的屏幕后面，我们已经习惯了在几秒钟内就能找到想要或需要了解的几乎所有事项信息。然而，新的现实情况是，关于世界，我们最迫切想要知道的事项信息却几乎没有人知道。

对我而言，认知危机给我上了一节关于认知谦卑（epistemic humility）的速成课。一直以来，我对自己具备传统操盘手"观点明确，立场不坚定"的性格感到自豪。如果你是一个博主，这是一项能带来极大便利的专业技能，改变观点或承认错误的帖子是我撰写的最重要的部分。但是即便如此，疫情期间，我发现自己被迫改变观点的频率居然前所未有地高。

例如，疫情开始时，新冠病毒被认为是一种细菌。它可在物体表面存活，存活时间长得可怕，人们如果接触了物体表面，再摸自己的脸，就会感染新冠病毒。整个美国基本上在一夜之间就出现了新的净化仪式（purity ritual），美国人学会了实实在在用肥皂洗手20秒。只有洗干净手才可以摸脸，但要是你再摸了其他东西，特别是如果这个东西是暴露在外面的，你马上就觉得自己又被污染了，必须再去洗手20秒才行。

"洗手"使整个国家团结在一起，至少一直持续到一些人慢慢意识到，为什么是20秒而不是其他时长呢？20秒这一点基本上完全没有科学依据，而且污染物虽然可以成为传播疾病的媒介，但并不是新冠病毒真正的传播途径。

这是首先出现认知分歧的领域之一。我欣然接受了不需要担心污染物的观点，并把拿艺术品时需要佩戴的白色薄手套的盒子放到了杂物间后面，那些手套是我们离开公寓时，妻子买来戴的。我会在谈话中使用"污染物"这个词，人们会明白我在说什么，或者至少会假装明白。不过，我确实在措辞上把"污染物"跟"医院感染"划清了界限。

但是，数百万人要么不转变观念，要么转变得特别慢。养成卫生习惯这一点多少令人感到安慰，但改变观念却着实有点困难，而且从来也没有哪个权威人士站出来明确表示我们不需要担心因为按了电梯按钮就感染新冠病毒。

因此，"卫生剧院"（hygiene theater）将会一直延续下去，在酒店行业同样如此。一旦接受了某个事实，大家就都会接受。

讲究卫生是个人可控的行为。人们可以自己保持良好的卫生习惯，也会要求供应商同样保持良好的卫生习惯，在面对无情的、不道德的病毒时，这种做法创造了一种让人安心的行为方式。

至少，接下来的两年都会是这个样子。新冠病毒给人们带来了认知上的双重打击：它使全球经济黯然失色，而且在人们对它还完全不了解的时候它就已成为人们谈论和担忧的最主要对象。每个人的学习速度不同，在面对新信息时，每个人忘记旧知识、接受新知识的倾向也是不同的。这是人们采用表演性的洗手仪式来应对新冠病毒的原因，也是很多人花了很长时间才愿意戴口罩的原因。

我是一名财经记者，在经济以出人意料的速度反弹后，很快就有数不清的人来和我谈论失业危机，或者谈论富人更富、穷人更穷，即使所有数据都非常清晰地表明其实穷人也变得富有了，而且在经济反弹期间，穷人变富的速度要比富人更快一些。这场危机来得太快，所以几乎每个人先前就有的观点都在某些时候得到了强化，而且，人之常情是，大多数人更愿意接受原有的信息，抵触与之相反的信息。

2021年初出现了新的净化仪式——疫苗接种，这种仪式显示出人们在对待疫情态度方面的巨大差异。从一开始，疫苗接种就不仅仅是简单的公共卫生干预措施，而是带有政治色彩的事情，实际上几乎是一件带有准宗教色彩的事情。

当然，接种疫苗在医疗上是能够产生效用的，但它也产生了几千年来各种"净化"仪式所带来的效果，也就是区分"洁净的"和"不洁的"两个阶层。接种过疫苗的洁净的人会避免与未接种疫苗的不洁的人接触,他们感觉只要避免了这种接触,就获得了远离新冠病毒的某种效果。在我的推特上,相当一部分人留言,认为避免接触未接种疫苗的人还不够,还应该惩罚他们,甚至他们应该被医院拒之门外。

在疫情的背景下,叠加的是唐纳德·特朗普2020年竞选连任相关的高调言论,因此这种狂热的情绪席卷美国,甚至波及世界其他地区。直到乔·拜登就职后,我才开始动手写这本书。显然我们完全可以说,特朗普引发的脑雾(brain fog)和新冠病毒导致的后遗症同样糟糕。

在我真正开始动手写这本书的时候,我试图保持前几个月里通过反复学习才掌握的认知谦卑。这本书不会自以为是地告诉你关于新冠病毒的"真相"或者它的长期影响。相反,我一直记得前期在不断洗手和做深度清洁时经常想到的事物——在道格拉斯·亚当斯的漫画小说《宇宙尽头的餐馆》中注定要毁灭的星球高尔伽弗林查姆(Golgafrincham)。[6]

高尔伽弗林查姆星球上的人们被分为3个阶层。A阶层,统治者和思想家。C阶层,从事有用工作让A阶层保持舒适的人,比如屠夫和司机,还有为他们铺床的人。最后是B阶层,也就是中间阶层,即电话消毒工、客户经理、理发师、疲惫的电视制作人、保险推销员、人事专员、保安、公共关系主管和管理顾问。

B阶层被说服登上了一艘宇宙飞船,这艘飞船最终坠毁在地球上,所以地球上属于B阶层的人才会有这么多。B阶层以为A

阶层和C阶层会跟他们在太空会合，而事实上，宇宙飞船是A、C两个阶层编造出来的计划，他们的目的就是彻底摆脱高尔伽弗林查姆星球上的B阶层。至于A阶层和C阶层，他们留在了高尔伽弗林查姆，但时间也并不长，因为所有人很快由于感染了一部肮脏电话上的致命病毒而死光了。

至少在刚读这本书的时候，我并不认为认知上的狂妄会导致灭亡，我想到的只是类似给电话消毒这样的小事就可以挽救大量的生命。直到后来，我才开始思考，所有流行病都伴随人类致命的无知。事实上，致命的无知与其说是人类的弱点，不如说是人类的常态。

反过来说，人类抗击疫情最大的成功之处在于打破了疫情前的广泛共识。在疫苗领域，在新冠病毒来袭前，信使核糖核酸研究人员付出了大量的努力，就是为了得到人们的认可，而世界上最大的疫苗公司都在尝试用更传统的方法来制造疫苗，比如葛兰素史克、默克和赛诺菲。

疫情时代家喻户晓的两家制药公司——德国生物新技术公司和莫德纳，在2019年底的估值分别为77亿美元和66亿美元，根本比不上身价约1200亿美元的葛兰素史克和赛诺菲。在依靠信使核糖核酸技术拯救地球前，实际上世界上最富有、技术最先进的公司并不认为这项技术是可行的。

同样令人印象深刻的是，美国政府的不同部门，包括国会两院的两党、白宫、财政部以及最重要的美联储，设法联合起来，提出了至少自马歇尔计划以来未曾有过的经济刺激措施。更重要的是，这些财政措施奏效了，到2021年中期，相比疫情前，美国为急需就业的人提供了更多的高薪工作，挨饿的人少了，贫困的人也少了，劳动者工资高了，不平等现象少了，普通美国人的财富增加了。这些结果无一不出人意料。各个政治派别的经济学家都对经济反弹的速度感到非常惊讶。最后，大多数经济学家被迫回过头来，认真地重新调整自己的宏观经济模型。

这么看，这场特殊的疫情应该已经彻底击碎了人们在谷歌时代的狂妄。但是，与这种认知谦卑背道而驰的，是席卷美国的金融浪潮，上亿美国人比以往任何时候都更富有，甚至在有些情况下比以前要富有得多。财富往往会让大部分人认为自己很聪明，尤其是如果财富来自不合理的投机，而恰好，我们在疫情期间看到的投机行为之多也是前所未有的。加密资产创造了无数的百万富翁，这些人完全不知道"谦卑"是什么。

当然，在某种程度上，每个人对世界的看法都发生了变化，有意识地或无意识地。回想一下2020年3月，当时我们看到的是病例的指数级增长，而且不知道增长何时会结束，我们在这方面的无知是显而易见的。但稍微透过表象就能发现，即使没有任何证据，大多数人都暗自认为，人类的知识已经发展到了足够的程度，我们可以像对付天花一样轻松地对付新冠这种流氓病毒。但是，在这个句子中，复数的"我们"似乎并不包括单数的"我"。战胜致命病毒是其他人应该做的事情，比如公共卫生专家，或者世界卫生组织（WHO）和美国疾病控制与预防中心（CDC）这种重要机构。

所以，大部分人学到的第一件大事就是集体行动，即真正的"我们"才是成功控制住病毒传播的必要核心。只有世界陷入停摆，数十亿人停止流动待在家里，危机的首个阶段，也是最可怕的阶段，才能开始趋于稳定。

人们还会学到更多的东西，尽管这些东西还没有那么普遍适用。作为纽约人，我在疫情期间的经历与我在新西兰的姐姐的大不相同，当然，共同点是两年多来我们一直无法见面。这场疫情从根本上改变了我们对世界的理解，改变了我们生活的方方面面，从对死亡和疾病的看法，到在城市中穿行的方式；从对信任效用的认识到对政府权力的思考；从对时光流逝的体验，到认识到大部分新生活要通过屏幕才能实现。如此看来，疫情的影响必将是长期且深远的。

在国际上，短短几个月内发生的变化就超过了过去几十年的变化。几乎一夜之间，新冠病毒让国家之间筑起了屏障，甚至让国家内部也筑起了屏障，这种情况在人们的记忆中还从未出现过。新西兰和越南等国家先前是开放的，后来实施了严格的边境管制；世界上一些国家还出现了"疫苗民族主义"——即使其他地方迫切需要疫苗，它们依然先在国内过量囤积。

从这个意义上来说，抗击新冠危机是应对气候危机的一次演习，不过规模要小一些而已。各国能不能超越自身利益开展国际合作？还是迫于国内的政治压力做不到进行国际合作？初始的情况并不理想。"新冠肺炎疫苗实施计划"尝试集中生产和分配疫苗，结果惨遭失败，而中国和美国在疫情早期之所以能取得经济上的成功,正是因为它们并不需要国际协调。

此时,实现真正深刻的世界级历史转变的所有要素都已具备。第一次世界大战推倒了帝国解体的多米诺骨牌,首次让妇女进入劳动力大军,还促使一些国家取得独立,包括波兰和其他一些波罗的海国家①等。第一次世界大战还推动了医学的重大进步,特别是心理健康领域,包括治疗现在所说的创伤后应激障碍,当时人们称之为"炮弹休克"(shell shock)。

第二次世界大战的影响更为深远。二战是如此恐怖,导致人类这个物种第一次团结到一起,共同承诺再也不会打世界大战。这种迫切需求催生了联合国和欧盟,它们在之后的数十年间保持着地缘政治共识。这一切的背后有数百万常备军和数万亿美元的物资提供支持,所有这一切都是为了应对设想中未来可能发生的紧急情况。

从长远来看,疫情可能不如两次世界大战那样具有重大影响,但也难说。疫情即使只在某些地方产生了长期影响,也仍然可能在未来几十年成为国家内部以及国际政治经济的主要影响因素。

值得铭记的是,在疫情暴发时,由于全球金融危机的中期影响,白宫一片混乱,唐纳德·特朗普正是混乱的化身。此时也正值全球协调应对气候变化之时,这是名副其实的生死攸关时刻。我们永远无法确定没有新冠病毒,情况会如何发展,特别是无法

---

① 译注:这里意指波罗的海三国——爱沙尼亚、拉脱维亚、立陶宛。

知道特朗普是否会再次当选。但即使新冠病毒没有改变2020年的大选结果，两极分化带来的冲击也会在多年里产生持续影响。

人际交往也呈现出了两极分化的趋势。在接种疫苗前，我认为美国危机的特点符合韦斯伯格定律的第一推论。韦斯伯格定律是以我的朋友、互联网新闻的先行者雅各布·韦斯伯格的名字命名的，他说："每个比你虔诚的犹太人都精神失常，而每个不如你虔诚的犹太人都自我憎恶。"

同理，对病毒偏执狂，我们可以这样说："每个比你偏执的人都过头了，而每个不那么偏执的人不仅让自己身处险境，而且对社会非常不负责任。"

在接种疫苗的时代可以看到这样两极分化的情况。一方面，这场危机中，让我感到惊讶的是，在接种疫苗前就很谨慎的人，即使已经在感染后的康复阶段，或者已经接种了疫苗，或者既已康复又接种了疫苗，也仍然不太愿意在室内用餐或是摘下口罩。另一方面，并没有出乎我意料的是，人们说服自己：符合道德的事情也是对自己有利的事情，特别是接种疫苗，赋予了接种者道德上的优越感，或者至少比本能接种疫苗但却不愿意接种的人优越。接种过疫苗的人和未接种疫苗的人都自恃正义，因此双方之间的紧张关系在未来几年还将在意想不到的地方出现。

宽泛地说，所有创伤都有长期影响，全球性的创伤会产生全球性的影响，而且大部分影响需要好几年的时间才能显现出来。在这本书中，我将通过三个部分来观察我们所经历的变化。

第一部分"新不确定时代"，考察我们生活的各个维度如何支离破碎，后果又是什么。第一章"新非常态：一个新不确定时代已然到来"考察了疫情期间时间是如何被搅碎的，探讨了过渡礼仪（rites of passage），令人不舒服的边缘状态，以及风险如何转变为不确定性。第二章"一种全新的经济模式正加速到来"着眼于美国各家公司如何快速收缩以应对危机。第三章"股市大跌，零利率时代的投资新逻辑"着眼于个人投资方式如何发生深刻的变化。第四章"投资赌徒心理：从投资金银到加密货币"是第三章的延续，深入探讨了非同质化代币和其他投机泡沫。第五章"居家办公是更高效的工作模式吗？"着眼于工作场所的转变，以及这样的转变如何颠覆了雇主和雇员之间的关系。第六章"后全球化的世界：更加多元，更具韧性"探讨了世界在全球化结束时会发生些什么。

第二部分"被改变的个人世界"着眼于我们的身心健康。第七章"疫情改变世界：身体距离、集体主义与数字化世界"探讨了人们的物理距离发生了哪些变化，以及这对人们应对气候变化意味着什么。第八章"从疫情恐惧中走出来"关注的是心理健康。

最后，第三部分"企业、社会：经济该如何涅槃重生"以更广阔的视角关注更广泛的经济问题，关注经济最重要的驱动力。第九章"风险的正反面"指出在疫情期间人们的风险偏好同时起落以及由此带来的影响。第十章"经济真的会恢复吗：我们应该这样做"研究了疫情如何为打造更快乐高效的劳动力大军奠定了基础。第十一章"解决经济危机：我们找到了一个超级厉害的办法"分析美国政府如何应对危机,以及这些应对方式对未来的意义。第十二章"经济出现了结构性变化"讨论通货膨胀问题。第十三章"驾驭变幻莫测的货币"探讨美元发生的变化。最后,第十四章"不平等现象不断加剧"研究了不平等现象,讨论了它的缺点和优点。

我将从我们对时间的感知开始。对于我们大多数人来说,由于疫情,不再能够把事件清晰地排列在时间轴上。例如,问问自己 2019 年去过哪里,看看你是否毫不费力就能想到答案。

我们主观上对时间的认知也发生了变化。2020 年 3 月我们封控了两周,当时感觉两周是那么漫长!而仅仅一年后,想要前往需要隔离的国家的人就似乎觉得两周的隔离时间也完全是可以接受的。再比如,你认为需要多长时间才能在市场上赚到很多钱?我敢打赌,这个时间在危机期间会大大缩短。如果这里说的是你,或者你如果想了解为什么不是你,那么就接着往下阅读吧!

第一部分
新不确定时代

THE PHOENIX ECONOMY

Work, Life, and Money in the New Not Normal

第一章　新非常态：一个新不确定时代已然到来

疫情搅碎了时间。

我在疫情期间的每周乃至每天都在说"现在时间已经失去了意义"。2021年12月底有一天我在录制播客的时候，突然意识到自己几乎无法区分什么事情发生在2020年5月，又有什么事情发生在一年后。从2020年3月疫情抬头开始，一直到2022年2月俄乌冲突爆发，这期间所有的事情都搅在了一起，从心理上说属于一个独立的"新冠时代"。

我问起朋友们2019年去过哪些国家时，谁都做不到不假思索就能回答我。时间在我们眼里被划分成了"前疫情时代"和"疫情时代"，但是二者都是一团乱麻，我们没有办法把其间任何一件事情单独区分开来。

自从疫情来临，我思考生活时常常会想到"新非常态"（the New Not Normal）这个词，这是对金融市场中"新常态"概念的引申。2009年5月,太平洋投资管理公司的首席执行官穆罕默德·埃尔－埃里安带火了"新常态"这个表述,他认为世界正在进入一个漫长的低增长时期。[1]新非常态也是对正态分布的引申。众所周知,正态曲线是钟形,绝大多数样本都分布在中心的均值附近,离均值较远的值只占少数。《爱丽丝镜中奇遇记》的红方王后有个著名的怪癖:早餐前要相信6件不可能发生的事。[2]疫情让万事万物一反常态,咄咄怪事层出不穷,大概红方王后会喜欢这样的世界。

疫情期间我们的时间感知与以往不同。新情况具有非同寻常的弹性,良好拟合了新非常态的基本概念。常态下,时间是可预测的:童年时光漫长得让人觉得痛苦,可是年龄越大,你就觉得时间过得越快。常态下我们总是能够清晰地辨别两件事情谁先发生谁后发生,即便无法做到永远准确,但是在疫情期间,上述的这些情况统统荡然无存。

首先,疫情之下,人类全体前所未有地经历了世界的剧烈减速,世界从曾经的快节奏中突然慢了下来。

举个例子,最初人们之所以抵制封城,并不是因为他们具有自由主义的立场,而是因为"我有太多事情要做,没有这个空去经历封城"。前疫情时代,我们有的是要去的地方,要做的事情,要见的人,我们无法想象在封城期间的各种禁制下,该如何安排自己24个小时以上的生活。

就个人而言,从理智上我早就认识到一场全球性的重大疫情随时可能暴发。从这个角度看,疫情是一种已知的风险。然而我当时以为传染病的负面影响会全部集中在健康领域，全都与疾病或死亡有关。我偶尔会设想经历一场疫情是怎样的体验，但通常也只想到了疫情最直接的后果——病痛甚至可能是死亡。毕竟，绝大多数关于传染病的历史主要关注的就是：横痃①，血腥的死亡，携带病原体的老鼠。与此相反，憋在家里、保持社交距离、推迟婚礼……这些人们疫情期间亲身经历的事情，很少见诸历史记载中。除了"长新冠"患者，疾病和疼痛本身只是偶尔给我们造成伤害，我们感受到的长期的负面影响另有其他源头。

我们每天面对的不是疾病，而是日常生活中遭受的大大小小的干扰。从地铁通勤到感恩节回家看望父母，所有的事情都被疫情搅乱了，让我们感到整个世界异常陌生。

人类需要稳定的习惯，因为习惯给我们确定感，让我们能够专注去做重要的事情。习惯是和时间存在关联的，习惯就是在确定的、可以预测的时间做固定的事情。2020年3月，一夜之间我们所有的时间表全部被打乱了，整个世界也随之被搅得一团糟。所有事情都让人感到头晕目眩、精神紧绷，时间表被打乱正是原因之一。我们不再注意自己习惯的事物，转而去关注一切奇怪的、新出现的事情，哪怕这些事情在本质上非常平庸无趣。

人类也倾向于自主养成自己的习惯，如果不喜欢哪件事情，那么这件事情也不太可能成为我们的习惯。可是这个规律在2020年也被彻底改变了。中产阶层一直在努力雕琢他们的美国

---

① 译注：横痃（bubo）是指由性病引起的腹股沟淋巴结肿大、发炎。

梦，如今却发现自己受到了各种限制，限制他们的绝不是他们的美国梦里应该有的内容。在澳大利亚等国家，情况比美国还要糟糕很多：墨尔本一度经历了近9个月极度严格的封城，封控力度远比大多数美国人经历过的要大得多。

在封城期间，我们世界的半径急剧缩小。"宅家综合征"（"stuck at home" syndrome）开始发威，让人产生烦躁的情绪，导致许多人心理健康状况恶化。往常人们因把丰富的活动塞进紧张的日程而感到兴奋，现在日子就像被拉长了，人们却感受不到这种兴奋，只能眼睁睁看着做饭、打扫卫生、带孩子占据了自己的生活，当然，还有无穷无尽的Zoom①会议。人在感到愉快时，主观上就会感觉时间过得远比实际快。换言之，对于绝大多数人而言，在疫情期间，时间慢得宛如乌龟爬行。

然而，真正的问题不在于我们感知到的时间流逝有多么缓慢，甚至也不在于时间被分割开了。真正的问题是时间的整个结构都发生了改变：曾经，时间的路径是笔直向前的单行道，变量无非就是流速的快慢；而如今，时间更像是在未知的领域内兜圈子。根据防疫需要当局总是毫无征兆地挂出"绕行"标识，但没有人清楚我们到底要绕往什么方向，于是我们也就无法预见未来。

2006年的时候，我还没有拿到绿卡，所以每次入境美国的时候总要经历一个古怪的仪式。我会把证件递给入境官员，入境

---

① 译注：Zoom是一款可多人同时在线的手机云视频会议软件。

官员会仔细检查，然后让人把我带进"那个房间"。

那个房间不算小，差不多有100个座位，一大半空着，一排排整整齐齐地朝向一个低矮的台子。台子上坐着几个海关官员，他们面前堆满了证件。"护送"我的人会把我的证件放进这个证件堆里，然后叫我坐在椅子上等。房间里不准用手机，所以但凡经历过一次排队的煎熬，之后你总会在随身行李里塞几本书或者杂志。

时不时地，台上的官员会叫名字，然后就有人站起来，走过去和他们交谈。如果一切顺利，这个幸运的家伙就能拿回护照和其他证件，可以去领行李了，然后就可以通关。用不了多久你就会发现，这些官员在审查证件时并不遵照先来后到的顺序。"护送"人员会把证件放到证件堆的最顶端，然后台上的官员会怎么顺手就怎么拿，结果就形成了一种后到先得的"制度"。每次去那个房间，不是比我晚到的人走得比我早，就是比我早到的人走得比我迟。我们这些等着被叫名字的人彼此之间从来不会聊点什么，房间里的气氛总是很怪异。

那个房间像是一个被分隔开的中间地带，充斥着不确定性，让每个走进去的人都深深感到不安。对于台上的官员来说，这不过是他们日常工作的区域，然而对我这样的其他人而言，这个房间既陌生，又超出了我们智慧和能力所能控制的上限，感觉有点像《2001太空漫游》结尾时那个奇怪的白色世界。我们发现自己处在一个不透明的系统中，个人无法从中逃脱。所有痛苦都缘于那迷雾般的制度，而它的法则与程序我们却一无所知。

在那个房间等待本身并没有那么可怕，可怕的是我根本不知道还要等多久才能被叫到名字。纽约的意大利裔聚居区有家餐厅叫迪保罗，平均来说，可能我等待海关查验证件的时间还不如在迪保罗排队买马苏里拉奶酪和熏火腿的时间长。但是迪保罗餐厅排队的进度是看得见的，我能看得到前边还有多少人，能感到排队的每一分钟都在缩短自己与美食的距离。排10分钟队，就意味着我离美食又近了10分钟。

这也是为什么地铁站和公交车站设置的倒计时时钟有助于候车的人保持冷静。用倒计时时钟提示下一辆车什么时候抵达，能给候车的人带来"车已经在路上了"的确定感。堵车让人沮丧也是相同的道理：车一旦停下，里面的人就无法知道接下来还要在原地堵多久。谷歌地图真的应该开发一个新功能，让用户能选择优先避开拥堵路段的路线，满足很多用户的愿望，也就是"想要感到自己一直在向前移动，哪怕总耗时更长，也不愿意枯坐在那里干等，不愿意浪费掉旅程的相当一部分时间"。同理，如果纽约肯尼迪国际机场的海关在乎入境者的心理健康，它只要像机动车辆管理局那样设置一些标识来向排队者表明进度，就可以带来极大改观了。

灵薄狱（limbo）被描述为"地狱的边缘"，灵魂要在此经历漫长的净化之后才能升入天堂。疫情暴发，把所有人都扔进了肯尼迪机场式的灵薄狱之中，这里无休无止，没有任何征兆表明我们什么时候才能够逃脱。《纽约时报》的朵代·斯图尔特认为，人们遭遇了"集体性失去乐趣的无目的感"[3]。

2020年7月，小说家本·多尔尼克提出了另一种表述："自从3月以来，我感到自己生活在一对巨大的开放的括号当中，或者说所有人都和我是一样的。这对括号打断了我们一直以来的生活节奏，那种利利落落地推进每个日子，仔细选择每个小时要做些什么的生活，自此被按下暂停键。"[4]多尔尼克说不知道还要在这种状态中煎熬多久，他能做的无非是黯然神伤地讨论还要忍受多久的苦痛，"直到上帝或默克公司保佑我们，画上后面半个括号，结束这种生活"。

曾几何时，人们存在过一种美好愿望，认为疫苗能够终结疫情。2021年，显然疫苗没能让人们达成期待，让人们的美梦落了空，生活依然在括号中延续，混乱的感觉依然绵绵无绝期，无数的人就这样迎来了2022年。

有些家伙决定罔顾事实，想要全凭主观意志来结束这种括号中的生活。疫情甫一发端，就有人说新冠病毒感染不过是大号流感，说自己不愿生活在对传染病的恐惧中，说病毒只会伤害老人和有基础疾病的患者，说他们拒绝因此改变自己的生活方式。有些人已被检测出阳性，却宣称自己具备"天然免疫力"，因此无须顾及公共卫生问题而束手束脚。疫苗研发的成功助长了这种倾向，让更多的人认定已经到了抛下防疫限制"重回常态"的时机。

只凭个体或者小团体无法决定整个世界是否"重回常态"。正因为如此，从加拿大的卡车司机到新西兰的瑜伽教练，全球许多不同的群体都掀起了喧嚣的示威活动，反对佩戴口罩的强制令，反对其他公共卫生防疫要求。人们如果需要出示疫苗接种证明才能入职和工作，需要佩戴口罩才能进入许多场所，那么显然疫情的后半个括号依然没有画上，你仍然生活在灵薄狱中。你如果想结束这种令人不安的煎熬，就需要每个人都和你共同行动，或者至少需要绝大多数人和你共同行动。如果没有政府的介入就不可能做到这一点，所以全球的示威活动才不约而同地针对法律政策的制定者。直到2021年冬天回了一趟英国，我才终于明白了上述逻辑。

我们夫妻住在纽约，妻子是美国加州人，我是英国人，所以我们和所有亲人都隔着至少3000英里的距离。2020年圣诞节假期到来的时候，大家都还没有打疫苗，当时德尔塔毒株潮正在汹涌席卷全球，再加上大家地理距离遥远，所以和亲人共度圣诞只能是一种妄想。一年后情况发生了变化，尽管奥密克戎毒株潮带来了不少难题，回家过节还是具备了可行性。于是2021年12月下旬我们回到了英国。

20世纪90年代末我在刚搬到纽约的时候，总是说比起美国的其他地区，伦敦和纽约的相似之处更多。如今我已经抛弃了这个想法。但是，尽管我已经不再认为伦敦和纽约高度相似，但我在2020年1月以来的首次回英之旅中所看到的一切还是让我惊诧不已。伦敦公众对病毒的立场，与我在纽约的朋友们的立场互相抵牾，这一点让我感到震惊，而我看到的伦敦人的日常行为也让我深受触动。

纽约是一个普遍遵守公共卫生道德的城市。地铁里虽然也经常有乘客没有规范佩戴口罩覆盖口鼻，但还是戴口罩的人居多。说得直白些，没有遵循口罩强制令的人显然不符合纽约的社会规范，其中有些人有精神健康问题，比如不少无家可归者，还有一些人则沉醉于叛逆带来的快感之中，比如醉汉或者晃悠在城里彻夜狂欢的年轻人。举个例子，如果是一个中产阶层的职场人士西装革履地坐地铁通勤，你是绝不会看见他没戴口罩的。

2020年10月的一个周五上午，我录完播客，搭A线从布鲁克林回曼哈顿。车上有个衣衫不整的流浪汉，时不时站起来看看我。过了一会儿他终于拿着张纸走到我身边，纸上是城市服务站的详细信息。还有人在纸上细心地做了个标记，表明要想去布鲁克林中心地带的服务站，就要在霍伊特－斯海默霍伦地铁站下车。他想让我帮忙提醒到站，我也很乐意帮他这个忙。然而疫情让我俩都感觉这次交谈弄得我俩有点儿不自在。坐在对面的女子突然面对我们弯下了腰，拿棒球帽捂着嘴咳个不停，这时这种不自在的感觉就更加强烈了。我很同情她，可我还是迫不及待想要逃下车。

地铁上的每个人都清楚自己对待疫情的方式。当然，尽管我认为其中很多人的方式有待改进，总体上还是能理解我和他们之间的分歧只在于风险偏好不同。他们其实很清楚自己的行为有可能导致自己感染新冠病毒，或者传播新冠病毒，但他们乐意与这种风险同行，或者至少不介意这一点。

伦敦和纽约的情况迥然不同。奥密克戎毒株感染高位暴发时，伦敦的单日新增历史纪录每天都在刷新。但即使在那个时期，大多数伦敦人似乎依然执迷不悟。伦敦人倒不是故意要拥抱风险，而更多的是在傻乐着否认疫情存在。例如，伦敦地铁是明确要求戴口罩的，可是地铁上就没多少人遵守这条规定。不戴口罩坐纽约地铁象征着对普适规则的叛逆，然而不戴口罩坐伦敦地铁完全不会给人相似的感觉。你只会感觉，尽管疫情的客观现实不容乐观，地铁上的伦敦人表现出来的却是他们普遍没受到什么影响。政策的制定者们跟不上民情的变化，公众的反防疫行为已成既定事实，最终政府除了向现实妥协，并没有太多其他选择。

地铁防疫规则本身也很自相矛盾。一方面，每个人都被要求戴口罩遮住口鼻，但另一方面，根据官方规定，有11类乘客享受口罩强制令豁免权，其中甚至包括所有不满11岁的乘客。这些不必佩戴口罩也能登上地铁的人让官方规定变得漏洞百出、形同虚设。人们会想，既然有人不用遵守口罩强制令，那么我也没必要戴口罩。

伦敦的总体气氛是"自扫门前雪"。公共卫生保护政策缺席，个人自由就相应增多。跨年夜，我和妻子步行去朋友家参加了一场冷冷清清的六人聚会。我们很谨慎，当天下午都测了抗原，也没敢把聚会地点安排在餐厅里面，因为伦敦所有的场合都不用出示疫苗接种记录，餐厅也不例外。去朋友家的路上，在我们路过的俱乐部和酒吧门口，许多人成群结队，他们都是等着进场狂欢的人，都没有戴口罩；同时，我们在路上也能遇到不少人戴着N95口罩，保护自己免受同胞的传染。地铁里戴N95口罩的人要少一些，我猜是因为追求安全的人一般不愿冒险乘坐地铁。

我花了很长时间才理解了伦敦的现象。为什么即使身处空气不流通的地下,即使疫情肆虐,即使戴口罩是件再简单不过的事情,英国人还是频频违反口罩强制令?还有那些戴着织物口罩的人,明明科学证据表明一些其他类型口罩的防护性更好,他们为什么不戴?我自己是英国人,自以为应该能够想清楚这些问题,但事实是我做不到。我的英国朋友们也和我一样猜不出这些问题的答案。

最后,我意识到自己的思路错了。我试图以民族的视角来理解和诠释英国人的行为;我一直在回想凯特·福克斯的巨著《英国人的言行潜规则》,这本书揭示了我的同胞们的特质。[5]然而事实上,我怀疑英国人普遍不愿防疫的原因并不在于国民性,不在于其和法国、美国纽约或其他什么地方人的特质差异。(纽约人最主要的特质或许是……浑蛋?)

在我写下这段文字时,有一种事物为英国人所独有,为纽约人所匮乏。除英国外,几乎全球都缺乏它(虽然丹麦不久后就会加入英国的行列)。这是什么?正是国家政府对疫情结束的官方宣告。政府宣布彻底解封,宣布终止所有针对疫情的限制措施,也就同时意味着后面半个括号终于到位。

2021 年 7 月,英国新增病例从几个月前的每周 1 万例左右蹿升到每周大约 30 万例。到了 7 月 19 日,英国首相鲍里斯·约翰逊宣布的大范围解封启动。他把这一天称为"自由日"。众所周知,约翰逊自己的"自由日"在几个月前就来到了,当初整个英国都在封控，可是约翰逊却在唐宁街 10 号首相官邸参加了违反防疫规定的聚会。如今他把这种"自由"推广到了整个英国。一夜之间，几乎所有的防控措施不复存在：进入商店不再需要戴口罩，酒吧和餐馆不再限制人流，聚会的规模不再受到管控。但是，伦敦地铁是为数不多依然保留了防控措施的场合之一。

在公共卫生视角下，"自由日"政策是蛮不讲理的，因为政府没道理在新增病例数很低的时候严格防控，等到新增病例数处于高位并且呈增加趋势的时候却反而突然取消了防控措施。约翰逊的政策甫一推出，就遭到了大量明智之士的反对。事后看来，我们很容易理解为什么这种反对是广泛且合理的："自由日"之后，英国新增病例远超从前，而且在这个水平上保持了至少 7 个月，住院病例也只增不减。

然而从确定一个日期的角度来看，"自由日"政策达成了它的目标。这项政策把英国从重复转圈的迷宫中解救了出来，让英国能够专心去解决其他难题，至少让英国的大多数民众能够做到这一点。它把度过疫情的责任交还给每个个人，也就是给予了每个人逃离灵薄狱的授权书。重要的是，这份授权书采取了政令的形式，与当初的防控政策来源一致，合法性也因此旗鼓相当。从这个意义上说，"自由日"政策是协调对称的，是让人愉快的。

政府决定施行防控措施与个人决定重回常态是不协调不对称的。至少大多数人希望用某种优雅的方式来结束括号中的痛苦生活，而自行决定回归常态的做法不够优雅，缺乏那种对称的仪式感。

"自由日"政策被赋予了一个朗朗上口的名字，又在午夜钟声响起的时刻开始生效，因此具备了聚合礼仪（rite of reengagement）所需要的部分力量。在一场仪式中，聚合礼仪往往是最后一个环节，从某种意义上说也往往是最重要的环节。

过渡礼仪是一个可以追溯到1909年的人类学概念。时年36岁的法国人类学家阿诺尔德·范热内普创作了至今还在再版的著作《过渡礼仪》。范热内普会说18种语言，他环顾世界，考察了诸如出生、青春期、婚姻、死亡等人们习以为常的事情。范热内普提出，所有这些事情有着共同之处，就是都有一套明确的仪式来标记人从一种状态转换到另一种状态。

纪念时光流转和事物变化的仪式存在于几乎所有文化中，范热内普发现了它们的共性：仪式从预状态开始，当事人先通过分隔礼仪终止旧秩序，再经历重要的边缘礼仪转换状态，穿过边缘或临界点，最后经历至关紧要的聚合礼仪。在变化阶段，个体宣泄情绪，重新建立联结，新秩序就此开始。

婚礼、毕业典礼，乃至犹太葬礼，所有的仪式都符合上述规则。日历上的重要日期也不例外，无论是春分秋分，夏至冬至，还是新年，都没有跳出这个体系。想想西式传统婚礼：新娘的父亲牵着她的手走上红毯，在分隔礼仪中"将她交给新郎"；随后的祷告和立誓构成了边缘礼仪；最后迎来所有人期待已久的场面——交换戒指、"现在我宣布你们结为夫妻"、亲吻、新娘挽着新郎的手走下红毯，一个新的家庭就此成立。

疫情的仪式自然是始于分隔礼仪。正如"分隔"的字面意思所揭示的那样，疫情的分隔礼仪既无预警又未给人选择的余地，迫使数十亿人原本习以为常的生活遭到根本的改变。

最初的分隔礼仪异常酷烈：几乎没有任何预警，突然间新冠病毒席卷全球。而其他任何仪式，无论是婚礼，成人礼，还是总统就职典礼，在脱离旧情况之前都有相当长一段时间供人担忧或者期待。预知仪式会到来，有助于你做好身心准备，你会从某个时刻开始倒数离那个重要的日子还有多少天。疫情与常规的仪式大相径庭，它来得太快，太突然，在它扑面而来时，谁都没有做好心理准备。全球各地的人都陷入惊恐，即便睿智如地区领袖乃至国家元首也不例外。

我又看了一遍 2020 年 3 月在视频网站优兔（YouTube）上疯传的视频[6]，得到了一些启示。视频中意大利的一些市长斥责外出的冒险行为，敦促居民留在家里。"我知道咱们市有几百个准备欢庆毕业的学生，听说有人想搞毕业派对，"其中一名市长表示，"如果谁敢办毕业派对，政府就会派全副武装的警察来敲门。我还会让警察带上火焰喷射器！"人类的天性让学生们想要用一场大醉来纪念毕业，毕竟这是人生重要的转折点，他们才懒得管市长允不允许聚集呢！让疫情见鬼去，毕业是一种过渡，举行相应的仪式是深藏人类内心的精神需要。但是市长明确表示，他在乎的是一个比毕业更大也更重要的仪式，虽然这个仪式是当下的临时产物，但也需要所有的人完全服从。

不同国家的抗疫政策迥然不同，甚至同一个国家不同地区也各行其是。关于什么是最佳政策，病毒学家和传染病学家吵翻了天也无法达成共识。不过有一点倒是没有什么争议：政策一旦制定出来，个人无论赞成与否都应该无条件遵从。只有所有人步调一致，疫情才能得到有效控制。只有一种方式能让所有人的步调一致，那就是科学家为政府提供咨询，政府制定规章，全民遵守规章。

这解释了英国的"自由日"为何意义重大。实话说，防疫规章的变化本身无足轻重，重要的是首相向全国发出了明确的信号："你们的事情从此我不再插手，不再有防疫规章需要你们去遵从。"

几个月后，约翰逊推行的政策愈加激进，新政策甚至不要求感染者自我隔离。当然大多数人还是会自我隔离的，毕竟自我隔离这种事情是"法无禁止即可为"的。但是显然，曾经人们隔离的动机是对国家刑法的恐惧，如今隔离的动机显然回到了个人常识的层面。

约翰逊宣布"自由日"的原因并不复杂——民众希望如此。这背后的原因更在于英国人讨厌等待，就像我讨厌在肯尼迪国际机场等待证件审核一样。

毕竟所有仪式的边缘礼仪都有可知的界限。澳大利亚博学多才、涉猎广泛的人类学家、技术专家吉纳维芙·贝尔在疫情早期告诉我："在边缘礼仪中，人们介于两种状态之间，会感到非常不舒服，所以会渴望知道它什么时候结束。"

通常，即使被卷入漫长或让人痛苦的仪式，人们也是能够看到黑暗尽头的光明的。但是疫情的走势非常难以预测，所以它给人的感觉比寻常的仪式更糟。寻常的仪式经历了无数代人的打磨,宛如生物界的物竞天择,仪式也存在一个仪竞人择、去芜存菁的过程。如今我们还能够见到某种仪式,是因为前人喜欢它,所以把它延续了下来。疫情与绝大多数仪式不同,它不受人类好恶左右,也没有经过民众和历史的筛选。迅速完成的疫苗研发曾经给人们带来过希望,可紧接着我们又感受到了仅凭疫苗无法结束疫情的失望。

你知道自己正在艰难地经历边缘礼仪,却不知道何时才能结束挣扎,进入下一个稳定状态中。这种感受的强度在不同国家的人心中不尽相同,但是区别并没有许多人以为的那么大。有些国家抗疫策略行之有效,比如新西兰、澳大利亚,甚至希腊,确实有那么一小段时间,甚至可以为自己防控的成功扬扬得意;但也有一些国家的防控不太成功,还有一些国家的防控措施过于严苛,以至于大量民众反而认为"即使有点感染病例,也总好过继续这些严苛的防疫措施"。[7]他们之所以会产生这样的想法,除了因为进行过深思熟虑的风险评估,还因为一些更原始的因素。

人类学家玛丽·道格拉斯著有《洁净与危险》,这本书在很多方面都是范热内普《过渡礼仪》的延伸。《洁净与危险》认为人类的天性是恐惧边缘状态,因为"危险潜藏在过渡状态中"。[8]无论疫情的发展情况如何,画上后括号、结束未知,这些能让人们在心理上感觉更加安全。

美国虽然被冠以"合众国"之名,但要形容它进入疫情和脱离疫情的过渡方式,很难找到比"各自为政"更合适的词。

不仅联邦政府自始至终没有主导过封城，甚至连各州政府也没有实施过统一禁令。最早封城的是东西海岸的城市，先是西雅图和旧金山，最后是纽约。特朗普一直否认疫情的严重性，于是联邦政府在他的领导下也没有推行过任何强制措施。联邦政府把抗疫的决策权完完全全交给了各州，这是个多么愚蠢的决定！毕竟美国从来没有像澳大利亚一样禁止过州际贸易，所以病毒跨州传播易如反掌。

结果是，美国被一分为二地割裂开来。切割线和政治分野相关，但又不完全一致。州长们此前很少被赋予这么大的权力，他们没有这方面的经验，这也意味着他们几乎没有什么机构来进行任何的协调与合作。除了有意竞选总统，想要多上头条、提升自身在全国民众面前形象的佛罗里达州州长和纽约州州长，其他各州的州长在紧急状态下，自然而然地采取了"本州优先"的思路。

一部分州长和鲍里斯·约翰逊有着相同的政治本能，其中共和党人占绝对多数。他们认为大张旗鼓地宣布疫情结束，取消一切公共卫生干预措施是最能讨好本州民众的方式。共和党票仓普遍欢迎"躺平"。免疫抑制患者和其他厌恶风险的个人愈发感到孤立和恐惧，但是他们的担忧已被淹没在汹涌的民意里。

包括我居住的纽约州在内，一些州倾向于把疫情重塑成一种永久的新常态，用这种方式来走出边缘状态。只要进入了新的常态，那种似乎永无止境、令人抓狂的边缘状态也就结束了。城市学家、纽约市前副市长丹·多克托罗夫喜欢说，他治理的首要法则是"把一切权宜之计变成永久的体系"。在市政府中很少有什么真正昙花一现的解决方案，这是因为旧有的利益集团总是反对引进新事物，而新事物一旦被成功引入，就会有新一批利益相关者来支持它，这时再想取缔它就绝不会比引进它的时候简单。

疫情才刚刚暴发几周，就有很多人意识到这是一个千载难逢的改革机会。欧洲的马德里、罗马、米兰和巴黎等城市激进地限制了私家车的使用，把市中心的大片区域划定为禁行区，让市民改掉开车的习惯，转为步行、骑行，或者乘坐公共交通工具。纽约的政策要温和一些，但也卓有成效地把道路两旁的大片停车区域改建成了户外餐饮用地。诚然，疫情期间室内营业被禁止，餐饮业商户经历了生死存亡的时刻，只要不想关门大吉就只能转向户外营业，但是这种权宜之计得到了永久的保留。从今以后，纽约街景再也离不开餐饮棚的参与。

我们的心理会随着所见所闻而变化，任何不同寻常的事情，只要朝夕相处的时间足够长，都终将变得正常。跨年夜我和妻子取消了在伦敦预定的晚餐计划，是因为"进入餐厅需出示疫苗接种证明"于我们而言是正常的，是令人安心的，而不是什么疫情时代的畸形标志。事实上，不用打疫苗就能出入公共场合才是让我们极度担心的事情。我们谁也没有哪怕一丁点儿资格去评价以下两种情况的风险孰大孰小，一种是顾客可在室内用餐但需要出示疫苗接种证明，另一种是不对顾客做任何要求，谁都可以来用餐。但是，按照纽约人的思维习惯，我们觉得检查疫苗接种记录这件事就附带有"我们会帮你注意危险"的保证，是餐厅服务中非常重要的一部分,所以我们也就不愿去不提供这项服务的餐厅吃饭。

在疫情时代,如果涉及地理位置或空间方面的转换,转换效应会更加持久。一旦你下定决心搬家,或者在家里整理出一片办公区域,或者把生活重心转移到另一个地方,那么无论是经济上还是情感上,你都在进行新的投资。投资一旦出手,你就会希望长久地坚持下去,而不会愿意回到从前。

有些人欢迎疫情带来的新变化,他们喜欢纽约的街边露天餐饮,喜欢欧洲新修的自行车道,喜欢居家办公的感觉。然而即使是这群人,心理上也依然渴望着一份"脱离疫情"的准许。如果没有获得这份准许,擅自恢复常态生活就会让人感到愧疚:"我倒是能说服自己不再每天孜孜不倦地防止感染,但我的懈怠可能最终会导致别人被害死,这就非常不好了。"你可能会想,放松防疫的行为让自己感染的概率小小增加了一丝,但如果想想自己感染导致传染他人并致人死亡的概率,好嘛,你便成了一个漫不经心间置他人于死地的杀手。自作主张放松防疫会让人愧疚,为了避免陷入愧疚,你就需要州长来做官方的宣布,来让你消除对放松防疫的疑虑,让你感到追求理想中的生活并没有什么不对。当然,如果是由总统出面来宣布就更好啦。官方的宣告一天不下发,你就多一天继续被捆绑在灵薄狱中。

毕竟,人们对新冠病毒的责骂没有取得任何效果。早在2020年3月,小说家莱斯莉·贾米森就提出了颇为一针见血的意见:"狠狠瞪着没有好好保持社交距离的人正是我们控制恐惧的方式。"[9]随着时间的推移，人们开始用其他方式来表达这种愤怒，开始针对不规范佩戴口罩的人、不接种疫苗的人，甚至针对表示希望线下复课的人。虽然形式在变，这种愤怒感却一直都在，它出现在推特和脸书上，出现在传染病学家的公开声明中。无论是防微杜渐还是放马后炮，无论你尝试怎样来度过"后疫情"生活，愧疚感总是挥之不去。

愧疚中总是伴随着愤怒，因为没人会喜欢一个总是在骂人的家伙。疫情早期，制定政策的那些人接二连三地发文，从不同的角度论证疫情如何给我们带来了千载难逢的机会，论证疫情能把所有人的生活向这群家伙多年来呼吁的目标推进一大步。封城降低了碳排放？等疫情结束了，让我们继续把碳排放量控制在这个水平！疫情只可能蔓延全球，不可能就此消失？让我们确保全球人口都享有基本医疗，或者至少往这个方向前进！如是等等。

结果是，这种"决不能白白浪费危机"的态度很快就被美国大多数民主党人所接受。民主党人，前白宫幕僚长拉姆·伊曼纽尔就描述说，一场严重的危机也是一次机遇，让你去做以前没有办法做的事情。[10]疫情暴发之初，美国政府立即启动了财政刺激政策，规模之大、范围之广，前所未有。这项政策具有进步性，因为它对贫困人口的帮扶远超富人。尽管两党常常意见相左，但是出人意料的是，大部分共和党人也支持这项政策。尽管两党支持的原因不一样：共和党人是就空前危机做出的紧急反应；而许多民主党人则认为，这是自己在疫情前就持续了许久的努力终于开始见效。

拜登当然不会让这场危机白白浪费掉，他宣誓就任之后通过了一项1.8万亿美元的财政刺激计划。该政策包括对6岁以下儿童每年3600美元、对6—18岁儿童及青少年每年3000美元的两项税收抵免措施。该政策将一直持续到2025年，显然这绝非一项应急的财政刺激政策，而是加固美国社会福利体系的长期尝试。

拜登想要进一步提高政府支出。他所谓"重建更好未来"计划的下一步，是1.75万亿美元基础设施建设投资，希望借此大幅减少碳排放，让美国成为抗击全球气候变暖的领导者。坦率地说，问题在于美国已经从经济危机中走了出来：财政政策和货币政策联合发力，经济重新高效运转，失业率以50余年未见的速度下降，股指动辄创下历史新高。前财政部长拉里·萨默斯等民主党人发出警报：政府的一系列刺激措施会导致经济过热，"新政策一石二鸟"的论调远无法如从前一般义正词严。拜登的新计划确实有利于绿色经济，也确实大步推进了泛左翼议程，但它却无法重振因遭遇疫情而衰退的美国经济。原因很简单，早在一年多前（2020年）衰退就已经结束了，美国经济的状况甚至比疫情前还要好一点。

公众非常理解这种动态。在危机严重、人人都感到绝望的时刻，大家需要孤注一掷的举措，但孤注一掷的搏命手段注定不适合长期延续。一旦经济形势不再令人绝望，公众就会希望看到危机结束的迹象，而不会希望听到自己的总统表示情况依然棘手，需要国会批准正常年景里绝不会通过的1.75万亿美元额外财政支出。2021年的美国经济呼啸前进，劳动力供不应求，拜登却逆势推动"重建更好未来"，本质上正是在传达"在我眼里，只要我还有议程要推进，疫情导致的紧急状态就永远不会结束"。

因此，隐含的信息是，白宫具有把全美国从疫情不适感中解救出来的无上权威，但是它却选择把国民留在灵薄狱中。

从公共卫生视角着眼，科学会给白宫撑腰。直到2022年，新冠病毒的致死人数仍然长期居高不下，累计超过了百万。从道德上讲，新冠病毒带走的第一百万条生命与第一百条生命同等宝贵。如果一项公共政策在2020年被证明能够拯救生命，那就应该继续执行它，让它在2022年继续拯救生命。

然而，就公众舆论而言，美国人强烈希望果断抛下疫情的包袱继续前进。他们认为美国每天都在发生许多本可以避免但却实际发生了的死亡悲剧，由于毒品、枪支、交通事故、贫穷和医疗条件不足等，疫情导致的死亡应该和上述情况归为一类。

自然死亡毕竟是自然的。你如果和大多数美国人一样信仰宗教①，就会将之视为上帝的计划。死亡并不令人愉快，也不让人向往，但它是我们编织的生与死的巨大挂毯的组成部分。新冠病毒给这幅挂毯带来了一种新的颜色、一种新的质地。起初人们震惊于斯，但这种新颜色、新质地很快就无处不在，逼迫着人们去接受、去适应。

---

① 译注：根据中国外交部网站信息，美国人口中约46.5%信仰基督教，20.8%信仰天主教。

让我们回忆一下 1918 年的西班牙流感。第一次世界大战导致了 5 万多名美国人的死亡，而流感在美国杀死了大约 67.5 万人。1918 年的流感病毒与新冠病毒不同，它对年轻力壮的人来说格外致命，尤其是 25 岁左右的男性，这正是军队招募兵员时需要的群体。很可能就是因为这一点，流感比战斗带走了更多士兵的生命。

新冠病毒出现之后，人们出现了寻求类比的需要。在疫情暴发前，人们对西班牙流感其实并没有多少深刻记忆。同样，你很可能从未听说过 1861—1862 年摧毁整个加州的大洪水。那场洪水异常恐怖：水位漫过电线杆顶端，切断了加州与东海岸的一切通信；州议会 1854 年刚刚搬迁到新建成的萨克拉门托，此时却在急忙逃离这座被水吞没的州府。中央谷地原有大约 1100 万英亩的优质耕地，如今淹没在 15 英尺①深的水下，变成了一片堪比苏必利尔湖的广阔水域。农作物、牲畜和房屋毁于一旦，连同此前辛勤劳作的墨西哥牧场主的生计。

当时，纽约植物学家威廉·布鲁尔被聘为加州地理学家，他做出了对大洪水最生动的描述。在家书中，他不仅详细描述了洪水有多么可怕，而且还敏锐地预见这场洪水很快就会被遗忘："没有人能像加州人一样承受灾难。他们已经习惯了灾祸，每个人都熟稔一夜暴富又一夜间赤贫如洗的故事。在这里，这似乎是最自然不过的事情。"[11]

布鲁尔的这些话也能很好地解释 1918 年的时候，人们为什

---

① 译注：1 英尺 = 0.3048 米。

么能够相对镇定地承受西班牙流感。1918年的美国人大多出生于19世纪，大多是维多利亚时代①的人。此时青霉素还有10年才能被发明出来，大约20%的幼儿会在5岁之前夭折，传染病广泛存在，传染病导致的死亡无可避免。同时，大多数美国人只关注本地社区，这意味着他们基本不知道这种特殊的流感病毒正在世界各地造成数千万人的死亡。

因此，大规模死亡事件并不总是造成巨大的社会创伤。从历史情况看，瘟疫只有杀死了相当大比例的人口，才会在政治上得到重视。

然而，在我们生活的年代，在过去的一个世纪中，人类没有经历过如此级别的瘟疫，同时医学取得了巨大进步，婴儿的夭折率已经降到不足1%，人们普遍扬扬得意于传染病防治水平的提升。还记得小儿麻痹症的一代人大多已经故去，相反，新一代人成长为社会的主体。他们受到70年代环境保护主义的深刻影响，有幸搭上了公共卫生普遍进步的便车；他们赞美自然，摈弃任何人工的东西。GMO和疫苗显然都不受他们的欢迎。

第一波疫情带着钻心的伤害来袭——意大利的贝加莫和伊朗的德黑兰丧钟长鸣……整个世界基本上就停下了。几个星期的时间里，全人类出乎意料地同舟共济，试图压平感染曲线，试图延迟感染高峰。令人恐惧的是，病毒传播速度之快，变异频率之高，致命程度之重。

---

① 译注：维多利亚时代是指从1837年到1901年。

尽管第一波疫情造成了巨大的伤亡，但随着人类协同一致的努力，感染曲线终于过峰，在许多地区，新感染人数快速下降，令人欣喜。到2020年夏天，社会不再那么恐惧新出现的致命病毒了，转而开始评估风险，关注疫情下的变通方案。即使跨城跨国的旅行依然让人心生忧惧，但许多国家及其城市已经几乎回到了常态。尽管取得了阶段性的成功，各国政府并没有松一口气——战争仍未结束，前方充满未知，阶段性的胜利不值得欢庆。

世界仍然处在变化的边缘，只是方式与之前略有不同。恐惧在消退，怨恨却在增长。从那时起，大概再不可能出现一份声明去公允地宣布疫情结束，去真正让所有人皆大欢喜。政府的每一个决定都让人担心——口罩强制令、线下复学、疫苗强制令、室内用餐限制、边境管制等等。论战的一方支持从严管控，认为谨慎的防疫或许可以拯救无数条生命；另一方则认为不宜继续严防死守，严格的防控困住了无数人的双足。双方都认为自己是对的，势同水火，争论不休。

双方的一个重大分歧恰恰在于：新冠病毒感染导致的死亡是否已成为布鲁尔记录加州洪灾时所提出的"飞来横祸，苍天注定"的一部分。在2021年的某个时间点，"新冠病毒无法被彻底消灭，几乎每个人都无法避免面对病毒"成为大多数人的共识，尽管不是所有人都如此认为。人类无法摆脱新冠病毒的观念常常伴随着宿命论：既然无论我们怎么挣扎都迟早感染，那么让自己与他人横遭不便的防疫措施便没太大的意义。

相反的论据往往是从死亡人数的角度出发的，尤其是谈论美国用了多少天就达到了奥萨马·本·拉登在"9·11"事件中造成的死亡人数。其明确含义是：因为"9·11"事件中丧生的不到3000人，美国愿意在阿富汗和伊拉克发动战争，并在战争中损失数万亿美元，导致数十万人丧生。防疫的投入只是战争投入的几分之一，而收益却是至少3万条生命得以保全，这么一对比，难道不应该防疫吗？

不同之处在于死亡和死亡之间并不能画等号，或者我们应该称这种观点是完全错误的。自然死亡不会像蓄意谋杀那样让人良心不安。如果统计结论表明除了全面封城，其他任何强度的防疫措施都不能避免或多或少的人死亡，那么调整防疫方案就不能算作一种谋杀。人们常常感激那些决定放宽防疫的政治家，因为正是这些政治家的决定给了他们"摘下口罩，把疫情和对疫情的恐惧抛在身后"的自由。

疫情期间许多城市的犯罪率激增，人们希望犯罪率可以随着社会狂热的消退而逐步回到前疫情时代的水平。如前文所述，边缘礼仪阶段是前后两种有序状态之间的过渡阶段，这一阶段的常见特征就是规则的缺失。疫情早期，有司机发现道路空旷，于是超速驾驶，然后面对着罚单目瞪口呆。在某种程度上，他们已经自我说服"考虑到出现疫情，暂停执行限速规定"。

就连诺贝尔经济学奖得主保罗·罗默也欣然拥抱了不法的精神，大肆鼓励企业不经美国食品药品监督管理局批准就开始生产病毒检测产品。[12]

因此，既然美国几乎没有哪个地区像英国那样用一场准仪式正式宣告疫情灵薄狱的终结，那么"结束过渡阶段"的心理需求就依然存在。许多人最终相当自觉地选出一两个时间点，在心中将之认定为自己的"自由日"。

接种疫苗，尤其是接种加强针的日子是常见的"自由日"。接种疫苗后，美国人结束了奥密克戎毒株猖獗之后的自我隔离，重新回到外面的世界。他们接种了疫苗，甚至打了加强针来保护自己，他们经历了病毒感染，现在是时候抛下疫情重新出发了。他们自身面临的风险微不足道，甚至如今传染他人的风险也很微小。疫情本身也在阴霾中带来了一线曙光，它仿佛是某种解脱的仪式，经历过这个仪式，你将变成一个全新的自己。新的生活适用新的规则，在这一点上自己选择的"自由日"与高级政客宣布的"自由日"，生效的原理是一样的。

政府的另一种选择是小步放宽防控措施。小步放宽给人的心理满足感远不如一步到位那么强烈，而且确实会导致担忧和不适的不减反增。我自己就经历过不少这种小步。在2020年4月一个美好的日子里，比萨外卖员开车过来，把一份我这辈子吃过的最美味的比萨送到了我的手里。这顿饭点亮了我的整个世界，因为它标志着回归常态的首个迹象，标志着戴口罩规定、一臂之距规范、户外人类交往准则的松动。随后，社交活动一步步慢慢解禁，从小泡泡①里的人各自带着酒瓶，互相保持着距离在户外喝酒，到和同一个泡泡的成员一起在通风良好的室内聚餐，虽然大

---

① 译注："小泡泡"指彼此知晓健康状况的封闭小群体。

第一部分　新不确定时代　　029

家仍然不会主动去触碰对方。

对我来说,和不属于同一个泡泡的人互动的意义更大。当时我如果计划和朋友一起活动,必然事先都会说清楚明确的基本规则,比如必须有若干天内的病毒检测结果,必须接种过疫苗,等等,甚至2021年9月我妻子50岁生日派对这样的大事都是这样的。让我记忆深刻的是2021年4月的那一天,疾病控制与预防中心宣布,只要接种了疫苗,在人数较少的室外活动就可以不必戴口罩。我在楼下遇到了邻居,我俩没戴口罩聊了一会儿。这件事本身远比我们聊了什么更有意义。

2022年3月初,我正躲在爱尔兰西海岸一所可爱的房子里写这本书,这时发生了另一件让我高兴的事。我到达爱尔兰的时候,正值奥密克戎毒株感染的高峰期,所以我谨小慎微地度过了1月、2月也没敢太放松。到了3月,感染人数迅速下降,人们交往时少了很多顾虑。我住的地方有家咖啡店叫"咖啡小屋",我去点了一杯澳式黑咖啡,一份汤,看见奥伊夫·吉尔里和詹姆斯·埃尔科克两位店主都没戴口罩,在柜台后边冲着我笑。我们什么都没说,一切尽在不言中,但没有比等餐的时候可以把口罩收在口袋里更让人开心的事情了。

偶遇邻居,不戴口罩等咖啡,这些都是很美好的经历,这里社会规范的演变和让我自己感到舒适的防疫尺度相契合。也有些时候,周围的人比我更倾向于冒险,这时的体验就很糟糕。比如有一次在得克萨斯州,我和三个朋友一起去听爵士乐长号手特龙博内·肖特的演奏会。理论上讲那片场地是要求所有人都戴口罩的，但是除了我们四个，没什么人遵守规则。也有一些体验不好不坏的情境。我在纽约的数字新闻媒体 Axios 工作，附近的第七大道和 25 街交叉口有家"多样咖啡"，那也是我特别喜欢的咖啡店。突然有一天，那里的咖啡师悄悄地不再戴口罩了。在某个层面上我想要视之为积极的信号，我也想欣然接受这个信号；但在另一个层面上，这又确实让我感到不那么舒服。

这种乐观和忧虑的混合物如是降临，剂量不可预测，时间无法确定。它将永远无法完成分隔礼仪的使命，无法让我们与针对恐怖病毒的防疫方案脱离。这有点让我想起 1998 年成立的"继续前进"（MoveOn）组织，该组织致力于谴责克林顿总统，认为严厉的谴责可以尽快结束有关弹劾的辩论，让社会能够转而关注更紧迫的问题。20 多年过去了，"继续前进"的呼声仍然存在，以其命名的那个组织也仍然存在，但实现"结束"的所有想法却似乎已经完全消失。

2020 年 3 月开始的"新冠时期"是我们大多数人经历过最漫长的一段时期。之所以如此说，很大程度上是因为太难界定哪个时间点是它的终点。这确实是个问题：如果旧的阶段没有结束，那么新的阶段就永远不会开始。

对数百万人来说，新冠保守主义成为他们定义自己的关键要素。这或许是因为他们自身存在免疫缺陷，又或者是因为他们爱的人存在免疫缺陷，再或者是因为他们觉得面对疫情态度保守一点才是明智的。社会却决定否认疫情、拥抱幻想，他们会觉得自己离这个社会越来越远。

被这样的社会疏远的人不在少数。当纽约市公立学校取消口罩强制令时,我朋友孩子所在的班只有一个人还戴着口罩。这种状况让继续采取防疫措施的人更加强烈地感到自己与主流社会格格不入。这所学校可是在唐人街,那时候这里针对亚裔群体的犯罪在增加。当纽约市长埃里克·亚当斯宣布口罩强制令取消时,多数人看到了回归常态的重要进展,但也有相当一部分人感到自己与社会的脱节愈加严重。

人们在灵薄狱中前无依后无靠的不适感最终随着时间的推移而逐渐消失,也逐渐把"天有不测风云"当作常态。"9·11"事件前后出生的一代人,自打出生开始就被告知,他们所见的世界不是常态——从"9·11"事件到伊拉克战争,到全球金融危机,再到离弦走板的特朗普政府、疫情、俄乌冲突……他们非常熟悉非常态的世界,但缺少对"常态下的生活是什么样子"的亲身体验。

在这个疯狂的世界里,离奇的事物层出不穷,让人见怪不怪。和如今的现实一比,过去荒诞不经的想法似乎也显得合乎常理。这一点有助于理解许多离奇的现象,从加密货币的兴起到要求地方当局向警察部门拨款。请看:2022年8月,金融机构冷静地评估了形式,认为在未来12个月,地球有10%的概率毁于核战争;小小的病毒在两年间杀死了600万人,同时几乎彻底中断了全球的经济活动;时间这个概念本身被搅碎,变得极不可靠。上述这一切异常的事件共同意味着新非常态在我们头顶盘桓不去。不必问新非常态还能持续多久,问了也没有意义,毕竟时间在非常态里本来就不是一个可靠的概念。

非常态的世界本来就是不可预测的。支配非常态的不是风险，而是不确定性，毕竟风险是可以计算、对冲、最小化的。"未知的未知"粗暴地左右这个世界，让灵活有韧性的人成功，让稳健有远见的人失败。灵活适应意外的能力取代预测未来的能力，成为新非常态下取得成功更重要的先决条件。

意第绪语（Yiddish）里有一句古老的谚语："人类做计划，神佛嘲笑他。"几百年间犹太人遭受迫害，无力掌控自己的命运，因此产生了这样的愁思。在高度动荡的环境里成长的人往往更能适应急剧的波折，例如《黑天鹅》的作者纳西姆·尼古拉斯·塔勒布。20世纪70年代，塔勒布在黎巴嫩内战的硝烟中度过了童年，后来他发家致富的方式正是押注小概率事件，利用市场对小概率事件频率和强度的低估进行投资。

可以这样认为，旧常态就是使沃伦·巴菲特一度登顶财富榜的那个世界。巴菲特的财富创造工具伯克希尔－哈撒韦公司有两个核心部门，分别经营保险和投资。投资部门收购实力雄厚的公司或其股份，并几十年如一日地持有。其理论是，长远来看这些巨头的实力和价值将继续稳步上升。保险部门筹集了大量资金，平时用这些资金收购巨头股份，但小概率下也随时可能用它们赔付被保险人的损失。伯克希尔－哈撒韦公司最希望看到的是乏味又稳定的旧常态，因为旧常态下巨头们稳步增长，不会爆雷，同时被保险人也很少遭遇损失，只有极小概率向巴菲特索取十亿美元级的赔付。

《石油即政治》[13]是史蒂夫·科尔为埃克森美孚公司所写的企业传记，这本书充斥着旧常态的特征。2012 年该书出版时，埃克森美孚是世界上最具价值的公司之一，《石油即政治》把它描写成神通广大、眼界长远、以百年为计纵横捭阖的帝国，宛如一个重要的民族国家一般叱咤风云。但等到 2020 年结束的时候，埃克森美孚的市值已经比不上可再生能源巨头新纪元能源公司了，埃克森美孚被道琼斯工业平均指数除名，沦落到依靠金融工程来支撑其暴跌的股价的地步。[14]

新非常态很可能会见证更多这样逆境里一鸣惊人，顺境中马失前蹄的故事。例如，埃克森美孚公司最终还是没凉透，俄乌冲突炮声一响，它的市值应声翻了倍；与此同时，脸书即便是绝望地把部分品牌更名为 Meta，也还是避免不了成为世界级企业中股价俯冲的那个反面教材。

对我们这些普通人而言，可预测的、令人舒适的事物大概会纷纷渐行渐远。例如，我们转移资金，推迟了数十万亿美元的消费用于"保障退休"，但是退休储备恐怕无法再像我们期待的那样，为我们保障风平浪静的退休生活。

几十年来，以储蓄来保障退休生活一直是一种不切实际的想法。首先，利率大幅下降，让退休时买份年金，余生都从年金账户中获得收入的想法不再奏效。其次，医疗成本螺旋式上升，医疗保险却做不到同步提高。我们大多数人都终将死于一场恶疾，这临终的病痛就能把丰厚的固定收入吃干抹净。

未知的事件永恒存在，只是我们看不清细节，比如我们寿命有多长，最终会以怎样的方式死去，等等，我称这些问题为"已知的未知"。我怀疑新非常态会在"已知的未知"上叠加越来越多"未知的未知"，像疫情这样的突发事件，恐怕以后的日子里难免层出不穷。至少我们未来的生活绝不至于一成不变，喜欢这种生活的人会感到非常开心。

第二章　一种全新的经济模式正加速到来

从经济层面看，在疫情期间，时间是变快了而不是放缓了。2020年疫情导致了经济衰退，但持续的时间实在太短，经济学家们不得不放弃对"衰退"的正常定义。通常情况下，"衰退"意味着连续两个季度的负增长。两个季度吗？疫情所导致的经济衰退，持续时间还不满两个月！持续的时间虽然短，但造成的动荡却剧烈而深刻，所有人都相信它确确实实是一次衰退，造成了巨大的损失。

根据美国国家经济研究局商业周期测定委员会（没错，有一个非常高大上的委员会，专门负责测定衰退的时长）的数据，美国经济活动的峰值发生在2020年2月，低谷在2020年4月。如果最小的时间单位是日历上的一个月，情况的确如此：3月中旬经济活动总量急剧下降，3月的数据低于2月。但是，任何人只要经历过疫情都可以告诉你，经济衰退不是从2月开始的，而是从3月中旬开始的。

商业周期测定委员会以前从来不会去担心某个特定的月份发生了什么，毕竟经济衰退可能要持续好几年。无论如何，把数据精确到一个月内就完全没有问题了。但是在疫情时代，一个月内就可能出现非常大的变化，而这种变化通常是经济学家在将数据以季度为单位分析时才能看到的。

市场也见证了类似的情况。金融市场不太关心商业周期测定委员会，因为这个委员会的工作是提供回顾信息，而市场通常只对明天感兴趣。但这一点在疫情期间也发生了变化：金融市场真正想知道的，不是明天会发生什么，而是今天会发生什么。疫情开始后，每个人的头顶上都笼罩了一团认知迷雾，金融市场也不例外。虽然通常情况下金融市场知道自己的定位，也能弄清发展方向，但在2020年年中的大部分时间里，它甚至找不到自己的定位了。时间的推移并没有带来好转，2022年7月，关于美国是否在6个月前已陷入衰退，人们的看法存在重大分歧。在某种深层次上，经济数据已经失去了意义。[1]

来看看世界上最重要的经济报告。最重要的经济报告并不是出自美国国家经济研究局，也不是季度国内生产总值（GDP）报告，而是月度就业报告。月度就业报告是在每个月第一周的周五发布的，用来向市场通报上个月有多少人拥有工作。

上个月吗？是指上个月的什么时候呢？就业报告基于两项调查，一项针对家庭，另一项针对雇主，每项调查都在某个特定的星期进行。经济学家们发现，在疫情暴发后，他们异常关注调查是在哪个星期进行的，甚至试图弄清楚是在那个星期的哪几天收到的回应最多。具体日期会对调查结果产生极大影响。这是因为，2021年12月的调查时间是在奥密克戎毒株汹汹来袭前、冲击过程中，还是全面暴发后，导致的结果截然不同，而上述整个过程只经历了大概两周。

美国劳工统计局负责撰写就业报告，他们通常会根据季节变化进行调整。工作就像潮水一样有季节性，是可以预测的。但在疫情期间，季节性的变化被病毒变异的变化淹没。"疫情"是人们试图从就业数据中辨别的信号，每个人都想知道疫情对就业产生了什么影响；但"疫情"也是噪声，导致这些就业数据难以解读。

即使出现了强信号，它们也可能以令人眩晕的速度反转。以远程办公公司Zoom和Slack为例，这两家公司在2019年春季上市，其后不到一年就暴发了疫情。如果要找到两家公司在疫情来袭时能够在正确的时间出现在正确的地点，那就非它们莫属。

封控后没几周，做跨平台视频会议的Zoom就变成了动词，人们会说我要和你Zoom一下。自2019年首次公开募股以来，Zoom公司一直是股市的宠儿，2020年10月市值飙升到1500多亿美元。这要归功于免费下载Zoom软件的大量用户，他们说服了雇主在整个工作机构都使用Zoom软件。

Zoom公司看到了这个模式，Slack公司进一步完善了它。这两家公司发现，与其花好几年的时间费尽心力试图见到某个公司的首席技术官，然后展示自己的软件，试图订下大单，不如让这家公司的所有员工都免费用自己的软件，让他们习惯甚至依赖自己的软件。这样，一旦高管要求使用其他软件，员工就会反对。最终，由于经理们知道员工保持心情舒畅是多么重要，他们就会去购买软件公司的使用许可。于是软件公司完成了销售，但花费的时间和精力与通常情况相比，实在是微不足道。

Zoom 和 Slack 的发展速度本来就很惊人，在疫情暴发后几周内，它们的发展速度又进一步加快。这两家公司成为投资者眼中后疫情时代的典范，让知识工作者得以离开办公室、离开城市，在分散的地点工作。

然后，魔法消失了，消失的速度就和当初发展的速度一样快。不是因为员工回到办公室进行面对面交流的那一天早于预期，而是因为新的交流形式太过重要，显然已经成了"未来"一个永久的组成部分，所以大公司发现，视频技术用一家公司的软件，群聊技术却用另一家公司的软件，无疑是非常不明智的。

在 Zoom 和 Slack 这样的技术还是新生事物，还让第一批用户为之兴奋的时候，高级决策者很乐意为自己手下的技术流们提供他们想要的工具，以便提高效率和生产力。然而，一旦涉及为每个员工制订一种解决方案供日常使用，这些喜欢酷炫科技的、热衷于发现新技术平台的人就发现自己很难影响老板了。技术流喜欢谈论不同软件产品的相对优点，会花很多时间去选出最好的一款。他们如果发现做文字编辑的时候谷歌在线办公软件（Google Docs）比微软文字处理应用程序（Microsoft Word）更好用，几乎一夜之间就都会去用前者，而普通人却还在继续使用后者呢。坦率地说，普通人真的不太关心软件优劣，他们有更重要的事情要去担心。

在选择居家办公软件这件事上，普通人最终还是轻轻松松占了上风。Zoom 和 Slack 并没有消失，它们实际上还在不断发展。但是在一个人人都在用微软办公软件（Office）的大型组织中，最不会遭遇阻力的选项，也是价格最低的选项，就是用微软公司开发的联机会议解决方案（Teams）。这是因为：员工使用 Teams 的边际成本为零，Teams 有微软这家价值万亿美元的科技巨头在背后支持，而且最重要的是，对于在 Windows（微软电脑操作系统）电脑上运行 Office 365 的大量普通员工来说，他们的机器里已经安装了 Teams。

就这样，Slack 被甲骨文（Oracle）吞并，Zoom 也重新调整了股市策略，与以家庭健身为主要关注对象的 Peloton 公司等在疫情期间出现的其他宠儿一样，股价最终恢复到了疫情前的水平。

最后，我们可以说，许多公司似乎最初是因疫情而获益的，对于它们来说，疫情就像是有毒的圣杯。如果没有疫情，Zoom 和 Slack 的增长速度不会像 2020 年那么快。但它们如果发展得慢一点，现在有可能已经深入企业，被企业习惯，从而得到采用，而这时微软还没有来得及真正意识到它们的威胁。谁都无法证实事情是否果然会这样发展。但我们确实知道的是，微软一发现商机的规模和竞争的价值，就立刻以惊人的速度开发出了一款新产品，在许多方面很快就超过了对手，速度之快出人意料。尤其是，微软几年前还因无休无止的开发周期而臭名昭著。

疫情期间最受欢迎的消遣之一是玩《节奏光剑》，这是一款为脸书旗下 Oculus① 等的虚拟现实头盔设计的健身游戏。你戴上头盔，挥舞一红一蓝两把光剑，砍向随着歌曲节奏飞来的一个个方块。游戏一开始就很难，然后越来越难，厉害的玩家在优兔或抖音国际版（TikTok）上发布视频来炫耀自己似乎难以企及的灵活性和速度，就能获得好几百万次的观看量。

有时，疫情本身就有点像《节奏光剑》中的专家模式，商业、金融到整个经济的发展速度都快到不可思议。完整的商业周期被压缩到几个月内，疫情还没结束，行业就可能已经起起落落。要想不掉队，就需要不断重新评估先前的知识，你得愿意抛弃刚刚辛苦学来的一切，无论是关于病毒、经济的，还是二者相互作用的方式。

在某种程度上，这就是当前的状况，一切都又快又新。但即使以数字原生代（digital native）的标准来看，我们在疫情期间看到的也是一次飞跃，把很多人抛在了后面。例如，即使在经济明显高速增长的时候，一些非常聪明的人也经常告诉我，我们正处于经济危机中。毕竟，像我这样的专家在疫情初期就自信地宣称，让经济回归正轨的唯一途径是控制住病毒。因此，推论就很简单：既然病毒还远远没有得到控制，经济肯定不可能回到正轨。唯一的问题是我完完全全错了。如果不解决疫情，就无法恢复旧经济，在这一点上我是对的；但我没有预料到的是，就在我

---

① 译注：Oculus 是 2012 年成立的虚拟电影工作室，2014 年被脸书收购。

撰写这本书的时间里,我们居然已经飞快建立起一个围绕病毒的全新经济,而且这种经济甚至可以更高速度运行。

事情一旦加速,在很长一段时间内就很难会放慢下来。记录是用来刷新的,《节奏光剑》的表演在 2020 年还让人眼花缭乱,到 2022 年就已经不足为奇了。从企业招聘到微软的开发周期,疫情下的各种条件为此奠定了基础,带来了前所未有的改变。而一旦有了先例,人们就知道也许能做到些什么,甚至可能预测些什么。

所有公司都意识到,在疫情之前它们从来都没能了解自己的实力——招人能有多快,提价能有多凶,开发新软件能有多迅速。既然现在知道了,各家公司就不会愿意回到从前的状态了,哪怕当时自己是能够接受这种慢状态的。

在未来的几年里,推动凤凰涅槃的动力,很大一部分恰恰就是上面这种新获得的认知,即人们摸到了"可能"的边界。我们不会一直享受疫情期间那样的财政利好和货币利好,但高管们将记住自己在 21 世纪 20 年代初取得的成就,而且始终希望自己能够超越这个成就。

第三章　股市大跌，零利率时代的投资新逻辑

在疫情期间，时间被大幅缩短，在投资领域尤为如此。

想赚钱通常有两种方式：要么工作，用劳动换报酬；要么投资，用钱生钱。

二者之间并不总是泾渭分明的。你如果想要通过投资赚大钱，就需要付出很多劳动，要决定投资什么，什么时候投资。但对普罗大众来说，两者的区分还是比较明显的。一般来说，赚来的或者继承来的钱不花就会变成储蓄，然后用储蓄来投资，通常是买股票。如果投资盈利了，财富就会增加。

工作和投资都是以时间为基础的。劳动力是以时间为单位计价的，比如一小时拿多少工资，或者一年拿多少工资，拿年薪的人比拿时薪的地位更高。投资也类似，你可以赌短期的价格浮动，但是高级的投资者目光更加长远，往往持续投资几十年，关心的是像退休金和孙子辈的大学基金这样的大事。

疫情期间，投资的时间单位发生了巨大变化，劳动力的时间单位却没有什么变化。人们在工作岗位上做一件事所花费的时间前后大体上是不变的，但是，人们在投资的时候，对短期投资的态度发生了极大变化，短期投资可能带来的收益也发生了极大变化，这样的情形上次出现可能还是在20世纪20年代。

在我的职业生涯中，谈到投资，大家的观点普遍是清晰明了的：投资是生活中为数不多可以吃到免费午餐的领域之一。同时，在投资领域也能清晰看到我们X世代①和婴儿潮一代之间的分界线。后疫情时代，一条新的分界线也出现在了X世代和千禧一代之间。他们的不同之处在于，X世代在2000年股市崩盘中损失了许多钱，千禧一代却在2020年的股市崩盘中赚了很多钱。

当然，第一代进行大规模投资的是婴儿潮一代。实际上，他们今天仍然控制着市面上大部分投资资金。

婴儿潮一代进入劳动力市场的时候，为退休储蓄的标准方式是加入企业养老金计划。一份稳定的、看得到的退休收入将会来自公司，这也意味着是由公司来决定是否为员工们的退休金存下一笔钱，如果存的话，到底存多少。所以那时只有富豪们才会直接投资股市。

那时候，投资者基本上就是挑选一个股票和债券的投资组

---

① 译注：X世代指1965—1980年出生的一代人。下文中婴儿潮一代指1946—1964年出生的，千禧一代指1981—1996年出生的，Z世代指1997—2012年出生的，沉默一代出生于1928—1945年。

合，投资组合常常是高尔夫球友或者其在其他一些社交场合认识的人推荐的。另外一种投资方法就是，签约成为投资经理这样的专业人士的客户，付高价让他们给出投资建议。早在1955年，大名鼎鼎的弗雷德·施韦德就出版了《客户的游艇在哪里》[1]。这是一本经典的投资书，书中讲述了一个到纽约的游客对华尔街银行家和股票经纪人的豪华邮轮赞叹不已。有意思的是，如果认真听从华尔街精英的建议，投机赚的钱反而比投资赚的多。就像当今的对冲基金经理和私募股权巨头们，也比投资者赚得更多。罗宾汉①是千禧一代爱用的投资应用软件，其经纪账户的中位数仍停留在240美元左右时，其创立者已经成了亿万富翁。

在互联网出现之前，人们如果想要了解股票价格，就得去找打印有股价的清单，或者打电话给证券经纪人，当然经常会是证券经纪人打电话过来。那时候股市指数是有的，但是指数基金非常昂贵而且稀少，大部分散户都接触不到。因此，在婴儿潮那一代人眼里，股票投资是上层人士的一种昂贵且神秘的消遣。现在那些头发花白的退休老人还在订阅《巴伦周刊》，他们可能还保留着这样的看法。这些人可能不相信电子邮件这种东西，却能很开心地登录线上经纪账户，在里面买进和卖出他们最喜欢的股票。这群投资者有来之不易的丰富经验，可以应用到股市策略上，他们也相信丰富的经验可以带来一些优势，毕竟，他们已经

---

① 译注：罗宾汉（Robinhood）是一款免费的交易应用程序。

花了几十年的时光来探寻市场的奥秘。

过去几十年牛市强劲,大部分婴儿潮一代投资人确实都做得相当不错。他们很幸运,步入成年的时候正值买房和租房都很便宜的时期,所以能够攒下大量的资金,然后放到股票市场上。而且那段时间房价也在飞升,这一点对他们也有帮助。

人类的心理就是这样,很少有人会因为当初没有跟进一个投资产品而自责,但他们会为自己的胜利欢呼雀跃,面对自己的失败进行自我安慰,无论高兴还是悲伤,通常都会邀上三五好友喝上几杯。就拿爱好来说,昂贵的爱好虽然有很多,但有钱的男人除了喜欢聊运动外,能让他们心情激动且没什么太大争议的话题实在是太少了。

婴儿潮一代的投资方式也有副作用,这种方式明里暗里地把整个投资组合变成了一种交易:不论你拥有的是什么,它们不是在被买就是在被卖。如果你总是能低买高卖,那么你就是一个优秀的投资者。

投资者们都想变成泰德·韦斯勒那样的人。我们知道,沃伦·巴菲特被誉为"奥马哈先知",韦斯勒就是他的两个候选接班人之一,有可能在巴菲特死后或退休后接管股票投资工作,当然啦,巴菲特退休的可能性很小。1989年,韦斯勒的退休金只有7万美元,存在其嘉信理财的账户里。他用这个账户买卖公开交易的证券。到2012年,他的账户里已经有了1.31亿美元——他即使独具慧眼,也不可能通过投资任何单只股票就获得这么多收益。

怎么可能预见未来呢？怎么能知道哪只股票会涨，应该买入，哪只股票会跌或者会停止增长，应该卖出？在我看来，这种技术总有点炼金术的味道，但是数百万投资者还是渴望能有这样的技术。其实，做好投资的关键是在每一笔交易中做好两件事：一是决定买哪只股票，二是决定好持股多长时间。

证券市场的奇妙之处就在于，它给赚钱的时间长度创造出了无限的可能。如果银行给我提供了一笔5年期的贷款，并且银行没有订立精细的合同来出售这笔贷款，那么只能在5年后我还了本金的时候它才能给我赚钱。这是因为它是贷款不是证券。反过来看，如果我的老板发行了5年期的债券，这是一种证券，那么债券市场的交易者包括投机商可以在任何时间内持有这只债券，可以是几分钟，也可以是几年，无须等到到期日便能赚钱。

这就是劳动和资本之间的巨大差异。你如果想通过劳动致富，成为一个成功的企业家，那就需要打败所有现有的或者潜在的竞争对手，而且你的公司要能持续发展几十年。这需要你全身心投入，打理好自己的生意。而如果你想投资成功，你只需要在涨势持续的时间内抓住机会，待涨势不再，再把投资转移到其他地方。或者，如果你玩的是专家模式，你甚至可以在股价下跌时做空，然后获得收益。换句话来说，市场会把投资转化为交易。

从本质上来说，这才是市场的奇妙之处。像美国通用电气这样的公司，1889年便可以发行股票，将收益投资于内部增长，并且没有任何偿还的义务（用金融行业的话来说，股票就是"永久的资本"）。如果形势大好，通用电气可以选择通过分红或者股份回购的形式将钱还给股东。这样做的时间越长，公司的股票就越值钱。但是，要想真正从通用电气的股票上赚钱，就不能坐等分红兑现，而需要在股价持平或下跌时观望，在股价即将上涨时买进。这个待上涨的时间点应该就是20世纪90年代初，通用电气的股价马上就要上涨，之后在不到10年的时间里涨了10倍。然后，你只需要卖掉股票就可以拿到收益。

或者，你不需要持有10年，你只需要持有千万分之一秒就够了，这在今天的市场上是可以实现的，所谓的高频交易者就利用了这一点。每只股票都有两个价格，任何人愿意买入的"最佳买入价"，还有任何人愿意卖出的"最佳卖出价"。这两者之间的差距很小，通用电气股票的两个价格之间可能只差一美分。当你下单购买通用电气股票时，你付的是"最佳卖出价"，12.72美元。当你的高尔夫球友卖出通用电气股票时，其给出的价格是"最佳买入价"，即12.71美元。在任何正常持股时长内，这两个价格对你整体的收益不会有很大的影响。但是如果城堡投资（Citadel）和骑士资本（Knight）这样的高频交易公司是你的交易对手方，如果所有的买入和卖出都是同样高频的，一分钟之内上千次以12.72美元的价格卖出和12.71美元的价格买入，它们就可以在风险极低的情况下实打实地赚到钱。这些利润将会分给这些高频交易公司的所有者和员工；分给向市场输送交易的证券经纪人，作为他们的回扣（即所谓的订单流支付）；甚至有些时候还有一些钱会分给真正的投资人，这笔钱也被称为"价格改善"资金。

我们过一会儿再来讲讲高频交易的影响。现在说更重要的一点，就是证券市场的神奇之处：市场允许股票不论何时都可以无障碍交易，不需要告知发行股票的公司，也不需要它们的同意。也就是说，市场允许投资者根据自己的需求和意愿买入和卖出，而且不用看发行者的意愿。这一点是非常有价值的，是现代资本市场的伟大发明。这个发明让公司可以永久地自筹资金，可以把自家的股票卖给只持股一天甚至一天都不到的交易部门。在全球最大、资金流动最快的美国国债市场，政府定期出售数十亿美元国债给所谓的一级交易商，它们的工作就是尽快转卖这些债券到市场上去。全世界的投资者都可以持有美国国债，但美国政府实际上只是向高盛和法国巴黎银行等几家大的金融机构借了钱。

股票发行者的交易对手方是投资者。双方的利益很少能够完全一致。发行者基本上是处理现实问题的现实企业，投资者却梦想着让钱带来利润，希望在证券世界里低吸高抛实现获利。这是两个独立的交易，都需要交易者看准时机。因此在婴儿潮一代人眼中，投资是一个困难的领域，只有具备专业知识的人才能获得高回报，因此能够成功把握市场时机的人往往会被神化。

市场是有价值的，可以将平平无奇的公司变成快速发展、可以流动的证券。但市场也有不好的一面，比如市场提供的经济回报太高，以至于全国最优秀的人才"趋之若鹜"，全部投身到被英国曾经的投资银行家阿代尔·特纳勋爵所称的"对社会无用"的活动之中。

更微妙的是，许多金融媒体传达的信息都是：只要成功选好股票，把握好市场时机，就可能获得巨大的回报，收获这些回报只需要不多的努力。在婴儿潮一代赚钱的黄金时期媒体是这样说的，但到现在它们还在这样说。在20世纪60年代，只要有幸能买到伯克希尔－哈撒韦公司的股票，然后有足够的自制力不去卖掉它，就能大赚一笔，任何人都可以。这意味着数百万人都可以去试一试，如果错过了伯克希尔－哈撒韦的股票，他们感觉就像错过了比特币甚至达美乐比萨公司的股票，那真让人痛心疾首。

20世纪90年代后期，社会上掀起互联网热潮，股票市场的信息涌入互联网，为配置了线上经纪账户、想要投身造富热潮的新一代投资者创造出了看似公平的竞争环境。那个时候买卖还不是很方便——股票还是以八分之一美元而不是以一美分计价来进行交易的，折扣经纪商每一笔交易收费15美元，现在折扣经纪商的费用已经降到了0美元。就这样仍然有很多人因购买价格飞升的科技股赚到了很多钱。我1997年搬去纽约的时候，见证了互联网的狂热潮流。我在步桥新闻社（Bridge News）的一个同事有一个记录投资组合的电子表格，他会动态更新展示自己的收益和损失。每次我去看，都能看到非常优良的收益表现，直到2000年股市崩塌。股票价格涨得越高，跌得也越狠，这让90年代后期那一批股民打消了自己有炒股技巧的幻想。

这段经历发人深省，将X世代这个"懒散"的一代转变为第一代，他们也可能是唯一一代真正拥抱被动投资改革的人。在研究过资料后我们发现，之前各种形式的数据都支持了我们的观点，即只要投资指数基金，然后什么也不做，就肯定能够有不俗的表现，比我们之前的任何尝试都要成功。我们这些经历过互联网跌宕起伏的人都早早被迫上了一堂非常现实的课，清楚这样的认识是多么正确。更重要的是，我们都或多或少接触过指数基金，那是我们的父母在二三十岁时没办法接触到的。被动投资不仅仅在战略上是最优的，而且也是很容易做到的。

指数基金最初作为投资方式出现时既不便宜也不简单。就像罗宾·威格尔斯沃思在《万亿》[2]中描述的那样，指数基金最开始出现时是昂贵但有效的投资方式，可以打败其他基金经理。几十年间，个人投资者都无法接触到指数基金，甚至在它已经进入零售市场后，很多人还视它为洪水猛兽，以至于很长时间以后它才成为很多人的默认选项。因为这些人觉着没有什么理由相信自己会比对冲基金经理更聪明，反应速度更快。

指数基金的奇怪之处不仅仅是它提供了常说的免费午餐，即使什么都不做，它的表现也超过了大多数努力工作的基金经理的表现。指数基金之所以奇怪，另一个原因是，指数基金的投资几乎完全摒弃了市场允许投资者随意调整仓位的模式。典型的指数投资者会买指数基金，然后再也不退出，直到他们真正想要花钱的时候。

X世代需要在心理上做出两次跳跃才能完全接受指数投资。第一次跳跃是摒弃所有"需要把握市场时机才能赚钱"的想法，也就是"我要是在××年买了××就好了"。这类想法很难避免！尤其现在太多媒体都在不遗余力地颂扬那些买了好股大赚一笔的人。

第二次跳跃是抛弃任何撤退战略，接受"蟑螂旅馆"① 的概念。一旦你进入指数基金领域，就待在这里，直到你真的需要花钱的时候。目标日期型基金尤是如此，它会根据你的年龄自动调整你的资产分配。在你退休的时候，或退休之前，你可能会需要用钱，用的就是你账户里积累下来的钱。卖出基金的唯一理由是你急需用钱，不能因为担心股市下跌就抛售，更不能因为股市已经下跌而抛售。

让人这样想其实有点强人所难，尤其是当媒体不断向投资者们"轰炸"各种分析和预测时。在股票价高，经济就要萎缩时抛售股票，这不是合情合理的吗？经验告诉我们：不是。大部分这样做的人最后都错过了未来可观的收益，因为几乎没有人能够准确地把握退出市场和再进入市场的时机。但是这个说法往往让人感到信服，讲故事推动的投资决策要比大多数华尔街精英愿意承认的多得多。

我曾短暂地在《投资组合》杂志工作过，我的同事迈克尔·刘易斯是他那一代人中最优秀的金融记者。他曾致力把被动投资写成动人的故事，其中要有个讨喜的主人公。最后，刘易斯发掘出布莱恩·卢尔。卢尔是华尔街股票经纪人，是将好莱坞客

---

① 译注：蟑螂旅馆（roach motel），原是一种蟑螂诱捕器，使用气味或其他形式的诱饵吸引蟑螂进入陷阱，用黏性物质将其困住。文中代指一种进入容易、退出困难的用户体验模式。

户的钱投入指数基金并收取巨额费用的千万富豪。

这个故事剧情丰富，引人入胜，刘易斯天生是个会讲故事的人。但是我敢说，他的故事里面多少有点婴儿潮一代的色彩。刘易斯出生于 1960 年，处于婴儿潮晚期，但他始终还是婴儿潮一代。卢尔直言不讳地告诉大家自己选股的能力不强，赚不了钱，他的客户如果直接投资指数基金，就可以少花点钱但得到同样的收益。有趣的是，他告诉刘易斯自己是怎么留住客户的："我说，'霍华德，小心我把你送回美邦（Smith Barney）'。他们笑了，但是他们清楚我想说什么。"

婴儿潮一代的人明白卢尔的意思，但 X 世代的人就一头雾水了。婴儿潮一代人需要卢尔手把手教他们，告诉他们什么都不做才是最好的，这是因为婴儿潮一代人非常容易后悔没有做出什么样的投资决定，他们会觉得如果自己买了那只股就能够获得一笔巨额的收益。例如，婴儿潮一代中很少有人足够幸运投资了伯克希尔－哈撒韦公司。投资这家公司的人都大赚了一笔，没有投资的人又都受到金融媒体的影响，基本上都有一种错觉，认为自己本来也是能够大赚一笔的。

他们可能会很羡慕斯图尔特·霍热希。霍热希在 1980 年接手了自己家传下来的表现不佳的焊接设备供应公司，当时他可以长期经营自己的家族公司，用公司的利润进行再投资，打败国内和国外所有新的竞争者，再现公司往日辉煌。但他有另一个办法，就是先经营公司一小段时间，最大化现金利润，然后把这些利润投资到一家更好的公司去。

沃伦·巴菲特也做过同样的事情。当时伯克希尔-哈撒韦还是一家不大的纺织公司，他从中获得利润，然后把利润再投资到大量其他业务中去，从保险到他最爱的可口可乐公司。霍热希倒是认为没有必要搞这么一大圈投资，他用自家焊接设备供应公司的所有利润买了伯克希尔-哈撒韦的股票。他的家族公司一直没有再增值，但伯克希尔-哈撒韦的股份最终让他成为亿万富翁。

婴儿潮一代想要模仿霍热希，把小钱变成大钱，所以这一代有时间或金钱的人就热衷于读《巴伦周刊》这样的杂志，期望能帮助他们选择出表现优异的股票。也因为这样的想法，他们会花掉数十亿美元来购买各种各样的金融建议，其中大部分流入美邦这样的经纪公司，算作"管理费"。

而对于X世代而言，他们期望的不是能有一个像布莱恩·卢尔那样的股票经纪人来拯救他们，来教他们购买听都没听过的公司的股票。这样的事情是他们从来没有经历过的，而且如果真的发生了这样的事情，他们的应对也会很糟糕。

这就是代际差异，大部分X世代人没有机会从财富平平的阶段开始，但是在他们之前，婴儿潮一代和沉默一代做得很好，他们将大部分财富留在了美国。婴儿潮一代和沉默一代只占人口总数的28%，却拥有美国70%的资产。

因此，X世代对经济和市场有一点玩世不恭，而婴儿潮一代除了活跃于左翼政治舞台的人，很难找到像X世代这样态度的人。至于财富积累，我们X世代总体上或许比千禧一代做得要好一些，毕竟我们的整个职业阶段基本上都处于牛市阶段，同时我们还避开了大学学费几次最离谱的涨价。但是，我们的父母一辈过的是轻松的中产阶层生活，只要有一个人出门工作就够了，所以我们也并没有感到自己特别幸运。由于房价飞速增长，同时议价能力变小，我们常常比父辈们花的钱更多，存的钱更少。

我可能过度解读了我和朋友们的经历，但这是我自己的书，所以我要代表我们这一代人说话。在经济表现优异时，我们固然欣喜，但是总体上我们这一代希望经济能平稳向前。作为投资人的同伴，我们抱着这样的想法当然是可怕的。经济向好时，婴儿潮一代和其他投资人认为好日子会继续，他们的这个想法总体上来说是对的。他们因此会哄抬股票价格。而一个 X 世代的人看到高企的股票价格就会想起 2000 年发生的事情，认识到有涨必有跌。从情感上讲，我们认为健康的经济是一种不正常的现象，我们不想为无法实现的未来收益支付高价。这使得我们倾向于选择保守/看跌的投资，而这样的投资收益又往往相对较低。

这样的投资决定不一定是我们有意识做出的。谈到金融问题，X 世代普遍不感兴趣，觉得自己不懂金钱和投资。对婴儿潮一代来说，投资游戏也许是个有趣的爱好，但这不是我们 X 世代真正会感兴趣的东西。我们最想要的是一种自动存储的机制，比如说目标日 401K 计划①，甚至是按揭贷款。每个月都将一点钱放进账户，这种方式虽然缓慢，但长期必然有回报。

---

① 译注：401K 计划始于 20 世纪 80 年代初，是一种由雇员、雇主共同缴费建立起来的完全基金式的养老保险制度。

毕竟，有很多例子表明，任何试图通过了解经济现状来指导投资的尝试都是不明智的。传奇投资者霍华德·马克斯提过这样一个很好的问题："如果你的投资是基于宏观观点，它们会有多大帮助？"[3]

对于大部分人来说，得到的回答是：当涉及投资回报时，我们的主观意见往往对我们不利，而不是有利。首先，我们个人特有的经济分析不可避免地与我们的政治信仰纠缠在一起，就像难以解开的戈耳狄俄斯之结①一样。当民主党人入主白宫时，共和党人总是认为经济发展必然不好；当共和党人企图操纵体制，使之有利于资本而不利于工人或全球时，民主党人则不屑于从这样的阴谋中获益。

对散户投资者来说，更常见的现象是他们预见衰退就提现，比财务顾问经常警醒的那种见衰抛售还要普遍。这两种做法都试图把握市场时机，在衰退前售出，但因此也意味着当衰退真实发生时，他们会计划买入。大多数时候，衰退不会发生，但是即使真的发生了，也只有极少数市场投机者擅长以低于抛售价的价格重新购入。

但是这种担忧在广大千禧一代看来就纯属可笑了。X世代可能缺适中的财富开启市场投资，基本上，千禧一代缺的却是任何

---

① 译注：戈耳狄俄斯之结（Gordian Knot）是关于亚历山大大帝的一个传说故事。根据传说，这绳结在外面没有绳头，很难解开。亚历山大大帝见到这个绳结之后，用剑将其劈为两半。戈耳狄俄斯之结一般用来表示使用非常规的方法解决看似不可解决的问题。

可投资的净资产。千禧一代要么是接受了大学教育，背上了沉重的学生贷款，要么就是没有接受大学教育，赚不了钱，无法成为华尔街精英们的目标客户。

X 世代经历的是磨炼人的互联网公司股票崩溃，但千禧一代的经历却更加糟糕，他们经历了 2008 年的国际金融危机。在 21 世纪初转手房子，付不起按揭的不是千禧一代；股市衰退时因为开启股市投资的资金微不足道而痛苦不堪的也不是千禧一代。但是当经济崩盘来临时，首先受到影响的却是千禧一代。千禧一代的人口数量要明显多于 X 世代，数百万千禧一代人想要进入劳动力市场，却发现几乎没有新的工作岗位，很少有人自愿离开劳动力市场，所以他们也无法找到好工作。不要说什么慢慢致富，他们根本就不可能致富。

如果说 X 世代对婴儿潮一代人的投资技术不屑一顾，于是转到更单一、更简单的投资，那么千禧一代基本上从一开始就对整个投资概念大失所望，而且他们根本没有钱，所以一开始就被排挤出了投资界。经济危机之后，整整一代人都不再相信长期存储和资产积累是通往富裕的道路。

2008 年的金融危机必然会造成创伤，房产价值掉入负资产领域，股市崩盘。缓慢而有条不紊的财富积累现在看起来就是个冷笑话，是华尔街对傻瓜们开的玩笑。这带来了巨大的负外部效应。受伤害的不仅仅是那些陷入金融化经济的普通股民，是每个人，尤其是年轻人和穷人。

当千禧一代开始工作赚钱的时候，他们发现自己身处"零利率政策"的世界,数百年来支撑投资能够带来价值增值的金融假设已经化为乌有。零利率政策是全球的中央银行采取的孤注一掷的措施,一开始是为了阻止全球经济崩溃。在经济危机过后,可以想见整个世界都对负债感到恐惧,这时央行用零利率政策来复苏经济。

负债,也就是杠杆,在历史上曾是资本增长的主要推动力。它将两类人相匹配:一类是有储蓄的人,他们现在用不到钱,以后可能会用到钱;另一类是想要通过借钱投资未来的人。后者觉着,即使将来需要连本带利地还钱,有了贷款,未来也会更加美好。

中央银行通过设定贷款价格,即借钱需要支付的利息,来把控经济气候。背后的想法是很简单的:有些贷款是永远不能借的,还有些贷款利率很低的时候还是不错的,但是利率很高的时候就比较可怕了。例如,从美国小企业管理局获得一笔贷款来开一家自助洗衣店还是很不错的,但是如果要从当地的高利贷公司那里借同样一笔钱,或者通过信用卡按年利率29.99%借款,那肯定是不值得的。

根据标准的经济学理论,如果中央银行提高利率,在低利率环境下还算合理的贷款就开始变得不合理了。结果就是人们减少贷款,经济发展相对减缓。相反地,如果银行利率低,那么很多投资方案就变得很有吸引力,就有更多人愿意冒险,经济增长就会加快,当然,除非这些贷款是次级抵押贷款。

金融危机之后,整个世界都厌恶贷款,这让许多中央银行的工作很难开展。它们一路降低银行利率，直至零利率。但是即使利率为零，人们也不想要更多的贷款了。实际上，中央银行计算后已经确认，刨除通货膨胀因素后，实际利率为负，就是说很多信用度高的借款人要还的钱实际上比借的钱还要少。即使这样，除了华尔街那些排名很靠前的金融大亨，几乎还是没有人借贷。

通常，低利率可能带来经济过热，造成通胀压力，但在经济危机之后却不是这样。天下仍然没有免费的午餐，零利率政策伤害最深的是那些借钱出去的储户，也就是存款人和债券投资者，他们自己也深知这一点。

最重要的一点是，经济危机完全消除了复利。在婴儿潮一代的黄金时期，即20世纪七八十年代，他们可以存下一些钱，一年又一年，利息越来越多，钱也越来越多，那时候这样的方式非常奏效。有些人称复利为"世界第八大奇迹"，一部分原因是它让富人更富。富人们直接储蓄，或者通过银行出借资金，就可以获得很多利息，有时他们光靠利息就能养活自己，同时他们借出的钱也有利于经济发展。

在零利率时代，成为"吃息族"的愿望几乎完全破灭了，只有1%站在金字塔尖的人才可以实现靠资产产生的收益生活。美联储将利率定为零，然后用"前瞻性指引"（也就是新闻发布会）让民众清楚，一年之内大概率都会保持零利率的状态，也就是说把钱借给政府这样的可靠借款方能拿到的利息也将要为零。

假设一年期的利率为0.08%（这在零利率政策期间是很常见的利率），一个百万富翁用100万美元购买一年期的美国短期国债，他每个月将获得一笔 65 美元的"巨款"。要想一年获得 6 万美元的利息，他就需要投资 750 万美元。

对比一下：在 1989 年 3 月，一年期的短期国债利率为 9.64%，购买 100 万美元一年期的短期国债，每个月就能拿到 8000 美元的利息。要获得 6 万美元的年利息只需投资 62.2 万美元购买短期国债就够了。

生活在零利率政策年代的千禧一代要承受两个后果。一是他们不能再指望像前辈们一样通过复利这个魔法操作缓慢积累资产了。二是年轻投资者的资本就是年轻，未来还有几十年可以用来积累财富，但是在千禧一代身上，年轻这个优势直接就蒸发不见了。

你如果无法慢慢变富，那么就只剩下一条致富路可以选择了，那就是快速变富。快速变富是有优势的。一方面，快速变富让人更有满足感，你能够做一些美妙的事情，例如打电话给老板说"对不起，我今天不去上班了，以后都不会去了，我有钱了，不在乎你给的那点儿工资"。另一方面，你并不需要一大笔钱才能开启财富之旅。你只需要一点点钱，然后投资高风险业务，下一步你就是百万富翁了。

快速变富的劣势也是很明显的。选这条路的人基本上都不会成功，只会落到一无所有的地步。我要再一次强调，对于很多千禧一代人来说，一无所有是必然的结果。

我的前同事凯文·罗斯把 X 世代和千禧一代之间的差异比作梯子和蹦床的区别。[4] X 世代基本上还能够爬梯子——职业的梯子、住房的梯子。从阶梯第一层开始，努力工作加上些许运气，就可以一层层向上爬，获得财富和成功。这样的梯子在千禧一代看来越来越虚无，他们经常花掉很多年的时间却仍然一无所获，卡在职业发展的第一层，却连住房梯子的第一层都够不着。

千禧一代发现自己想要的是蹦床，在疫情之后尤其是这样。凯文·罗斯将蹦床定义为高风险、动荡的投资，也就是能够完全颠覆生活的意外之财。虽然你的胜算并不大，但是一旦你在蹦床上有了幸运一蹦，就有可能一下蹦到比梯子最高一层还要高的地方。

蹦床的另一个代名词就是彩票。人在财产不多甚至财产为负数的时候更有可能去投资彩票，不论是字面意义上的彩票还是比喻意义上的彩票。这种做法是非常合乎逻辑的：投资需要很多钱，但是彩票却很便宜，而且很有趣。所有人都想过如果自己彩票中奖了，该怎么花这笔钱，那么不妨把买彩票当成是在"花钱买梦想"，而不是把钱打了水漂。这么想的话，买彩票也是一种很有意义的消费支出。实际上，像我这样典型的 X 世代人也曾鼓励过朋友去买彩票。为发财梦花出一笔小钱后，他们在处理实实在在的存款时才更不容易犯傻冒险。买彩票损失的钱可远远比不上买垃圾币（shitcoin）、模因股（meme stock）或者是投机非同质化代币（让我想起了郁金香热①）损失的钱，下一章我们会用更多的笔墨来讨论这一点。

---

① 译注：郁金香热（new-fangled tulips）英文缩写为 NFT，与非同质化代币的英文缩写 NFT 相同。17 世纪，荷兰的郁金香一度经历价格的飞涨和暴跌，"郁金香热"代表着金融泡沫。

说到那些没什么存款可以用来投资的人,他们总是会有这样的抱怨:"现在这些孩子都把钱花在……上。"(你可以在省略号部分填进你不会花钱去买的东西。)我认为这就像"牛油果吐司偏见"一样。婴儿潮一代常常认为,现在的孩子如果能够少花点钱吃牛油果吐司、喝星巴克、点外卖、买零食、买 200 美元一双的运动鞋,或者少花点钱去买彩票,就不会成为月光一族,只要他们慢慢攒钱就一定可以存下一笔财富。

这样的言论来自年长之人的偏见和无知,他们并不了解为什么年轻人要花钱买短暂的快乐,其本质上是出于自身对物质贫乏年代的一种怀念。在物质贫乏的年代,食品消费占家庭支出的比例远高于住房消费。婴儿潮一代在十几岁的时候受到了父母影响,担心钱不够花,他们习惯了食品消费占家庭总支出的 20% 而住房只占 14% 的情况。50 年后,在千禧一代十几岁时,他们的父母在住房方面的支出只占 16%,这还是受到了房贷利率不断下降的影响,食品消费占比甚至还不足 8%。

经济学家会告诉你,千禧一代把钱花在体验上,正是因为这样做的机会成本要比以前小得多,反正他们把钱留着不花也存不下多少钱。

存款的即时效用更小了。人们存钱就是要买房,婴儿潮一代和 X 世代更是如此,一旦存到一笔可观的财产,第一件事就是去买房。但是,如果你是住在大城市,挣的工资接近千禧一代的平均收入,若不是做了一些高风险的投资并且做得很好,你就几乎没有什么机会能够攒够首付。

可能有少数幸运的千禧一代一开始就赚到一笔，收入远高于同龄人的平均水平，所以他们看到了买房的希望。但是从另一方面看，把余钱放进股票市场也没有多大意义，人们普遍认为，在千禧一代活跃于劳动力市场的整个时间段，股票市场都是没有什么价值的。

所有的财务顾问都会告诉你，如果你准备投钱到股票市场，那么就要做好将来随时这些钱可能缩水 30% 以上的准备。如果你是无房一代，但是希望将来买房，那么你最不想看到的就是正要付首付的时候，你的钱已经有三分之一白白蒸发了。

正因如此，股票市场对大多数千禧一代不像对前几代人那样有价值、有意义了。婴儿潮一代认为股票市场是神秘的密码电文，虽然神秘，但密码是可以破解的。X 世代认为股票市场是用来买指数基金的地方，指数基金还有希望可以涨，而且对他们来说的好事情是，指数基金确实涨了。千禧一代基本上完全避开股票市场。如果有一个开明的雇主，或许千禧一代还会买点养老金。他们也会注册一个免费的罗宾汉账户玩玩。但是总体来说，只有当你还清了债务而且买了房子，才算真正进入了股票市场。作为美国历史上负债最多的一代，加上让人欲哭无泪的房价，千禧一代要完成这一步，相对于前辈们来说需要花费更长时间。

然后，疫情暴发，一切都变了。股票市场首当其冲大规模跳水。投资股票的人很担心，因为他们要损失很多钱；没有投资股票的人也很担心，因为这意味着整个经济上行已经戛然而止，何时能够恢复,是否还能恢复,全都不得而知。只要灾难持续时间不长,股票市场就有能力应对;但是股市跳水则意味着疫情带来的灾难性经济后果已经不是短期的了。

这些日子每天都度日如年。"有时几十年风平浪静,有时几个星期就天翻地覆。"这句话在 2020 年 3 月 12 日的每周新闻中位列榜首。这一周,世界卫生组织发布推特短文,宣布新冠肺炎是全球性流行病,全文都是大写字母,再加上两个警报表情符号;[5] 这一周,道琼斯指数跌入熊市区域;这一周,油价暴跌,因为全球几乎停止运转,原油需求量不高,加上俄罗斯和沙特阿拉伯决定增加采油量。

害怕感染上致死病毒的感觉是人们以前很少体验过的,更可怕的是对它一无所知,更何况这种病毒还有着很强的传染性,而且这种情况仅仅在几周前还是人们根本就想象不到的。

3 月 22 日,圣路易斯联储主席布拉德接到了彭博新闻社记者史蒂夫·马修斯的电话。美联储为了坚守中心地带,不偏向学术,曾经尝试从地方传奇商业人士中挖掘人才来担任美联储分支机构的主席,但布拉德不是从地方挖掘过来的,他是受人尊敬的美联储的职业经济学家,骨子里就是个中央银行家。就是说,哪怕是生活在其他国家,他也会是这样的形象:穿灰色西装,头发斑白,撰写题为《宏观经济数据结构性变化和研究》的学术论文[6]。

但是在那个周日,布拉德给人看到的是完全不同的形象,头发乱成一团。他告诉马修斯,预计第二季度失业率将高达 30%,

实际GDP将下跌50%。后者是单个季度下跌量的年化数据，即使这样，这两个数字也比全球金融危机时期的任何数据都要糟糕太多，以至于让他们感觉起来不太真实。

将这些数据对比着看一看。2008年第四季度是经济危机最严重的时候，那时GDP增长率是-8.5%。失业率最高值出现在一年之后，2009年10月失业率达10.0%。布拉德在2020年预测的失业率是全球金融危机时期最低失业率的3倍，GDP缩水幅度约是那时最低值的6倍。

假如这些数字是别人说出来的，比如美国消费者新闻与商业频道（CNBC）的一个持永远熊市观念的主持人，它们的可信度会大打折扣。但是布拉德是中央银行里的"鸽派"，不是极端主义者。也许他是为了用数据刺激美国的政客们采取行动。他跟马修斯说美国政府应该立即实施一项计划，以弥补所有工人的收入损失。

布拉德的预测是站得住脚的。他是对的，经济缩水得很快，比华尔街所有精英预测的都要快。美国银行认为，第二季度GDP会下降12%。华尔街最悲观的预测来自高盛，它认为会下降24%。实际上，最后实际的数字是下降了31.2%。美国和整个世界都要经历一场经济失控，它甚至比"大萧条"时期更失控，而且失控的速度更快。

众所周知，股票和整体经济在形势好的时候几乎会立刻反弹。一个月内，标普500指数掉了34%，证券咨询师经常发出股市崩盘类的警示，没想到真的发生了。假设一个X世代人在2月

19 日这一天把一辈子辛辛苦苦攒的 10 万美元放进了指数基金。3 月 23 日，这笔基金突然就只值 66075 美元了。当然他在网上看到了自己的经纪账户账单，也看到了每一家新闻媒体的头版头条都是"华尔街大血洗"。他没办法知道，事实上我们谁都无法知道，他的账户会在 5 个月内重回 2 月份的高值，并且市场自此还会持续稳定向好。但这时候他感觉疫情很糟糕，还感觉经济很糟糕。因为存款不保，他心里很难过，再加上他刚刚丢了工作或者担心马上要丢工作，这更让他深感不安。

千禧一代的经历和 X 世代的明显不同。当然，千禧一代也会感觉疫情很糟糕，但是反正他们从来就没有感觉到经济状况好过，所以相对于 X 世代反而更适应些。他们从来就没什么存款，也从来没真正拥有过什么职业，他们只是在让人沮丧的工作和打零工之间游走。除此之外，虽然他们在新冠病毒面前也没什么免疫力，但是他们和孩子都足够年轻，数据表明新冠病毒不会对他们造成太大伤害。

他们只用几个星期就认清了形势，发现自己待在家里，有了很多空余的时间，口袋里也有了一系列刺激支票①，同时他们也看着股市从低谷快速回升。他们只需要点几下手机屏幕，就能够注册罗宾汉账户，那么看看把刺激支票的钱放进股市会有什么结果吧。反正，被疫情困在家里也没什么其他事可以干，他们还能

---

① 译注：刺激支票（stimulus check）是美国政府为了刺激经济向民众发放的一种支票。

怎么花钱呢？罗宾汉让投资变得有趣，红迪网①让投资者有地方社交，媒体让投资更加贴近生活。市场在最初的一个月之后就开始回升，走势曲线几乎成为一条向上向右的直线，他们的利润意外丰厚。

这些因素全都结合在一起，而且彼此强化，让大家极其容易陷入兴奋之中。我开始和一个自称对冲基金经理的"小朋友"本（Ben）通信。他还太小，还没有资格用自己的名字申请罗宾汉账号或者支票账户，他妈妈帮忙注册了一个账户，里面放了一点钱，然后他成功地说服了一些成年人把钱给自己。我能说什么呢，这孩子是在布鲁克林②长大的。

本很快就贴出自己优厚的收益，不仅是在股票方面，还有加密货币方面。本和他的同龄人一样是线上一族，但是他比别人都更加专注。他没有社交软件，基本不用邮箱，大量时间都花在红迪网上，他花在那里的时间比任何职业的对冲基金管理人都要多。

于是，本能够早早察觉到哪些投资会成为热门，比像我这样的媒体老人要早得多。

在很长一段时间里，我都认为他做的投资类似动量交易，即观察哪些股票要"飞升登月"，然后跳上它们，乘着它们一起登

---

① 译注：红迪网（Reddit）是美国人气最高的新闻社区之一，类似于贴吧，用户能够浏览并且发帖。
② 译注：布鲁克林象征着一个人通过努力奋斗从底层上升到社会中高层。

月。动量交易在股票市场上有很长的历史，股票价格并不会真正地随机漫步，上升中的股价往往会继续上升，下跌中的股价也往往会继续下跌。因此，如果走"高买低卖"路线，你也可以赚钱。如果一只股票价格在上涨，并且不断创新高，那就买它；风险高一点的策略是找价格继续下跌的股票，然后做空。价值投资者不喜欢这些策略，因为觉着买价过高，卖价过低。但对比一下职业动量交易投资者的表现和职业价值投资者的表现，就会发现动量投资者往往会胜出，至少短期之内是这样。

但是本做的不是典型的动量交易。典型的动量交易是观察证券价格，然后买入价格上升的证券，而本的投资策略或许可以称之为"热点动量"。他买入一些讨论得很火的资产，理想情况是在资产价格上升过程中，只要讨论该资产的声音还在变多，价格上升便会持续，那么他就一直持有这些资产，等到讨论的声音开始变小再卖，清空，而后重复。

本的策略与批评家凯尔·恰卡的"数字资本主义的仙境传说圣诞帽理论"（Ragnarok Santa Hat Theory of Digital Capitalism）一致。这个理论的名字来源于20世纪初的一款多人电子游戏中的傻瓜物品。"金钱不来源于薪水，也不来自缓慢的指数基金收益，"凯尔·恰卡写道，"金钱来自在正确的时间识别出正确的稀缺电子模因。"[7]你越是在线，就越容易发现什么会成为新的热点，越容易乘上热点的东风，然后在热点消失之前退出。

这个策略可以持续几天，也可以持续几个月，资深熊市论者可能对这样的时间范围不屑一顾。伟大的经济学家费希尔·布莱克提出了"噪声交易者"的概念，指那些没有特别优势或者内部信息却做了大量交易的人。作为回应，哈佛大学经济学家劳伦斯·萨默斯认为有一个更适合这些人的名字——"傻瓜"，这真是他的风格。

萨默斯以前看不起傻瓜，现在还是看不起傻瓜（他倾向于假设所有和他交谈的人都是傻瓜，这是另一本书的主题）。在一篇题为《金融和傻瓜》的精辟的未发表的论文中，萨默斯开篇就说"有傻瓜，你四下找找看"。他的这个观点后来非常有名。然后萨默斯让大家想象一下：如果股票市场不是由聪明的、理性的行为人占领，而是被傻瓜们占领，会怎么样？像金融学教授那样的理性的行为人会比傻瓜们聪明，然后赚走所有的钱吗？

萨默斯的结论是不会：

> 市场奖励承担风险的行为。愚蠢的人敢于冒别人不敢冒的风险……所以傻瓜们冒的风险就会比金融教授们更多……傻瓜们冒的风险越多，就越有可能获得高收益。他们期望有更高的收益和更少的风险，就会比理性投资者存更多的钱。这样他们的财富会比聪明的投资者增加得更快。

在萨默斯假设的市场中，任何一个傻瓜都在玩着注定失败的游戏。但是作为一个团体，傻瓜们赚的钱和金融教授们一样多。他们会错误判断市场上的实际风险，然后比理性行为人花更多的钱去做风险投资，冒更多的风险。许多傻瓜落到一无所有的地步，但有些傻瓜却赚得盆满钵满。萨默斯一针见血地问道："《福布斯》美国400富豪榜上有几个是金融学教授？"他说市场本身就是不可预测的，"由于存在风险规避的想法，聪明人赢不了傻瓜"。

萨默斯这样总结他的"傻瓜占领市场"假设：

> 傻瓜至少在总量上和其他人挣了一样多的收益。他们的钱会聚集起来，留下来的傻瓜越来越少，但是留下来的人也更加富有、更加自信，成为更加激进的投资者。那些仍然有钱在手的傻瓜有了自信心，就会更想接管所有的财富……
>
> 如果没有股市，或许我们都会过得更好。把我们的交易交给一个被傻瓜占领的市场来决定，也许并不是一个好主意。

萨默斯这篇文章中最有启发性的一点是，人们很难看清自己是否在一个傻瓜占领的市场之中。是的，长期来看，聪明的交易者会比大部分傻瓜做得好，但还是那个问题，在傻瓜们足够多时，他们也能把事情做好。"有见识的交易者在市场上会做得稍微好一点，但是他们会发现很难向自己和他人证明自己是有见识的。"

我和萨默斯不一样，我对所谓的傻瓜有更多的尊重，尤其是一旦你站得更高，回过头看，就会发现傻瓜们和金融教授们玩的不是同一个游戏，他们的赢和输都是不一样的。想想所有电子游戏玩家承担的风险：一小时接一小时地掉血，游戏结束，重新开始，一切都是为了在失败中吸取教训，获得大量的练习，然后一次比一次玩得更好。或者想一想玩家如何用各种方式来欺骗系统，如何精心组合各种能挣分的玩法，以此获得荣耀感。把这样的态度运用到股票市场，你就能懂模因股现象了。

在疫情期间，一切都是短期的。像本这样的投资者不再去寻找那些可以让他们稳坐的、一直持有到退休的蓝筹股。他们想要的是快钱，随时可以收回，然后再投资其他要上升的股票。他们不再满足于一年收益10%，想要的是一天收益10%，如果你净投入1000美元，每周能够增加25%，那么一年后你将拥有超过100万美元。这也太棒了！如果你带着一点讽刺意味和超然的态度来玩这个快速抽离的新游戏，那么即使是失败了也会感到非常有趣。

媒体当然不会错过任何机会去讲述新投资者们的荒谬故事，尤其是不会错过嘲笑模因股人群头目的机会。这个头目就是马萨诸塞州互助人寿保险公司金融健康教育部门的主管，34岁的科斯·吉尔。吉尔更为人所知的是他的网名，他就是优兔上的"咆哮猫咪"（Roaring Kitty），在镜头前他可以吃炸鸡柳、喝香槟，以此庆祝胜利。

吉尔对一只股票尤其沉迷，就是朝不保夕的游戏零售商"游戏驿站"的股票。吉尔投入5.3万美元买了"游戏驿站"的股票和期权，这些股票和期权的市值曾高达5000万美元。吉尔在优兔和红迪网上极其详细地记录自己的交易观点和交易活动，由此变成了一个传奇，代表着小人物的胜利，打败了喜欢鲁莽做空的无良对冲基金经理们。最终，吉尔不得不去国会的某个委员会出庭做证，他提前准备好的证词以这样一句话结尾："总之，我喜欢这只股票。"

正如萨默斯多年前说的一样，现实中无法判断吉尔是聪明的交易者还是"傻瓜"——两种角色都能对得上他晒出来的收益。总的来说，股市老手倾向于认为他只是走运，而年轻一代则奉他为英雄。

还有一个更加两极化的人，他就是查马斯·帕里哈皮提亚。查马斯是亿万富翁，是投资者、理财专家、半职业化"键盘侠"，非常擅长利用自己的恶名赚钱。和吉尔一样，查马斯把自己说成是弱者，努力想要颠覆固化的金融秩序，因为这个金融秩序几乎只对白人有利。

查马斯是X世代人，但他通过向推特粉丝吹嘘自己的财富，公开发布投资建议供粉丝参考，却变成了千禧一代股市投机者的榜样和他们眼中的典范。他甚至比得上话题之王埃隆·马斯克，因为他可以一手创造出线上热议话题，然后像本那样的红迪网用户就会立即关注。一位投资者向《纽约客》杂志的查尔斯·都希格解释了他在2021年5月写的查马斯简介，两极化能获得关注，"关注就是金钱"。[8]聪明的机构投资者会跟随查马斯，并不是相信其理念中隐含的经济学，只是因为相信查马斯像魔笛手一般，能够吸引对价格敏感的投机者。事后来看，为什么人们试图区分傻瓜和聪明人却一无所获？也许原因就在于聪明人会跟随傻瓜，这样做会给聪明人带来一些优势。

查马斯自己就是个吹牛大王，所以人们不可能再去写篇文章来吹捧他。但是当说到一些比较低调的市场参与者时，人们一般默认的态度都是大为赞赏，即使是比较保守的媒体也会赞赏他们。本就是以"14岁理财专家"的身份出现在了一个相当受欢迎的播客上。每隔一周，人们都可以看到一篇新的鼓舞人心的从赤贫到巨富的故事，比如一个贫穷的摄影师在这个美丽新世界发现了致富之道。

英国广播公司（BBC）播出了一个关于"伯明翰加密货币百万富翁"的故事，讲述的是20岁的索马里移民哈纳德·哈桑如何在3天内把50美元变成了500美元，然后再用2天时间把500美元变成了5000美元，然后在和父母聊怎么用这笔钱的30分钟时间里，5000美元又变成了10000美元。这个微型纪录片讲到了他800万美元的财富，讲了他要向当地慈善机构捐赠25万美元。但是这个故事被迅速下架，因为人们发现他的钱是通过经典的拉地毯式骗局①获取的。哈桑发布了自己的货币并大肆宣传，然后携款潜逃，他的加密货币从此失去支持、一文不值。

在Z世代人的眼中，这些故事类似于作家迈克尔·刘易斯的《说谎者的扑克牌》[9]，也类似于奥利弗·斯通导演的把"贪婪是个好东西"这句话融进民族意识的电影《华尔街》。这些本来是

---

① 译注：拉地毯式骗局（rug-pull）是币圈的常见骗局，指加密项目开发人员放弃一个项目，毫无征兆地卷走投资者的资金。

第一部分　新不确定时代

要用来警醒世人不要过度贪婪的故事，却被解读为励志故事，展示了迅速发展的金融世界如何遍地黄金。查马斯就是2020年版的戈登·盖柯。盖柯是当年由迈克尔·道格拉斯在《华尔街》中饰演的一个袭击公司的匪徒，装扮是典型的20世纪80年代风格，穿着印有Winchester（温切斯特）字样的衬衫和背带裤，吸着细雪茄，拿着砖头一样的手机。他的化身查马斯则是不穿上衣，对镜自拍，炫耀锻炼出来的6块腹肌，还有从耐克牌运动短裤边缘露出来的一点胯部的文身。

换句话说，所有的宣传都是好宣传，所有的宣传都有助于把新投资者引向新的资产类别。对于持怀疑论的记者和分析师提出的"恐惧、不确定性和怀疑"，加密货币的忠实信奉者往往表现得非常愤怒。但总的趋势是无法否认的：没有证据表明这些故事在减缓如火如荼的加密货币市场的增速，反倒有证据表明这些故事对加密货币市场起到了加速效应。

加密货币对记者来说是个无法抗拒的题材，他们甚至不需要将文章名字与财富相匹配。由于区块链技术固有的透明性，一些信息很容易被识别。比如说，一个"钱包"。2022年8月一个"钱包"投资了8000美元购买新的数字加密货币柴犬币（Shiba Inu）（请不要把柴犬币和早在2013年就发行的狗狗币相混淆）。柴犬币在该"钱包"里仅仅存放了14个月，其间大幅增值，市值从8000美元变成56亿美元。无人知晓到底是谁从这些货币中受益，但是很明显是有人受益的。并且从理论上来说，无论是谁，只要可以拼凑出几千美元，都可能像该"钱包"的投资人这样在一年之内就变成亿万富翁。

对于基本上在网络上活动的整整一代人来说，夸大这种故事的普遍性是不可能的。有一个古老的华尔街传说讲述的就是约翰·皮尔庞特·摩根，也有可能是老约瑟夫·肯尼迪，在1929年某一天擦鞋的时候听到擦鞋童在谈股票，立刻就退出了股市，并且刚刚退出股市就崩了盘。有谚语说，聪明的投资者应该是"在别人恐惧时贪婪，在别人贪婪时恐惧"，所以一旦擦鞋童都变得贪婪，在传递购股建议，这就是在闪烁警告抛售股票的红灯了。

在2020年到2021年的牛市期间，很多纸上谈兵的市场策略家在谈论那些自称"猿"（ape）的人纷纷购入AMC的股票，这完全就是1929年擦鞋童故事在21世纪的翻版。因此说到股票，明智的举动是恐惧而不是贪婪。当然这条谚语的后半段也验证了它的正确性，2020年3月，当全世界都处于最强烈的恐惧中时，事后来看，这是股票购入的好时机。但是一个世纪是很长的时间，散户在后疫情时代的崛起更多只是现实世界一代人的转变，而不是一个表明"聪明的投资者应该离开股市"的周期性指标。

让我们来说说那个虚构的擦鞋童。他本来应该花费大量时间擦鞋，其余的时间就和家人一起待在家里，或是上街和伙伴们一起玩耍。在每个星期，他都可能会遇到几个主顾，从他们那里偶然听到关于股票市场的只言片语，甚至也有可能是这些主顾直接和他谈股票市场。股票是穿行在纽约中央火车站的主顾们的心头大事，而他们上火车前或者是前往办公室的途中会找他擦鞋。他在这里听了 2 分钟，在那里听了 10 分钟，一周加起来也就只有几个小时。和 14 岁自称对冲基金经理的本所花的时间相比，这算不上什么。

在这个人们总是在线上冲浪的新世界，总是关注股票市场偏僻角落的千禧一代和 Z 世代有充裕的时间。当然，相较于处于镀金时代（Gilded Age）的那个擦鞋童，千禧一代和 Z 世代在这些时间内所吸收信息的信噪比也呈指数级增加。

从 2020 年 4 月到 2022 年 1 月，大家每天都感觉度日如年，不见尽头，尽管 2021 年"打过疫苗的酷热夏天"①可能让人稍稍放松了一段时间。待在家里，进入互联网兔子洞，成了美国人的消遣活动。对大部分人来说，这个兔子洞很浅，但它够大，TikTok 便是很好的例子。有的人一天花 8 个多小时玩单机或联机游戏，但这也是玩最大型、最有潜力赚钱的"联机游戏"如股票、期权或数字货币的最佳时间。股市总体上涨，给每个人都带来了东风。网络社群众多，而且网友们非常友好，能够理解亏损也是游戏的一部分，他们会投票支持自称遭遇了重大财务损失的帖主。如果你在攻读金融学博士学位，那么你会觉得网络社群的水平太低，但如果你是在测试婴儿潮一代一小群富人的金融素养，你又会觉得网络社群的水平很高。谁都不是与世隔绝的，每个人都愿意更多地去了解这个不遵照任何历史规律的股票市场。

---

① 译注："打过疫苗的酷热夏天"（hot vax summer）是 2021 年夏季在美国流行了一段时间的热词，指的是接种疫苗之后，人们将从长久的封控中解放出来。

信息和网络社群的结合加速了淘金热,让参与者相信自己比在美国消费者新闻与商业频道的某些"暴躁大叔"还要厉害,因为自己更懂市场的新规则。而且他们的这种想法还确实是合理的,至少在一段时间以内,这些参与者是比主持人厉害的。美国消费者新闻与商业频道的某些主持人武断地拒绝接受有关模因股的任何观点,没有去做任何实际的事情来理解其逻辑,也没有去了解模因股可能会以怎样一种有趣但重要的方式来改变整个股票市场。

不管怎么说,像本这样的投资者是绝对不会去听那些暴躁大叔的话的。你无法说服一个不愿讨论的人脱离他固有的立场。本和他在红迪网上的朋友们很容易忽视婴儿潮一代和X世代支持永恒主题的那些无聊的推理,这个永恒主题数百万人一直都想听,那就是"现在就是快速致富的最佳时机"。

比如说,在任何时候都会有一些证券、艺术品、加密货币之类的东西相比几年前身价翻倍。凭借在新闻行业几十年的从业经验,我要站出来告诉大家,记者们总是忍不住回头去找那些在价格相对便宜时买进的人,因为这样的故事好写,人们也愿意去读。我想说的是,其实这些记者很少会去问那个人当时还买了其他什么东西,甚至不会问那个人当时是不是想要通过买这件东西来赚钱。所以这样的故事尽管读起来有趣,但并不能作为致富的模板。

另外,也没有人想要读关于失败者的故事,除非自己就是个失败者。正如萨默斯说的那样,推动这个世界的,是那些敢于不理会金融教授的人。2020 年股市崩盘后的几个月,那些随便玩玩的人发现自己不仅赢了,赚到了钱,而且还甩掉了那些整天呵斥他们不能玩锋利棍子的人。呵斥他们的人说玩棍子搞不好就会戳到眼睛,到时候眼瞎了别来要同情。

狗狗币百万富翁格劳贝尔·孔泰索托曾经跟凯文·罗斯说过:"电视上的那些拿着旧钱的老一辈专家就想要吓住大家,让大家留在安全的地方,这样每个人都不会暴富。"他自己的格言是:"害怕钱就赚不到钱。"

疫情只不过强化了人们关于"你只活一次"的理念。不像 1918 年的西班牙流感,在 2020 年的全球性疫情中,年轻人不太容易死于病毒感染,大部分年轻人都是相当安全的。但是他们趁这次机会重新审视了自己的生活,发现股票市场的游戏是被精心操控的,只对无良公司和婴儿潮一代有利。那么,与其在这场游戏中当个小虾米,不如放手一搏、一举致富。

我们 X 世代就很好,没有对千禧一代和婴儿潮一代指指点点,是这两代人自己引发了股市的波动,然后又从股市波动里进行学习。我们理解,相较于从 100 万美元起步的 60 岁的人,从 1000 美元起步的 30 岁的人,即使失去所有积蓄也没有那么痛苦,东山再起也更容易一些。人应该是越老越爱规避风险,事实也确实是这样。在看到愚蠢行为的时候,最重要的事情是保持认知谦卑,在整个疫情期间,保持认知谦卑都不是太难。那些爱批评后辈的人需要记住自己已经老了,而年轻人是永远不会听老人话的,而且总体来说世界还在正常运转。

第四章　投资赌徒心理：从投资金银到加密货币

婴儿潮一代有很多人把2020年和2021年的投机狂热视为对个人的侮辱，美国消费者新闻与商业频道的主持人尤其如此，不过他们中的很多人显然已经是红迪网网民针对的对象。有预测称，这波狂热投机会出现一波大规模的损失，而且会对没多少钱可赔的人造成巨大伤害，但后来事实证明这些预测都是错误的。

虽然股市仍旧有波动，但并没有出现类似2000年互联网泡沫破灭那样的大规模崩盘事件，那一年几乎所有投资人都在很短的时间里损失了巨额的资金。更重要的是，即使有人真的遭受了巨大损失，他们也并没有遭到特别的伤害。很多遭受损失的人是单身，像本这样的人甚至连投资的本钱都不是自己出的。几乎所有人投的钱都是他们输得起的。

事实上，当美联储在2022年开始加息，暂停零利率政策，而且股市开始降温时，千禧一代就不再玩了。罗宾汉账户和加密货币公司巨头 Coinbase 等的交易量大幅下降，股价也大幅下跌，但市场仍在运行。一些玩家最终输了钱，一些玩家赚了，大多数玩家没啥成绩。他们倒是玩得很开心，他们本来是有机会赚上个几百万美元的，但是没关系，可以等待下一个机会的出现。

真正令人惊讶的是：账面上显示的是利润为正，而不是为负。因为无论是世界著名游戏在线销售厂商游戏驿站的股票，还是加密朋克等非同质化代币，涨幅都仍然远远高于疫情之前的正常水平。由于在线游戏公司向个人提供了数千美元的注册费用，体育博彩成为一种令人有美好期待的游戏。一种新的投资模式已然出现，这种模式不是基于经济基本面，而是基于社会基本面，它的诀窍就是跟踪互联网上的热门话题，就像气象学家跟踪低压锋的移动情况以便预测某地如圣路易斯明天的天气一样。

玩这种投资并不需要成天挂在网上。敢于拿出储蓄来冒险的人通常有自己的投资理论，认为某种模因或者网络社群会像滚雪球那样越滚越大，而且还会升值。还有数百万拥有罗宾汉账户的人可以通过投资埃隆·马斯克的特斯拉或凯西·伍德的热门投资基金 ARKK 来凑热闹。这些投资很容易就能达标，也就是说它们有可能会在短时间内大幅上涨。而这个时候，如果你有勇气继续持有，用圈子里的说法就是"坚定持有"，它们仍然可能有进一步上涨的潜力。当然，在它们价格下跌的时候，就是买入的最佳时机。

缩小范围来看，网络一代对风险有着全新态度。历史上，人们很清醒地知道风险范围在哪里。在风险偏好的一端，一些个人和机构厌恶风险,他们尽量避免风险,青睐的是国债等无风险资产。从很多方面来说,有人认为这些投资者是引发2008年金融危机的罪魁祸首。因为他们对无风险资产的需求实在是太高了,所以银行不得不开始用证券化和超额抵押凭空制造无风险资产。从本质上讲,风险厌恶型投资者一旦被迫承担损失,往往很容易破产,所以他们才从一开始就厌恶风险。因此,当他们的优等评级(AAA级)债券最终价值暴跌时,就引发了一场重大的危机。

在风险偏好的另一端,是企业家、对冲基金或风险资本家,他们愿意冒高风险,以期获得巨大的收益。风险当然不能带来快乐,出现不可避免的下跌时他们也会感到痛苦,但是希望总是存在的,好的方面(利润)足以弥补不好的方面(风险)。

具有经济背景或金融背景的分析师都倾向于认为,疫情期间散户投资者的投资活动反映出他们在传统意义上风险偏好增加。萨默斯在他的论文中就论述过这一点,尽管他论述时用的是一种非常居高临下的口吻。但是,我根本就不相信新的投资者群体属于上面所说的风险偏好的任何一段区域。有人认为风险是为了获得高回报必须付出的代价,但是新的投资者并不会勉强自己去接受这个观点,他们积极寻求高风险投资,部分原因是看中了潜在的回报,但另外很大一部分原因是他们认为风险本身就是投资的乐趣所在。

在红迪网的留言板上,最有可能获得数万个赞的是"赔钱图"。人们上传截图,图上显示的赔掉的钱可能是发帖人年薪的好几倍。在红迪网的"华尔街赌场"分论坛的留言板上,一篇非常受欢迎的帖子写着"我们是资本主义体系的受虐狂"。输钱是这里的网民融入这群人的核心手段,而把输了的钱贴出来则表明了他们对输钱满不在乎的态度。

大家来看看这个帖子中的其他内容:

> 你这个蠢蛋,你知道你在这里做什么,对吧?这个论坛里的都是彻头彻尾的投资人,以晒出每个月损失多少钱为乐,他们每个月的损失累积起来可以达到好几百万美元。你把你的钱投进了一个赌局。是的,亲爱的,这个赌局是在这个该死的叫"华尔街赌场"的分论坛里贴出来的,发帖的人给自己起的都是恶心的名字。

这哪是投资啊!金融学教授和美国消费者新闻与商业频道的分析师也觉得这确实不是投资。这是另一种东西,一种更加无政府主义的东西,在某种程度上,这就像英国20世纪八九十年代流行乐队KLF无缘无故烧掉了100万英镑现金一样。人们购买一些看起来很愚蠢的资产,比如低价股、卡通摇滚的非同质化代币的图片,或是日本狗狗图案的加密货币,不是因为这些投资好,恰恰是因为这些投资都非常糟糕。这些事本身是有一些重要意义的。动不动就讽刺别人的虚无主义者在看到真金白银时才会觉着自己被咬伤了,看看那些道德上感到自己被冒犯的搞金融投资的婴儿潮一代就知道了。当这些交易获得了成功,当上述发帖者变成了百万富翁,那么这一切就变得更有意思了。

2008年的金融危机引发产生了一群虚无主义者，其中最著名的是丹·伊万吉伊斯基，他曾经是对冲基金分析师，创办了金融博客零对冲（Zero Hedge），并以笔名泰勒·德登发表文章。德登是布拉德·皮特在电影《搏击俱乐部》中所扮演的角色，他执意要让社会陷入混乱和冲突，并且有效地摧毁了资本主义的大部分资产，迫使资本主义屈服。银行贷款就是银行的资产，德登的阴谋是毁掉这些贷款的所有记录，于是贷款就无法收回，银行也就破产了。直到今天，在每一个零对冲页面的顶部都有一句《搏击俱乐部》的名言："只要时间线足够长，每个人的存活率都会降到零。"

在2011年曼哈顿祖科蒂公园的"占领华尔街"抗议活动中，人们也可以领略到类似的反资本主义的无政府主义精神。"占领华尔街"抗议活动的目的，就是要推翻各大机构中所体现出来的权力结构，比如高盛和纽约联邦储备银行，这些机构的总部就设在附近。

当比特币的发明者中本聪在2008年发表他著名的论文《比特币：一种点对点式的电子现金系统》时，这样的权力结构也是他的重点关注目标。这篇论文开篇就列出了需要解决的问题："互联网上的商业活动几乎完全依赖金融机构来担任可信的第三方。"中本聪写道："虽然这个系统对大多数交易来说运作良好，但基于信任的模式存在一些固有的弱点，使这个系统无法逃脱其影响。"换句话说，任何系统，只要它需要信任高盛或纽约联储这样的机构，就都存在固有的缺陷，因为这些机构本质上并不值得信任。在 2008 年之后的几年里，比特币协议拟制出来的时候，上述论点很容易就得到了认同。

比特币和"占领华尔街"运动缺乏的是幽默感。它们试图用更好的东西来取代现有的体系。比特币极端主义者的一个决定性特征就是，他们非常真诚地相信比特币比现有的法定货币更有优势，而"占领华尔街"运动同样相信革命性变革能带来变化。金融危机就是系统失灵的证据，要修复这个失灵的系统，方法只能是完全重新配置资本主义所根植的基本构件。

然而，当疫情来袭时，网络上讨论更多的是"模因"，以及只有在同一个社交圈子或同属一个职业，又或者思维方式和理解方式一致的人才能明白的"圈内幽默"了。冷酷的模因帮助特朗普在 2016 年赢得了总统大选，那是基于丑陋的幽默，但也是幽默。像所有的社群一样，网络社群有自己的"圈内人"，也定义了什么是"圈外人"。模因要做的事情就包括针砭"圈外人"，激起他们的愤怒和烦恼。"好了，老人家"（OK，Boomer）模因就是一个很好的例子，它轻飘飘地嘲笑和诋毁了那些严肃的批评。一开始是婴儿潮一代对年轻人表现出了倨傲的态度，这个模因巧妙地把年轻人感受到的不满同等程度地回敬到了婴儿潮一代身上。

线上一族的座右铭"哈哈，一切都不重要"，本来也是用来讽刺真诚、讽刺内心的真实感觉的。尤其是在加密领域，出现了一整套词汇来讽刺围绕储蓄和投资的流行话语。他们创造出来一个空间，在那里"彻头彻尾的一流脑残投资者"这种说法是用来表达认可的，不是用来表示不赞同的。

圈内人有自己的方法来表达自己是"一伙的"。例如，WAGMI 代表"我们都会成功"（we're all gonna make it）；同类发帖者经常被称为"fren"，这是模因世界的词语，用来表示"朋友"；"degen ape"指对加密货币项目始终狂热的高风险赌徒，他们会投身加密项目，不管这种投资会带来什么结果，他们用这种行为来积累自己的声誉资本；NGMI 代表"不可能成功"（not gonna to make it）；而"你只活一次"（you only live once，YOLO）和"害怕错失"（fear of missing out，FMO）基本上就是在说"我完全知道我的行为不理性啊，但是，嘿，我们都是不理性的啊"。

他们先是各种冷嘲热讽，然后再融入模因世界，这种做法居然有它合理的地方。因为这是一个什么都不真实的世界，在这个世界里，你要是脚踏实地，肯定会错过几乎所有有趣的东西或者可以赚钱的东西。

记住零利率政策的重要性。当利率为零时，能够产生收入的资产对新的投资者完全没有吸引力，比如债券、房屋、分红股票等。价格与收益率成反比，这就意味着你需要为少得可怜的收入付出巨大的代价。换句话说，反正你从这些资产中获得的收入少得可怜，投资根本就没有意义。

那么，很自然的结论就是忘记所有那些能够产生收入的资产。把这种资产留给婴儿潮一代的老人家吧。剩下的就是资本增值的世界了，收购一样东西，看着它升值，然后高价售出，获得高额利润。这样东西升值越快，你挣的钱就越多。这就是 SWAG

领域。

投资顾问一直在努力理解没有任何收益相关性的资产。他们给这些资产起了一个总称，即SWAG，这4个字母分别代表白银、葡萄酒、艺术品和黄金。这些都是婴儿潮一代会投资的资产，大多数投资也都取得了一定成功。但是疫情期间的SWAG却截然不同，它们可以是加密货币、非同质化代币、印有Supreme（苏博瑞）字样的滑板、椰子（Yeezy）运动鞋，也可以是棒球卡或篮球卡。无论是有形实物还是虚拟在线卡，看，还可能是炙手可热的布鲁克林艺术家布莱恩·唐纳利（他更广为人知的名字是KAWS）的版画，稀有的波本威士忌，还有非常难得的一张黑胶唱片。

这些物品的共同点是"人为的准稀缺性"。这个概念不太好理解，但它是一个非常重要的概念。准稀缺性是SWAG市场的基础。某些物品之所以受欢迎，是因为它们稀有，尽管总有某种机制可以创造出这些物品的新的版本。

例如，白银和黄金是开采出来的。目前白银每年开采量大约为2.5万吨，黄金约3000吨。因为黄金稀缺，所以黄金价格高昂。因为价格高昂，所以开采黄金有钱可赚。因为持续开采，所以全球贵金属的供应量每年都有明显的增加。

葡萄酒却有所不同，虽然一直有人在酿酒，但也一直有人在喝酒。没有人能够酿出与1953年玛歌酒庄的葡萄酒一模一样的酒。[1]但话又说回来，即使是1953年玛歌酒庄酿的葡萄酒，它最好的饮用年份也已经过去了，至少从味道看，此酒的价值正在降低，而且这个趋势不可逆转。与之相对应的情况是，包括玛歌酒庄在内的数以千计的葡萄园都在大量生产一流的新酒，这些酒未来几十年都会存在那里，重要的是葡萄园的数量并不是一成不变的。1953年，骄傲的品酒师不会冒险离开勃艮第和波尔多，但是今天，典型的葡萄酒爱好者会兴致勃勃地不断发现优秀的生产商，它们可能来自法国的其他地区，甚至可能来自美国等其他国家。收藏葡萄酒，甚至投资葡萄酒，在很大程度上就是不断寻找具有最佳潜力的、最新酿制的葡萄酒。而且，在这一行相互竞争的人实在不少。

在经典的SWAG资产类别中，艺术品是最有指导意义的。世界上几乎所有最伟大的艺术品都在博物馆和画廊里，永远不会出售，因此它们实际上都是无价之宝。巴勃罗·毕加索的《亚威农少女》，迭戈·委拉斯开兹的《教皇英诺森十世肖像》，都无法用金钱来衡量。艺术品收藏热是永恒的，如果买不到伦勃朗或维米尔的杰作，富人们会很乐意出钱购买其他画作。非常多的人需要新的供应，以至于到2021年，既有经典作品（涵盖6个多世纪的艺术品）的拍卖总收入，与1975年后出生的艺术家作品的转售总收入大致相当。

白银、葡萄酒和黄金都具有天然的稀缺性，它们的产量是有限的。独特的艺术品也具有天然稀缺性，但是几个世纪以来，艺术家们还在通过创作限量版作品来人为制造稀缺感，并且对这种稀缺感大加利用。历史上，在印刷出一定数量后，人们会把印刷版作品的底版毁掉，人为地造成作品的物理稀缺性。但今天到了摄影时代，没有人会在冲洗或打印出一定数量的照片后就去销毁底片或者计算机里存储的图片文档。事实上，许多艺术家会定期创作某些作品的"展览用复本"，然后在展览结束时会销毁这些复本。

对于喜欢说反话、注意力无法集中的网络一代来说，他们首选的 SWAG 自然是数字产品，或者即便不是纯数字的，也必须是可以在美国社交服务平台 Instagram 的自拍和红迪网的开源应用程序框架 flex 等数字领域积累文化声望的东西。为此，你需要社群，而社群需要大量的参与者。

这就是为什么涉及鉴赏力的时候，线上一族这一代往往倾向于不去追逐 SWAG 这种"最佳"物品。或者说，他们鉴赏的是某个品牌创造吸引力的能力。这里所说的品牌有的只是它自己的标识，其他什么都没有。著名的服饰品牌 Supreme 就证明了这一点，它把标识印到标准的红色黏土砖面上，几分钟内，这些砖块就以每块 30 美元的价格被抢购一空。收藏者的热情并不是来自对这个品牌的真正热爱，而是来自一种贪念，这种贪念有时连收藏者自己都会感到厌恶，因为购买和炒作产品的任何利润都是公司利润的组成部分，而利润又是为公司的生产需求服务的。2020年 11 月，Supreme 被其私人股本投资者以 21 亿美元的价格出售给了 VF（威富）公司，相当于每家零售店卖了 1.75 亿美元。

疫情期间，时间的加速现象不仅体现在投资的时间范围中，也体现在品牌的生命周期中。品牌的生命周期是几乎所有收藏品的主要引擎。以高级手表为例，劳力士和欧米茄这种世界上最著名、最有价值的品牌，都以自身悠久的历史作为资本。世界上最有传奇色彩、最有价值的葡萄园也一样。艺术家也是品牌，所以一件真正的艺术品才会比一件完美的复制品更有价值。随着品牌在几代人的时间里生存和发展，它们的价值和定价权通常都会增加。

如果你收藏什么东西是为了等它升值，那么根据收藏行为的定义，你不仅仅是在买你最喜欢的物品，而且你至少会用一只眼睛盯着你认为其他收藏家最可能觊觎的物品。在凯恩斯主义的选美比赛中，给评委们支付酬金，不是因为他们能够选出最漂亮的选手或他们最欣赏的选手，而是因为他们能够选出最受整个评委团欢迎的选手。这个类比是凯恩斯用来描述股票市场的，但它同样适用于收藏品市场。

在疫情肆虐的日子里，收藏家在确定最理想的数字藏品方面的鉴赏力价值实际上降到了零。如果要预测人们的下一步动向，而这群人里最有影响力的人玩的是"哈哈，一切都不重要"和"堕落猿"模因，那么你即使具备毒辣的眼光和敏锐的智慧，在预测他们的动向方面也已经没有任何优势可言。

越是稀缺就越有优势。在非同质化代币刚刚开始蓬勃发展的时候，艺术家和创作者从艺术界获得了灵感，他们制作独一无二的1比1的非同质化代币，或者制作3版或5版，量非常小。古典经济学认为这是有道理的。如果1000个人都想买一样东西，但这样东西数量有限，只有5件，那么这1000个人就不得不围绕着支付意愿展开相互竞争，一场竞价大战就此开始。最终这些物品的售出价格只有最富有的那不到1%才能负担得起。

真正掀起非同质化代币热潮的是数字艺术家毕普尔的一件作品，这件作品在佳士得拍卖行以6900万美元的拍卖价格售出，绝对符合以上要求。两名加密界的"大佬"为了买下这件作品展开了异常激烈的竞争，事实上它的价格本来还可以更高，但是佳士得的在线拍卖软件当时有一个漏洞，阻止了两人进一步竞价。

然而最终，价值6900万美元的毕普尔作品却恰恰证明它不符合古典经济学的上述原理。竞标的两个人都认为高价是他们确实想要的，是认可整个资产类别的一种方式。他们的理论是，即使这件作品再也不会值6900万美元，但这样一场吸引眼球的拍卖必将对非同质化代币产生巨大的影响。事实证明，他们的理论是正确的，但主要受益者不是数字艺术品的收藏家，甚至不是数字艺术家，而是收藏品社群的创建者，比如像快谈销售大师加里·维纳查克这样的人。他们可以创建多个品牌，而且有本事说服成千上万的人花钱加入一个全新的社群。

这个趋势在疫情之前就已经开始了。疫情前就出现了街头服饰的"追潮人"，他们会在时髦的精品店外面排起长队，只是为了有机会买一件200美元的T恤，而且这些人最看重的只是T恤上的品牌标识。像Supreme这样的品牌把每件衣服都做成限量版，而且把这种限量销售的艺术做到了极致，所以其衣服在二级市场上交易的可能性很高，而且很有可能卖出比零售价高得多的价格。

Supreme每周都会"投放"新的产品，产品的数量都是经过精心计算和调整的，足以激起追潮人的兴趣，但又不足以满足他们的胃口。可能是马戏之王巴纳姆说过，诀窍就是一直吊着人们的胃口，上面所说的营销策略就很符合这一点。只要可以预见Supreme商品在二级市场上的价格能够高于零售价，那么无论是谁在店里买了无论什么东西，这件事都是有意义的，不管他是把这东西当作时尚品还是当作奢侈品。例如，印有Supreme字样的砖块在店里卖30美元，但是在转售网站StockX上往往能够卖到每块250美元。

是什么让这些砖块如此昂贵呢？只是因为它们印有Supreme的标识。把标识印到砖块上，本来是艺术圈的一个玩笑，用来讽刺概念主义艺术家芭芭拉·克鲁格的严肃作品。克鲁格本人可不觉得这件事有什么好笑，当美国知名体育杂志 *Complex* 的福斯特·卡默采访克鲁格问她的评价时，克鲁格回答说，Supreme是"一群由完全不酷的小丑组成的可笑的浑蛋"。

换句话说，Supreme的标识就是公司的价值所在，各种产品本身不过是传递标识的工具，甚至其产品本身通常都是由耐克和北面等竞争品牌生产出来的。正如奢侈品制造商在20世纪90年代意识到的那样，要得到时尚设计的版权是不可能的，但标识却很容易注册。所以如果你想对造假者有法律追索权，最好的办法就是把标识贴在你所有的商品上。

路易威登和香奈儿等著名品牌率先证明了消费者会追捧而不是回避印有令人讨厌的大型标识的商品，此后其他品牌包括街头服饰开始效仿，因为对一个标识进行高成本投入，要比投资于高端制造业并试图在品质上展开竞争要有利可图得多。

成功的诀窍不在于质量控制，而在于数量控制。只要你控制好，不让市场上品牌商品的数量超出需求，你实际上就拥有了印钞许可证。如果你玩得好，那么新的供应会创造新的需求。一旦有人炫耀所购买的新品牌商品来展示自己的街头信誉（street cred），表示自己紧跟流行和时尚，这就能激励他社交圈中的其他人也来购买你的商品。

像 Supreme 这样的品牌只用了区区几年而不是几十年就发展出价值 10 亿美元的资产，然后在疫情时代，非同质化代币的多个品牌又把这个过程推得更快。事实证明，1 万是个神奇的数字。如果某个非同质化代币的收藏版本规模压到 1 万，这个数量就足以支持一群人进行收藏了。但同时这个量还不是太大，所以会产生一定程度的排外性，所以圈外的人会拼命想成为这个收藏社群的一员。

加密猫（CryptoKitty）这样的早期非同质化代币发明人就非常擅长建立收藏社群，但其不擅长限制版本数量。所以就像现实生活中的猫一样，加密猫代币快速增加，很快就供过于求。加密朋克的时代推出了更为持久的模式。加密朋克来自两位加拿大软件开发人员马特·霍尔和约翰·沃特金森的创意，他们在初次发布了 1 万个加密朋克，对，就这么多。

在最近的历史中，限量版作品往往都做成一个样子。例如芭芭拉·克鲁格的作品有很多版本，平版版画、光刻版画、颜料版画、旗帜、凳子，应有尽有。版本数量各不相同，有些只有几件，有些则有好几千件。我们的感受是，克鲁格为同一个物品创作了多个版本，但又尽了最大努力让这些版本基本相同。

在非同质化代币社群，马特和约翰这两名软件开发人员意识到可以凭借自己手中的技术，提供更加有趣的版本。他们没有去创建1万个完全相同的数字作品，他们觉得这么做实在是太简单了，而且没多大意思。所以他们创建了1万个相似的数字作品，每个作品都能被人一眼认出是加密朋克，但每个加密朋克又都独一无二，都有别于其他加密朋克，比如只有24个加密朋克猿，而总共却有86个有焊接用的护目镜。遗憾的是，所有的猿都没有护目镜，只有一只戴着"书呆子眼镜"。

马特和约翰的想法就是人为创造出稀缺性，而且稀缺性还要有不同的层次。一般来说，加密朋克的数量本来就不多，某个种类的数量尤其少。最重要的是，即使其分辨率极低，你依然可以明确辨认出其到底是哪一款。这就意味着如果你用你的加密朋克作为自己的推特头像，几乎所有人都会知道你有一个加密朋克，而加密朋克收藏社群的成员甚至可以一眼看出你的这款是多么稀有和特别。

即使没能拥有某款加密朋克，人们也可以用它来做推特头像。如果他们有一点密码常识，甚至还可以创建自己的非同质化代币，并且用别人的加密朋克照片作为自己推特的个人资料验证图片。一些加密朋克拥有者非常讨厌这种行为，但这种做法对整个加密朋克生态系统来说却是件好事，因为这认可了加密朋克的

第一部分 新不确定时代　　093

吸引力,最终是巩固了而不是削弱了它们作为能引起共鸣的、有价值的模因的地位。

马特和约翰作为创建者对此并不太介意。他们和奢侈品品牌杜嘉班纳的两位设计师杜梅尼科·多尔奇和斯蒂芬诺·嘉班纳一样,意识到伪造实际上是一种很奇妙的营销手段。这种手段有时也被称为"右键问题",指能够从互联网上轻松下载非同质化代币。如果并没有购买你的品牌商品的人表示自己非常想拥有它,甚至去炫耀假货,这是个非常好的迹象,表明你做的事情是正确的。他们是在为你的品牌免费做广告。这就是为什么当警察突击搜查制假团伙并查获了一堆假冒的手提袋时,杜嘉班纳拒绝与其合作。奢侈品大亨们认识到,造假者对他们而言利大于弊。

加密朋克不是艺术,但其再现了几十年来艺术界的许多行为,尤其是围绕安迪·沃霍尔这样的高产艺术家的行为。沃霍尔的作品风格醒目,得到了有声望的高端圈子中很多人的认可。在墙上挂张沃霍尔的海报可以显示出你对这种风格的喜爱,这能给你挣来很多文化加分。沃霍尔的官方限量版具有真正的二级市场价值,他的原创画更是如此。由于沃霍尔太过频繁地复制自己的作品,他早期的画作通常比后来的版本更有价值,因为早期的更具原创性,虽然后来的版本更大或更精致一些。某些主题比其他主题更有价值,《死亡与灾难》画作或玛丽莲·梦露的肖像画比一幅委托创作的肖像画更有价值,依此类推。

一旦创作者开始转向非同质化代币,上面所说的这种"主题加变化"的方法就达到了空前的水平。只要能够达到一眼就能识别的效果，即使是微小的缩略图也可以变异出许多不同的形式。非同质化代币项目"突变猿游艇俱乐部"（Mutant Ape Yacht Club）就是这样。

一万个初始的无聊猿（Bored Ape）加密货币是2021年最热门的非同质化代币收藏品之一。就像加密朋克一样，无聊猿没有真正的艺术价值，但在其周边成长起来的收藏社群非常引人注目，所以很快就出现了数百万美元的竞拍价格。

创造无聊猿的尤加实验室并未满足，没有就此止步。就像Supreme公司一样，它知道可以通过创造新品牌的非同质化代币来引发新的狂热。因此，尤加实验室创造了多个新的市场。它创造出突变猿，如果你拥有无聊猿，就可以转化出突变猿的"血清"。尤加实验室甚至创造出了被称为"无聊猿犬俱乐部"（Bored Ape Kennel Club）的宠物狗。每一次新的投放都能为尤加实验室带来数百万美元的收入。尤加实验室的创始人是4个受过高等教育的无聊的千禧一代的人，他们在佛罗里达州创立公司还没满一年，硅谷的风险投资家对他们公司的估值就达到了50亿美元，是Supreme公司的两倍多。

无聊猿的故事有点像广泛意义上的数字资产，如果某种稀缺的东西开始大幅升值，那么它的稀缺状态就不会持续太久。比特币仍然很稀缺，但现在有很多比特币的替代品，比如以太币（ETH）和索拉纳币（SOL）等。在非同质化代币领域，猿是很罕见的，但你现在可以买狗了，或者买石头、买企鹅，或者是某个虚拟出来的游戏纸牌上的一个根本不存在的道具。

一旦供大于求，投机热情就会从一种资产转移到另一种资产。热情的维持时间通常以周为单位，价值的概念被刻薄地嘲笑，已经变得毫无意义。

20世纪90年代初我在格拉斯哥大学学习艺术史，我最初想写的论文是：在艺术界"过时"是永远存在的现象。那时候，"年轻的英国艺术家"第一次在艺术界大放异彩，达米安·赫斯特展出了大量脆弱的、有时限的作品，比如一个牛头被苍蝇慢慢吞噬，或者沙滩球在超级锋利的刀具上面摇摇欲坠。此后不久，雷切尔·怀特雷德制作了她的著名作品《房子》，那是用混凝土填充伦敦东区一座房子内部而成的作品。按照设计，这件作品只能维持11周。

我对"短命艺术"的兴趣一部分出于艺术史。见到一件艺术品，而且你知道它很快就会消失不见，这肯定会带来一种美学上的震撼。但我的兴趣也出于经济方面的原因。之所以会出现短命艺术，在很大程度上是由于创作者对艺术品商品化的一种抵制，毕竟，舞台表演这样的维持时间有限的艺术品无法受到投机热潮的影响，收藏家们无法以更高的价格进行买卖。然而，早在20世纪90年代初人们就已经模糊感觉到，艺术品生而具备的"过时"性质，正是收藏家可能愿意花钱去买的东西。

例如，艺术家夏洛塔·韦斯特格伦在一位大收藏家的床的上方吊装了一件用冰糖雕刻出来的作品。她想展示的艺术除了作品外形以外，还有一部分寓意就是，在几年的时间里糖块会慢慢变得浑浊，还会有一部分碎裂并脱落。最终，这件作品被丢弃了，因为没有办法来保存它。更有名的例子还有安迪·沃霍尔的奶牛壁纸。这种壁纸价格昂贵，如果你想买几卷的话，还可以给你设计成带着背胶能直接贴在墙上的那种。这样壁纸一旦贴上就再也揭不下来了，当然也不能再转手卖掉了。随着时间的推移，壁纸会磨损、变色，就像沃霍尔自己工厂里的银色壁纸一样，其自然寿命就此终结。

再举一个例子，瑞士艺术家乌尔斯·费舍尔展出了他的蜡烛雕塑作品，这些雕塑的设计就是，让它们在几周时间内慢慢烧光。其中一件是艺术收藏家彼得·布兰特的超大雕像，2012年在佳士得以130万美元的价格售出。为了让它充分实现价值，收藏者就必须点燃蜡烛烧了它。

最近，给自己起艺名叫班克斯的英国涂鸦艺术家出售了自己的一幅画作，画框经过巧妙设计，只要作品出现在拍卖会上，画作就会被撕碎。2018年粉碎机关确实启动了，但因出了点故障，画作只被撕毁了一半。该画的下半部分被撕成了一条一条的，在画框的下面晃荡，上半部分还完好无损。

买家精明地决定保留这幅她以104.2万英镑购买的半毁作品，直到2021年10月才把它送回苏富比拍卖行，3年前她就是在苏富比拍下的。这一次，这幅画的成交价是1858.2万英镑，略高于2500万美元。

非同质化代币的供应商可能会采用这个概念，而且利用它来尝试把现实世界的物体转化成数字物体。例如，一个自称为Injective Protocol（单射协议）的从事去中心化跨链衍生品交易的组织，用9.5万美元购买了一张班克斯的纸质画作，然后创建了这张画作的非同质化代币。也就是说，他们创建了一个数字令牌（digital token），可以让人们联想到这幅画作，然后他们把画烧了。最后他们以38万美元的价格卖掉了这幅画的非同质化代币。

在非同质化代币时代，"烧毁"物品是一种非常常见的方式，它可以用来维持价值或创造价值。如果你有一些加密货币，把它卖给了一个空地址，这就等于"烧毁"了它们，使它们无法恢复。其效果类似于公司进行股票回购，把所有权集中到令牌没有被"烧毁"的人身上，从而使这些令牌更有价值。

"烧毁"版画当然有一部分是噱头，但这种做法也是基于一种共同的直觉，即一个物体不可能同时以两种形式存在于两个地方。为了让非同质化代币"真实"，就有必要让原始物体消失。几个月后，达米安·赫斯特宣布了自己的非同质化代币项目，是的，这个项目涉及破坏实体艺术品，这样收藏家必须在拥有实体艺术品和拥有相关非同质化代币之间做出选择，非此即彼。后来，一个叫作shl0ms的个人或团体引爆了一辆兰博基尼，收集了它999个有燃烧痕迹的甚至是烧焦了的碎片，并且以非同质化代币的形式把它们卖了出去，那些真实的碎片却没有卖。

所有这些艺术品的共同点是，每年的投资回报率都在稳步增长。原则上，破坏一个对象应该是去破坏它的价值。当年罗伯特·劳申伯格创作《已擦除的德·库宁的作品》，就是他把伟大的抽象表现主义画家威廉·德·库宁送给他的一幅画作拿来，然后花了两个月的时间费力地抹去画作的每一点痕迹。这可不是件容易的事情，因为原作是用油笔和炭画出来的。在接下来的45年里，劳申伯格一直持有《已擦除的德·库宁的作品》，他这样做当然不是为了赚钱。虽然班克斯的作品最终确实非常值钱，但班克斯本人只拿到了其中很少一点，整个价值创造链充满了随机性和偶然性。

相比之下，人们参与非同质化代币市场只是为了眼前的利益。疫情使非同质化代币艺术家重视"瞬间"和"无形"，并且获得了成功。人生理想是不断发生变化的，婴儿潮一代的理想是"买双做工精良的靴子穿一辈子"；到了Z世代就已经变成了"买双又亮又白的运动鞋"，因为他们觉着只穿一次就会让它分文不值。艺术品生而具备的"过时"性质不再是对资本主义的批判，而变成了资本主义的一个理想特征。

在非同质化代币的世界，鉴赏力毫无价值，艺术的价值不在于它的内在品质，而在于它作为模因的地位。实体艺术也朝着大致相同的方向发展。一些人在网上一看到布莱恩·唐纳利的某件作品就喜欢上了它，只是因为它已经具备了模因的性质状态。反过来，这种模因地位也可以毫不费力地转化为现实世界的价值。在数字世界里，一位艺术家自称"给你的脸洞搞艺术"，他在Instagram上以"@beeple_crap"为用户名发布的幼稚的数字涂鸦，能拿到佳士得拍卖行去拍卖。

毕竟，我们都生活在一个多彩而又不真实的时代，一个以手机和其他屏幕为媒介的世界，一个即便在疫情封控期间仍充满活力、紧迫感和真实感的世界，而此时在户外的真实世界，人们因疫情封控的影响而无法自由行动。虚拟世界强烈的不真实性与货币产生了自然的对应关系，无论是法定货币还是加密货币。把数字分配给虚拟物品的感觉，和在杂货店交付现金的感觉完全不一样，所以两者之间的联系不断弱化，甚至到了完全不存在关联的地步。

正如一位加密货币交易者所说的："今晚我花了 7000 美元买了一张持剑男子的照片。我这辈子从来没有在一件物品上花过那么多钱。"[2] 花 7000 美元买一张持剑男子的照片，比花 7000 美元买其他任何东西都要容易得多。

这在一定程度上是因为人们同时拥有加密钱包和现实世界的银行账户，虽然可以在两者之间来回交易，但大多数情况下人们是不会这样做的。在实践中，加密货币投资好像非常缺乏流动性，人们倾向于在加密货币领域积极交易硬币、流动性挖矿（yield farming）、非同质化代币，或者其他更加深奥的东西，而很少用加密货币兑换美元，反之亦然。

事实上，一些加密货币爱好者喜欢强调"付给我比特币吧"，这就是背后的一个原因。虽然他们可以很容易地将部分工资兑换成比特币，但通常不会这么做，他们更喜欢以自然而然的方式得到比特币。这样做的一套理论是，一旦持有的是比特币，就不太可能兑换成美元，因为长期持有比特币存在升值空间。

当然，在短期内，加密货币价格可能会下跌。但正因为它处于一个自给自足的虚拟世界，这种下跌对现实世界的伤害相对较小。如果 2022 年的"加密冬天"让 7000 美元的持剑男子照片变成了价值 70 美元，可能对这张照片所有者的美元支出影响很小，因为在某种程度上，这些都是游戏货币。

即使人们卖出加密货币换回美元，他们通常也会以稳定币①的形式来保存这些美元，用的就是泰达币或全球第二大稳定币 USDC 等。因此人们更容易进行比特币等资产的交易，而不是通过银行账户交易，这也强化了加密货币在一个平行的虚拟世界中获得收益的方式，而这个平行世界与现实世界相去甚远。

进入加密世界的门槛也低到令人难以置信，购买非同质化代币真的就像按下按钮一样简单。你钱包里的以太币数量减少了，但是一个持剑男子的照片出现在了你的小狐狸（MetaMask）钱包里。与其说你是在消费，不如说是在玩游戏。在任何情况下，你实际上只是用一种虚拟资产来交换另一种虚拟资产，这并不是说以太币本质上比非同质化代币更真实，或更有价值。

如果一定要说有什么不同的话，是非同质化代币更有价值也更真实。持有以太币是一种明显的投机行为，除非你希望并且相信它会升值，否则没有理由这样做。相比之下，持有非同质化代币就意味着拥有某种数字对象的所有权，而这种数字对象又具有某种效用，至少它具有与现实世界收藏品相同的效用。

非同质化代币还有一个优势。因为许多非同质化代币都是独

---

① 译注：稳定币是一种针对一个目标价格维持稳定价值的加密资产，是具有稳定价值的加密货币。最早的稳定币是泰达币（USDT），由泰德公司（Tether）在 2014 年发行。

一无二的,或至少是准独一无二的,比如你的加密朋克在许多关键方面与我的不同,你可以在加密熊市期间去买进持有,而且不用关心你所持资产的市值是不是每天都在下跌。在这一点上,它们有点像风险资本家对私营公司的投资,如果这类公司资产有一个公开的二级市场,价格就会非常不稳定,而且会有一段时间价格暴跌,看上去非常令人担忧。但既然并不存在这样的二级市场,投资者就可以更加冷静,保持耐心,只有在真的想要出售或市场出现了特别有吸引力的报价时,他们才需要去担心市场价值。

最后,当资产价格用以太币来报价时,数字就显得很小。特别是当涉及非同质化代币时,惯例是以加密货币报价而不是以美元报价。花费0.5个以太币感觉不算什么,但是花掉1500美元就感觉很多了,其实曾经单个以太币的交易价格远远超过了3000美元。用以太币进行定价,就相当于一家公司进行股票分割,公司降低股票的名义价值,让人们感觉自己更买得起这只股票了。金融学教授对这种噱头不屑一顾,但这种做法似乎确实增加了现实世界的需求。

由于上面说到的所有原因,再加上有趣的游戏总是吸引人的,在疫情期间,数百万人将不可忽视的数量的钱投到以前几乎没有出现过的资产类别中,而且这些资产类别并不适用于经典的投资运作模式。

例如,金融学中的一个基本概念就是期限。在债券市场上,期限具有技术意义,是衡量某债券对利率变化敏感性的单位,即可衡量风险，通常以年为单位，在图表上显示在横向绘制的 x 轴上；债券收益率则显示在纵向的 y 轴上。这样就形成了所谓的收益曲线。利率交易者查看收益曲线时，一眼就能看到对应其可能愿意承担的任何给定风险程度，当前市场提供的收益率。

正常情况下，收益曲线是向上走的，表明你锁定资金的时间越长，赚的钱就越多。然而有时情况并非如此，例如在经济衰退之前，收益曲线往往会向下走，这表明人们对整体经济的中长期前景感到悲观。

虽然股票、大宗商品和其他投机工具没有明确定义的期限，但投资它们通常被视为长期投资。例如，长期债券发行人只是提供一系列现金流，每 6 个月支付一次固定息票，然后在 20 年后偿还本金。持续期（即久期）有点像这些现金流支付发生时间的加权平均值，开始时有一点，中间再有一点，20 年后的某个日期会有很多，然后就什么都没有了。

另外，像特斯拉这样的热门股票根本不支付股息，而且从来就没有支付过。如果你看中的是股东期望获得的未来现金流，那么短期内是不会有的，中期内也是不会有的；如果你等的时间足够长，可能会有少量分红。如果你试图从股价中逆向计算预期的未来红利，那么这只股票的所有价值可能就是 25 年或者 40 年后假设会给你的红利，不过谁知道呢。相比之下，30 年期的债券肯定是安全的。

至少在理论上，股票是适合用期限来分析的。但涉及 SWAG 资产时，用期限来分析就完全不适用了，因为 SWAG 资产的特征就是永远不会产生任何现金流。从历史上看，一件好的艺术品一直被金融理论家视为一种消费品而不是投资品，你可以用债券投资的收益来购买。艺术品是目的，不是达到目的的手段。如果你今天可以出售你的资产，那么你拿到的就是它今天的价值。但是，因为没有现金流可以贴现，所以也没有什么贴现现金流分析会改变它明天的估值。

换句话说，与高风险证券不同的是，非同质化代币等资产可以让你获得更多直接的乐趣和回报。你从收藏手表、汽车或绘画中获得的快乐，跟你听到油门轰响、低头看表、早上一边喝着咖啡一边抬头看你在疫情期间购买的永远"新鲜"而奇妙的夏洛塔·韦斯特格伦的画作时获得的快乐是一样的。是的，一边喝咖啡一边看夏洛塔的画的人也许就是我。

疫情带走了我们日常生活中的许多快乐，一些常规的活动无法开展。音乐会不能举办，酒吧里空空荡荡，马路对面不会有陌生人迎面走来向你微笑。购买夏洛塔的画这件事让我的生活充实了一些，也带给了我巨大的回报，让我感到更加快乐。事实上，更广泛的艺术品市场从疫情的低迷中迅速反弹，空前数量的买家愿意在没看到实物的情况下，仅仅因为看到了通过电子邮件发来的图片，甚至只是看到了 Instagram 帖子上的信息，就进行大宗购买。

对于线上一族这一代来说，非同质化代币也扮演着类似的角色，但同时，你买到价值可能会飙升的东西时，内心的兴奋感也会陡然提升。你可以拥有格莱姆斯的原创作品，这是一位通过推特吸引了埃隆·马斯克的酷炫科技未来主义艺术家；你也可以拥有一个加密朋克作为你的推特头像；你还可以积累美国职业篮球联赛（NBA）的一组精彩时刻图片，令人艳羡地展示你最喜欢的篮球图标。数字藏品在许多方面都比现实世界中的收藏品具有更多的价值，因为数字藏品不会损坏，不费吹灰之力就能分享，而且它们给人一种走在时代前沿的感觉，让人感到自己是未来先锋。

收集非同质化代币让投资更加有趣，而且这种有趣的程度前所未有。社群、笑话、讽刺、美，所有这些以一种方式聚集在了一起，而且这种聚集的方式，劳伦斯·萨默斯等金融学教授永远也无法将它们融入他们钟爱的资本资产定价模型中。婴儿潮一代在高尔夫球场上交易股票技巧，从而将投资变成了一种社交爱好，X世代根本不想让投资成为爱好，他们只是把美元存入指数基金，将它作为退休规划的组成部分。然而，有了罗宾汉账户和非同质化代币，人们可以参与令人兴奋的在线活动，投资不仅确实能带来未来红利，还能带来当前红利，不过是在象征意义上。

具有讽刺意味的是，人们一直抱怨华尔街太"短期主义"，太关心今天的收益或股价走势，对长期发展不够关心。如果你正在做的是为几十年后的养老金存钱，那么今天发生的大多数事情都只是噪声，很可能是应该忽略的。

针对短期主义的辩论基本规则已得到广泛认同。鉴于我们都在努力实现长期收益，那么实现这个目标的最佳方式是什么呢？

我们是否应该每年、每季度、每星期或每一天都努力工作，以使我们的收益最大化？或者我们应该忽略短期的噪声，尽可能地集中注意力去关注我们的投资组合如何为长期服务吗？如果是后者，那么应该如何判断我们做得好还是不好呢？

随着疫情的到来，一个现象出现了，即数百万投资者拒绝接受上述辩论的前提条件。如果我们并不是都在努力实现长期收益呢？如果我们想要的东西完全不同呢？如果我们寻求的就是乐趣、刺激、社群、美，以及对巨大的短期收益的狂热期待呢？这样的市场会是什么样子？

如果一个国家的大部分财富由处于退休年龄或接近退休年龄的人拥有，由于这个年龄段的人基本上都没有红迪网或罗宾汉账户，也不会购买非同质化代币，那么在这样的国家，上面所说的现象对整个资本市场的影响永远是非常有限的。管理着数千亿美元资产的机构投资者倾向于按照金融学教授所说的最优策略做事，或者至少渴望这样做。虽然在疫情期间，散户对股市的参与肯定大幅上升，但他们的钱仍不太可能超过瑞银或世界第一大资金管理公司贝莱德等全球性机构所管理的资金总量。瑞银管理着3万亿美元，贝莱德管理着10万亿美元。即使是你可能从未听说过的机构，比如欧洲最大的资产管理公司阿蒙迪（Amundi），也能掌管2万亿美元。

然而，疫情期间点燃的火花不太可能完全熄灭。事实上，如果随着时间的推移，火花越来越多，没有人会感到惊讶。整整一代人都拥有两种投资模式可以选择，一种是有趣的即时满足，另一种是无聊的延迟满足。一旦你尝到第一种的甜头，就可能不太想要第二种了。

正如约翰·梅纳德·凯恩斯所说，"市场保持非理性的时间可能会比你保持偿付能力的时间更长"，每当一种无意义的资产价格飙升并创造出新一批百万富翁时，其他潜在的百万富翁就很有可能有样学样，在类似的资产上试试自己的运气。

伟大的价值投资者本杰明·格雷厄姆喜欢说，从短期来看市场是一台投票机，而从长期来看，它是一台称重机。他用他的方式告诉投资者，要忽略其他投资者正在做的事情，专注于基本面。这里的问题在于，正如凯恩斯所指出的那样，从长期来看，我们都会死。

市场像投票机那样运转，这一点很容易理解。价格跟着需求走，如果很多人都想在某种资产上花很多钱，这个资产的价格就会上涨。但要理解这背后所隐藏的称重机算法就不那么容易了，或者说，要理解称重机应该在什么时候能够得出准确的长期结果，这个很不容易做到。

债券市场绝对是称重机。因为所有的债券都会到期。在到期日，你可以确切地知道任何特定的一只或一组债券的债务人最终应该支付给投资者多少钱。但股票市场是不一样的。股票市场是由机构主导的，对称重机制有一种无可否认的倾向，即使这个倾向不是很清晰明确。婴儿潮一代年纪大了，他们死后将无法控制市场，而千禧一代对机构没有同样的信任。而且千禧一代也缺乏那种有固定收益的养老金，正是这些养老金创造了今天主导股市的许多巨型养老基金。

那么，随着财富从婴儿潮一代手中转出，它必然会转到更偏好在线的一代人手中，而这一代人不那么相信金融学教授的理论，反而对2020年至2021年的大牛市及其非理性但令人愉快的杂音记忆犹新。市场总是张开双臂欢迎赌徒和注意力短暂的短线交易者，看看低价股就知道了。所以椋鸟总会有新的地方去聚集。

在不同时期，由于通货膨胀、财政政策、货币政策、旧式的经济增长，甚至只是由于随机的必然性，会有更多的人涌向这种赌博，比正常的情况要多。

大规模的欺诈行为就像在数字资产衍生品交易所FTX发生的那样，可能会导致类似的行为向反方向蜂拥而去。但由于疫情，数百万挣到了钱的投资者将永远记得2021年那些令人兴奋的日子，他们会对自己说，哪怕错过第一轮赚钱的机会，这次他们的机会来了。毕竟，因错失机会而焦虑的感觉是永远存在的，对刺激的渴望也会永远存在。

从理智角度看，X世代对被动投资的偏好是有道理的，但这种偏好不太符合人类的本性。在实验中，67%的男性宁可承受痛苦的电击，也不愿无所事事地干等15分钟。我之后的几代人都尝到了甜头，他们知道积极交易是什么感觉，而且看到了不少朋友以此致富。这是他们不能不学的东西。即使这种行为暂时进入了休眠状态，但如果看到短期投机的热情卷土重来，人们也不应该感到惊讶。

第五章　居家办公是更高效的工作模式吗？

"空间"这个名词，从定义上来看就带有某种创意。它不是"停车位"这种纯粹的物理界限，而是带有隐喻的含义，比如"表演艺术空间"，再比如把当地的星巴克定义成介于家庭和办公室之间的"第三空间"。就这一点而言，即便是停车位，也可能是具有创意性的，因为它不是指字面上的平方英尺①，而是一种更概念化的东西，是正好能够让你把车停在给定停车场中的权利，不管它有没有给你特别预留位置。

将空间当作"具象化的地方"，当作某件事发生的地方，这种想法在建筑师和设计师群体中是一直存在的。在疫情期间，这开始成为几乎每个人的理解。不同的空间有不同的效价，这种想法不再局限于时尚杂志，而成了司空见惯的事实。比如，家是你可以摘下口罩的地方。

---

① 译注：1平方英尺≈0.093平方米。

在家里，空间迅速变形：床变成了办公室，厨房台面变成了教室，烤箱不再用来存放其他地方放不下的平底锅，而是真的用来做饭。墙壁和书柜之所以得到你的精心策划，不是因为它们可以在家居设计上创造出特殊的意义，而是因为这样设计能够让同事以及@ratemyskyperoom这样的推特用户感觉到个性和专业的完美结合。另外，让人们在Zoom或TikTok上看起来更漂亮的环形发光的补光灯，销量激增。

家里的"办公空间"不再是有门、办公桌和窗户的标准长方体，而是一个侧倾的四棱锥"金字塔"，其顶部正好与笔记本电脑的网络摄像头重合。工作需要带上表演性质，这一点变成了人们首先需要考虑的因素，这真的是太有讽刺意味了，因为Zoom会议的成员太清楚电脑摄像头视野以外可能会有多么混乱。2021年6月，AMC的首席执行官亚当·阿隆在优兔上进行视频直播时，一时没控制住摄像头，把它撞倒了，倒在桌子上的摄像头正好拍到他没穿外裤。这段插曲只会巩固阿隆不同于寻常首席执行官的人设，他既有亲和力又接地气。过去一年，谁还没有不穿内衣工作过呀。

与此同时，TikTok上流行起这样一种视频，一个人等到伴侣参加Zoom工作会议，走到"金字塔"外，脱光衣服，拍下伴侣的现场反应。这类恶作剧以轻松的方式关注一个严重的问题——实际上个人生活和工作不可能完全分割开来，有些人没有空余房间可以专门用来工作，这些人就更无法割裂工作和生活了。

很多问题只是简单的算术问题，只是用面积来衡量空间，而没有把空间当作一个分析性的概念。在疫情之前，家只是用来居住的，如果有任何多出来的空间，通常会分给孩子，让他们有自己独立的卧室，或是用作餐厅、电视房等等。阅览室或书房就不那么常见了。这种安排远不是出于工作无处不在的现代认知，反倒更像是对过去时代的模仿，那时自学成才的绅士们不需要雇主也能有独立收入。不过，阅览室或书房也通常只出现在非常富裕的家庭中。

相反，办公室一直是完全独立的地方，一个完全由雇主支付费用的专门区域。雇主提供了工作所需的一切，让你在一个专门的地方工作，这个地方基本上没有和工作无关的事务来干扰你。无论是在精神上还是在空间上，必须离开家去工作地点这件事让你脱离个人生活，然后办公室又创建了让你用来工作的区域。

当我们询问一个人在公司的职位是什么，或者，当我们雇用某人，并让他经历"入职"过程时，使用的就是和空间相关的隐喻。不同的部门存在于不同的物理空间中，在这些空间中，通过座位安排可以反映出组织架构。从历史上看，职员们学习怎么工作的主要方式之一，就是坐在特定的办公桌边，即坐到特定的位置上。正如彭博社的专栏作家马特·莱文喜欢说的那样，一切都是座次表。

对我来说确实如此。我的第一份真正的工作是在伦敦的《欧洲货币》杂志做实习生，在这里 6 个月的实习可能是我一生中最紧张的一段学习经历。我听旁边的同事打电话，从而学会了如何做报道；我从编辑那里拿到有标记的打印件，并在电子文档中进行修改，就这样又学会了如何编辑报道；我坐在艺术总监艾莉森旁边看着她工作，于是学会了如何设计杂志版面。

我实习结束后并没有获得全职工作，部分原因是在12月的最后一周，我听到周围人都在说1月2日不用来办公室，于是我错误地推断自己也不用去办公室，所以就没去。尽管如此，接下来的一年我仍然差不多每天都去那间办公室，以自由职业者的身份做一些例行工作，因为那时我已经了解了那里的所有工作是如何开展的。

后来，有人请我为欧洲货币出版集团设计一本新的杂志。这不是因为我有什么作品集或设计资格，而仅仅是因为我在那里。在那之后不久，那份杂志的创始编辑给我介绍了一份在纽约的工作，当时他已经跳槽到另一家公司了。

所有这一切都发生在一年半以内。这些事能够发生，仅仅是因为物理距离近。几百年前，同样的力量让"侍从"们成为这片土地上最有权势的朝臣之一。他们并没有什么重要的工作，他们的工作就是当国王坐在马桶上的时候服侍他，并真的要为他擦屁股。事实证明，这种亲密程度的接触是非常重要的，这个职位非常抢手，而且理由很充分。

在疫情期间，字面意思上的争夺位置这种事在一夜之间就消失了。疫情前人们通常会去争抢办公室角落里的位置，或者背对着墙壁的半隐私位置，或者过道边上的办公桌，以便在高管路过时拦下他们。在大部分工作都通过远程办公完成的情况下，会议时间和会面时间都是大家提前精心计划好的，那么大家也就少了很多意外发现,甚至少了很多人情味儿,比如说,你只是为别人拉着门不让门关上,就能够感到和他有了一种接触和交流。

2021年夏天的某一天,Axios华盛顿总部的一群同事来纽约开会,这是自疫情暴发以来,我那群同事首次集体出差。我碰巧在办公室里,在写一些和政治有关的东西。我走到国会王牌记者阿拉娜·特里恩身边,和她聊了5分钟,然后回到自己的办公桌前的时候,我感觉到自己精力满满。这件小事让我意识到人和人之间的这些接触是多么重要。我已经记不得当时我们俩谈了些什么,但我一直记得,那是几个月来我第一次感觉到真的有其他人和我在一起工作。

博学多才的杰弗里·韦斯特是圣菲研究所研究复杂性的科学家,他讲述了自己在疫情期间与同事克里斯·肯佩斯以及亚利桑那州立大学的曼弗雷德·劳比彻尔和德里克·佩因特合作一个项目的故事。他们每周必须开一次会,因为疫情只能在Zoom上开会,但有一次,疫情似乎得到令人满意的控制,他们就回到了圣菲研究所的会议室,面对面地坐在了一起。韦斯特说:"说到灵感、兴奋感,还有做记录等,我们感觉在这一个半小时里做的事情,比一年来周会加在一起的还多。"

如果没有长时间待在办公室以及由此产生的友情,你必然就没那么了解同事们正在做的事情。有时,缺乏这种信任可能会带来一些意想不到的后果。例如,公司举报人在2021财年向美国证券交易委员会举报雇主6900次,比前一年增长了30%以上。这些数字公布后,马特·莱文写道:"这种机制让人们感觉与工作脱节，无法对同事保持忠诚并不是欺诈行业所独有的现象。由于很多工作都是在家完成的，这种现象的发生在某种程度上是士气不振、团队凝聚力崩溃的先行指标。"[1]

不稳定的情况也有增加。我的朋友帕维亚·罗萨蒂讲了她第一份工作的故事。1992年，她在女性时尚杂志《米拉贝拉》工作。她一开始在时尚部实习，在摄影部的工作人员集体辞职后，她得到了一份全职工作，担任摄影部的助理。

帕维亚领受的工作是从整理照片开始，所以她在工作的最初几天就一直在登记多年来的照片，清理出没有加注的照片和录像，对于堆积在她桌子上的来自其他部门的照片信息表，她也感到有点好奇。

有一天，一位美术总监走过来问她有没有巴德尔－迈因霍夫·甘的照片，他写特稿要用。帕维亚茫然地看着他，于是这位美术总监开始喋喋不休，批评她不称职。看来她刚开始的这份新工作马上就要做到头了。

幸运的是，主编盖伊·布莱恩特听到了他们的对话并上前调和。布莱恩特看到了帕维亚整整齐齐地钉在公告板上的照片信息表，跟她说，收到其中一份照片信息表后，如果附有新分配文章的具体说明以及细节信息，必须给与《米拉贝拉》合作的各家图片社打电话，要求它们发来可以为文章配图的照片。

帕维亚只有一个问题："那是我的工作吗？"答案是：是的。布莱恩特的工作包括留意周边发生的事情，于是她了解了帕维亚可能在培训时掉的坑，并及时拯救了帕维亚，以免她被打上"不能适应工作"的标签。在办公室中,人更容易注意到同事什么时候需要帮助并伸出援手。

我们的工作方式即使只发生微小的改变,也会对我们的生活方式产生全面而巨大的影响。我们一生中平均有9万个小时花在工作上。他人用工作来定义我们,在很大程度上,我们自己也用工作来自我定义。工作对我们的生活至关重要,决定着我们住在哪里,我们有多少钱,我们有什么样的成年朋友,甚至决定我们有多快乐。

这里有必要重复一个重要的事实:我们一生中有9万个小时花在工作上。工作不仅仅是我们做的一件事,它也是一个地方,一个被定义为与家不同的空间,而且一定义就是几十年。比如我们会说"不,她不在家,她在工作"。工作场所带着一种谬论和仪式感:你好像只要走进办公室,就会增加对这家公司的了解;相反,如果待在办公室的时间不够长,就会错过很多重要的东西,比如公司每天实际上是如何运作的。

作为记者,我在行政楼里工作过。即使在最朴素的由钢铁和玻璃建成的现代摩天大楼里,办公场所也是安静的,铺着昂贵的地毯,有多层安保措施,办公套房数量少但空间大,边上用很多木板做装饰。我也经历过员工们并排拥挤地坐在长桌边的情况。周围发生的每一件事都让人的感官不堪重负,很多人都戴着耳机,他们想用耳机屏蔽掉一些声音,从而获得些许喘息。这种感觉让人不是特别愉快——但话说回来,愉快并不是工作的目的。

1999年是电影奇迹年,亮点众多,其一便是迈克·乔吉导演的经典喜剧《上班一条虫》（*Office Space*），片名直译过来就是"办公空间"。和其他电影相比，这部电影更能让人体会到在带有灰色隔板的、只有"虚假隐私"的办公格子间里工作是多么辛苦。这部电影也确实让观众对此产生了反感情绪。在很大程度上，正是因为《上班一条虫》，后来的办公室才在设计上不断迭代，尽力让人感到愉快舒适，但办公室设计本身就呈现出反乌托邦色彩，就像BBC的经典讽刺电视剧 *W1A* 中那样。*W1A* 是《上班一条虫》的升级版，加入了21世纪初的流行语，还提到了办公桌轮用制，以及奇怪且令人不舒服的软家具等元素。

好莱坞电影描绘的办公室几乎都是阴冷沉闷的地方。想想迈克·尼科尔斯导演的电影《上班女郎》里的最后几个镜头，凯旋的梅兰妮·格里菲斯终于有了自己的办公室和专用秘书，琼·库萨克在欢呼，背景乐是卡莉·西蒙演唱的一首关于女性赋权的激动人心的歌曲（这首歌后来获奥斯卡最佳原创歌曲奖）。电影的结局本应该是令人感到幸福的，但尼科尔斯决定把摄影机放在巨大的第一大通曼哈顿广场的外面，镜头慢慢推进，在巨大而没有灵魂的网格中，格里菲斯的办公室窗户只是那么小小的一块。

人们对办公室反感，是因为办公室人员密度大、相互距离近，但雇主却往往认为这样的安排是合情合理的。从追求利润最大化的角度来看，公司把住在同一个城市、同时段到同一栋大楼的数千名员工的力量汇集在一起并加以利用是完全合理的。这并不符合逃避现实的幻想，而电影行业的惯常做法就是提供逃避现实的幻想。

因此,你在洛杉矶的摄影棚里永远找不到拥挤的电梯等令人不适的镜头,而这些镜头是为了强调,朝九晚五的工作偷走了美国西部开阔天地通常代表的那种个性和自由。

正如好莱坞所概括的那样,美国梦就是辞掉被工资奴役的工作,追随自己的梦想——如果做不到这一点,至少要去做在户外的实实在在的工作。《上班一条虫》的主角彼得·吉本斯在电影开始时是一个生活并不开心的软件工程师,他有8个老板,老板们希望他能解决千年虫问题。但在圆满的结局中,他戴着安全帽,穿着高亮工装背心,在建筑工地工作,笑容满面地告诉以前的同事,他对重返办公室工作没有兴趣。他的白领工作本质上是带有欺诈性和不诚实的,甚至驱使他走上了犯罪的道路。他新找到的蓝领工作薪水少得多,却让他更有成就感,也更高尚。

美国最成功的故事讲述者告诉我们,无论是工作还是个人生活,通往幸福的旅程应远离高密度人口。你是否在市中心拥挤的公寓里长大,但后来自己设法找到了一个带院子的大房子?你是否为了住在湖边的小木屋而放弃了激烈的竞争?你是否卖掉房子提前退休,为了过上梦想中低预算的房车生活?这些都可以实现远离高密度人口。你还在堵车,还挤在拥挤的电梯里,还在因为噪声问题与邻居争吵吗?这些都是在走近高密度人口。

疫情在短短几周内给人们提供了一种新的现实选择,它取代了人们讨厌的通勤和办公室。对于《上班一条虫》中的虚构人物彼得·吉本斯来说,离开乏味的科技公司办公室的唯一办法是完全退出这个行业。2020年像彼得·吉本斯那样的白领很可能已经做到了大部分时间居家办公，甚至可能在疫情暴发之前就已经做到了这一点，但因为封控，他们开始梦想能够永远全时居家办公。

在2020年之前，员工必须寻找允许远程工作的雇主。要想"眼不见，心不烦"不用去办公室上班，他们必须付出点儿代价。如果有人喊他们参加重要会议，他们可能都听不懂人们在说什么，当然也不太可能在会上发表什么观点。在疫情暴发后，一些领导人急于让所有人尽快回到办公室，但其他领导人则乐于无限期居家办公。

在我职业生涯的大部分时间里，我认为远程管理一家机构的想法是不严肃的。例如，我的对冲基金经理马克·赫利就被自己联合创立的格莱莫西咨询公司解雇了，很大程度上是因为他喜欢夏季的周五在汉普顿的海滨别墅里工作。后来，同样具有传奇色彩的美国国际集团（AIG）危机后的首席执行官鲍勃·本默切也受到了公众嘲笑，因为他一直待在位于克罗地亚杜布罗夫尼克市的斯普莱迪德别墅，他就是在这座五层楼的别墅里经营美国国际集团这家保险业的巨头。本默切向路透社辩称，在克罗地亚工作和在纽约工作效果一样好，[2]但大多数人认为这个说法似乎有些牵强。对冲基金界亿万富翁埃迪·兰伯特认为，他可以在自己家里管理西尔斯百货，每年只去伊利诺伊州的总部参加一次年度股东大会。[3]他的家是在迈阿密一个独特的岛上，那里不征收个人所得税。事实证明，这个决定对他自己并没有任何好处。

疫情暴发后，这种行为却变得不那么令人反感了。《纽约时报》的主编迪恩·巴奎在疫情的大部分时间里都在洛杉矶,只有在必要时参加 Zoom 会议。[4]同样,甲骨文公司的董事长拉里·埃里森也决定在夏威夷的拉奈岛上管理甲骨文,这座岛是他在 2012 年斥资 3 亿美元买下来的。[5]这样的决定是高层发出的信号,表明居家办公真的是没有问题的,而且他们也不会对没有专职司机的下层员工提出微妙的要求,不会让他们必须在办公室工作。

相比之下,摩根大通的首席执行官杰米·戴蒙,尽管 2020 年 3 月时突发主动脉夹层差点死去,但直到 2020 年 6 月还一直坚持到办公室去。[6]戴蒙的意思很明确,他希望高级管理团队留在办公室,和其他真正有抱负的人在一起。

对职场人士来说,雄心壮志也不再是理所当然应该有的了。尤其是许多年纪比较大的员工,他们在自己的职业领域已经有了足够的建树,觉得没有必要去讨好老板了,于是抓住了这次机会离开工作的城市,特别是旧金山和纽约。在已经在职场上走得足够远的人看来,这两个城市都让人感到压力,而且生活成本也高得离谱。尤其是那些借这次疫情重新评估自己生活的人,他们认为自己已经在金字塔上爬得比预期的还高,可以让人生过得更简单一点了。

旧金山和纽约是美国写字楼租金最高的城市,每平方英尺的年租金往往超过 100 美元,这并不是巧合。高租金意味着空间很珍贵,所以企业总是在寻找增加密度的方法,要把更多的员工挤在更少的楼层里,这就是 WeWork(我们工作)公司在纽约和伦敦等高成本城市发展得非常快的原因。WeWork 公司最初的价值主张就是，在任何既定的办公室空间里，装进比其他大多数同样办公室更多的员工，同时提供足够多的沙发和免费啤酒。员工们当时并不介意，但是在疫情到来后，他们开始介意挤在根本看不到户外的房间里工作。

怀着对这种工作环境的记忆，许多员工很容易下决心在保住工作的同时离开城市，搬到压力更小、空间更大的地方。美国人口普查局以每年7月至次年6月为时间节点衡量人口变化，正好捕捉到了2020年7月1日至2021年6月30日期间由疫情引发的搬迁高潮。在这一年里，受疫情影响，美国73%的县死亡人数超过了出生人数，出现一个多世纪以来的死亡峰值。然而，58%的县人口不降反增，新居民迁入的速度大于老居民的死亡速度。

他们是从哪里搬来的？答案很简单：从城市。城市越大，生活成本越高，人们迁出的速度就越快。纽约城区在一年中净流失37.8万居民，旧金山流失了18.2万，洛杉矶流失了17.4万，芝加哥10.7万。这些数据在近代历史上都是不曾有过的。

美国人口超过50万的县不算多。大概测算一下，在疫情期间，人口超过50万的县几乎都出现了人口流失，而人口不到50万的县却几乎都出现了人口增长的现象。菲尼克斯－梅萨（Phoenix-Mesa）都会区，逆全国趋势而动，真正实现了人口增长，实现了字面意义上的"凤凰"经济，不过即使在那里，人口增长率也明显低于前一年。

这并不意味着去城市化的大趋势又要开始了。几十年来，世界各地的人一直在向城市迁移，美国也不例外，这一点是不会改变的。这更像是市场分析人士所说的"牛市回调",城市人口在保持长期增长的情况下,出现短暂的倒退。这甚至不是一次特别大的调整。纽约都会区的降幅最大,但也还不到总人口的2%,而在人口普查局的一年期调查结束时,纽约房地产的需求已经开始回升了。

毕竟,在疫情最严重的时候,每个人都学到了一件事,那就是对位置的重要性进行精细分析:你在几楼(你的公寓里有灯吗),你在哪条街(你能听到彻夜的警笛声吗),你在哪个社区?

疫情迫使地球上的几乎每一个人都比以往任何时候更加敏锐地意识到自己生活在哪里。国家之间的差异在变大,社区之间的差异也在变大。例如,在曼哈顿的唐人街社区我一直感觉很舒服,那里人人戴口罩,阳性率一直是全纽约最低的。但仅几英里外的斯塔滕岛情况就完全不同。这里有许多一线工作人员,包括警察,但是这里的居民通常不戴口罩,阳性率经常达到两位数。也就是说,在斯塔滕岛的许多社区,新冠病毒检测时发现每10人中就有1人以上是阳性。截至2020年底,斯塔滕岛因新冠病毒感染死亡的人数占纽约市的四分之一,而这里人口仅占纽约总人口的二十分之一。[7]

在纽约市的房地产开始反弹时,租金上涨最快的是在TikTok上受欢迎的社区。尽管整个城市人口在减少,但人们对纽约房地产的需求很可能在增加,因为疫情改变了人们对工作空间的计算。

大致的计算是这样的:纽约市每户平均人口数约为2.5,户均面积约1000平方英尺，相当于人均约400平方英尺。但这并不是家庭中有工作的成年人能使用的全部空间。他们平时还在雇主提供的写字楼里有一间办公室可以去，大概每个人能有150平方英尺的空间。

如果一个普通家庭有一个人要居家办公，而这个人已经习惯了150平方英尺的工作空间，那么这个家庭的人就会感到比平时拥挤，除非整个家庭的住房面积扩大150平方英尺，或者说面积扩大15%。也就是说，还住在纽约的人需要增加15%的空间，所以人口下降2%远远不足以抵消这种影响。

显然，上面说到的这些数字都只是大概的数字。我总体是想说，如果你要在家里增加一个可以办公的地方，要么你会过得不如以前宽敞，要么你就得再增加一些空间。考虑到疫情期间财富和流动资产都有了明显的增长，很多人选择增加更多的空间。他们要么搬出城市，要么搬到城市内更大的房子里，这么看也就很容易理解了。

开发商当然注意到了这一点。疫情暴发后，基本上新建的公寓比之前10年建造的公寓大90平方英尺，即面积增加了9.6%。[8]

那些确实选择扩大住房面积的人扩大的不只是空间的面积，无一例外。如果你搬的新地方，有专门的空间用来居家办公，重要的不是这个空间的面积，而是它有几扇窗户。没有窗户的办公室令人很不舒服，如果你正在找的是有墙有窗户的居家办公空间——嗯，这也就是房地产经纪人所说的"卧室"了。因为增加了这一间卧室,你在房地产的阶梯上又上了一个台阶。

这意味着,那些必须工作,并且可以预见在未来职业生涯中需要有部分时间居家办公的人,肯定会想要那间额外的房间。在纽约或旧金山这样的地方,一个这样的房间至少要花费50万美元甚至更多。所以,强大的经济因素驱使人们搬到更便宜的地方,可能是搬往郊区甚至远郊,然后把新家多出来的空间作为自己的主要工作空间,只有在真正需要的时候才去办公室上班。

在疫情期间,大多数新房建造在郊区或者远郊。建筑商很快就调整了楼层的平面设计,以便满足人们新的需求。建筑商舍弃掉无用的双层高度的空间,换成灵活的空间以便做隔间,这样房子里的其他人就听不到你的Zoom会议声音,也听不到你的在线健身教练的声音。建筑商尤其对一楼的空间进行了重新规划:缩小大型双车库或三车库的面积,增加居家办公室,而且通常它会有单独的入口。对建筑商来说,这样装修比建造不保温的大型车库成本要高,但因为疫情,做出这种改变后,建筑商远不止收回了成本。

这种变化往往会持续几十年。例如,楼下单设盥洗室是1918年西班牙流感的产物,客人一进来就请他们在这里洗手,防止他们无意间把病毒带进来。这本来是公共卫生方面因陋就简的创新,最终却在新建筑中成为一种时尚,并不是因为公众对入门卫生的需求提高了,事实上大多数人不再一进门就洗手,而是因为人们真的喜欢一楼有卫生间所带来的便利。这有点像"路缘坡效应":虽然最初在路边修坡是为了方便轮椅进出,但这样的

第一部分 新不确定时代

坡很快就在更多的人群中流行起来。人们喜欢路缘坡，因为这样推东西就更方便了，无论推的是滑板车还是行李箱。

灵活性和可选择性成为人们在家庭空间方面想追求的特征，这个想法也很可能普及开来，就像路缘坡一样。毕竟，从读中学的时候开始，几乎人人都渴望能够开辟一个安静的地方，可以在那里学习工作，免受家人干扰。

值得注意的是，许多尝试搬到郊区来解决空间问题的人最终都后悔了。人口密度高的城市供应更充足，人们因此很容易认为供应充足是理所当然的，但是一旦搬到去任何地方都要开车，附近能选择的餐馆少得可怜的地方，人们才真正开始怀念城市生活。尽管如此，对居住空间的新需求推动了房价飙升，房价飙升反过来又给许多正在组建家庭的千禧一代带来了更大压力。无论价格多高他们都得买房子，不然以后就真的买不起了，就像在温哥华或悉尼等地方一样。

这并不是投机性泡沫，因为几乎没有人买房是为了快速炒房获利。这更像是一个"害怕错失"泡沫：价格越是上涨，人们就越是觉得必须现在就买，于是推动价格进一步上涨。至少在2022年春天之前抵押贷款利率都很低，这就只会加剧上面这种循环，这时中产阶层要想买一套极其昂贵的房子，只靠薪水也比以往任何时候都更容易实现。考虑到通胀率飙升，哪怕抵押贷款的利率确实在上升，实际利率也仍然是负数。这有助于保持住购房的巨大吸引力。毕竟，房价往往会随着通货膨胀而上涨，而抵押贷款实际成本则会被通货膨胀抵消。

实际上，美国商业房地产的很大一部分预算转移到了家庭预算和住宅区，也就是说，整个社会原先愿意花在办公空间上的钱，现在转移到了家庭预算和住宅区。一方面，公司通常仍然受困于长期租约，但总体而言，因为很多人大部分时间都在家办公，公司拥有的办公空间超过了容纳员工所需要的面积，于是公司希望能减少商业空间。另一方面，员工们发现，由于他们住的房子本来就不是为居家办公而设计的，所以在家办公的空间不够，房子比自己需要的空间要小，于是他们开始疯狂买房，试图买更大的房子，从而获得在家办公的空间。

这种变化将带来深刻而持久的影响，不是因为它的规模有多大，而是因为它对白领专业人士工作方式的影响，即使他们从未搬过家。生活在高消费城市的公司员工，其实已经有一段时间不想住在这样的地方了。他们住在城里是出于需要，而不是因为他们喜欢充满活力的城市街景。有史以来，他们第一次发现自己有能力既搬出城市又保住工作。

搬离城市的员工虽然人数并不多，但这些员工往往足够重要，所以他们的雇主想要让他们一直心情愉悦。即使他们不是拉里·埃里森那样的首席高管，也仍然是人力资源部门绝对不想失去的人，在疫情后期劳动力市场紧张的情况下尤其如此。这反过来又为没有搬出城市但仍然喜欢灵活性的人提供了借口，他们提出混合工作的要求，这种情况在疫情前是不可想象的。

工资增长百分比最大、劳动力市场最紧缺的，往往是需要去上班地点办公的工作，包括餐厅员工、收银员、肉类包装工和仓库工人。所有这些人第一次发现，因为雇主再发布最低工资的工作岗位时，没有办法找到足够数量的人来填补这些岗位的空缺，所以自己在雇主面前真正拥有了讨价还价的能力。

其中最重要的是我们在疫情开始时都称赞的"必不可少的工作人员"。之所以这样称呼他们，是因为他们的工作太重要，所以不受封控措施的约束。尤其是在医院，他们工作时间长，辛苦程度高，容易造成大量的人员流失。更糟糕的是，至少在美国，即使在新冠肺炎病房人满为患的情况下，由于所有可做可不做的手术几乎都被取消了，医院员工的收入也出现了大幅下降。这里即使工资高也很难留住员工，工资不高就更难了。这对医院和医疗保健行业来说是件坏事。医疗行业的员工开始辞职，去其他地方找更轻松、薪水更高的工作，而且很多这样的工作是可以居家办公的。

所有的公司本质上都是僵化的，有时需要一次重大冲击来迫使它们做出重大改变。蚁群、人类大脑甚至城市这样的实体，它们活动或变动的速度比构成这些实体的蚂蚁、神经元或其他基本组成单位的要慢得多。公司在很多方面都是确定现代社会特征的新兴实体，可以被看成高佛雷·雷吉奥导演的电影《失衡生活》中表现的时间片段。设想一下这样的场景，所有人早上涌进摩天大楼，晚上退去；无形的电磁触角把摩天大楼和世界其他国家的业务联结起来；每天的金融资本进进出出，和电磁波一样也是看不见的；这里强调公司名称和公司标识之间的平衡。

再想想公司给自己留下的那些令人惊叹的纪念物。例如，我无法想象纽约没有宏伟的伍尔沃斯大楼或克莱斯勒大厦会是什么样子。尽管现在伍尔沃斯大楼只是靠运动用品零售商福洛客（Foot Locker）勉强维持，而克莱斯勒大厦已经归总部位于荷兰的汽车制造商斯特兰蒂斯（Stellantis）集团所有。这两家公司以前都没有在二战前这类辉煌的摩天大楼里办公过。

你如果从这个角度来观察各大公司，就更容易理解为什么人类要改变它们实在太难了。因为我们是向公司输入，而不是输出。经理能得到升迁，正是因为他们表现优异，而且他们正是在公司的特有风格中成长起来的。因此，这样的经理在进入高管层时，不太可能做出什么根本性的改变。生产力的提高不会仅仅因为有人想到了什么好主意，想用来提高生产力的那个具体方式首先需要在文化上得到接受。所以，职业篮球运动员不会采用"端尿盆"式的姿势罚球，尽管这样做无疑更容易进球得分。

在疫情来袭时，雇主允许员工选择居家办公的经济方面的理由已经众所周知。早在 2013 年，斯坦福大学经济学家尼克·布鲁姆就发表了一篇重要论文，提出当强迫员工居家办公时，他们的绩效提高了 13%，让员工自己选择是否居家办公时，他们的绩效提高了 22%。[9]这篇论文研究的是客户服务中心的员工，这个职业比其他许多职业更适合居家办公。但它具有很强的启发性，也有很直观的意义。居家办公的人休息时间更短，请病假的日子也更少，他们的工作场所也更安静、更舒适。更重要的问题不是允许居家办公能不能提高公司生产率，而是怎样才能让大公司采用这样一种根本性的变革，特别是考虑到布鲁姆在论文中指出，主动选择居家办公的人获得晋升的可能性要小得多。

最终,一场来自全球疫情的外部冲击撼动了企业原有的节奏,所以当事情重新稳定下来时,尽管有一些高管不情不愿,总体而言人们第一次普遍接受了居家办公这种模式。这个变化带来了大量的积极影响。最重要的影响就是,这种变化状态是赌客们所说的"稳赚不赔"。如果员工喜欢每天到办公室,他可以继续,但如果员工认为待在家里或完全在其他地方工作更好,也完全可以自由选择这种方式。

从企业的角度来看,企业需要的办公空间因此减少了,因为随时都会有相当大比例的员工选择在其他地方工作。对办公面积需求的减少有助于企业减少商业租金,至少租金不再像前几年那样飞速上涨了。任何一个中央商务区都可以有更多的公司入驻,而且大公司也可以把更多的业务集中在总部的办公区域,而不必被迫运营分中心,因为分中心给人的感觉总好像是企业的流放之地。

当然,所有的转型都步履维艰,但是如果几乎所有的公司都在同时处理相同的问题,这对转型是有帮助的。此外,大多数公司在彻底颠覆根深蒂固的制度化行为方式时,看到自己的利润居然创了纪录,这一点对转型也有帮助。这就是说,至少在短期内股东们总体上会感到开心。

从长远来看,劳动力有可能几十年来第一次相对于资本获得了优势。直到 2022 年,就业市场仍然非常紧张,与此同时,新一代员工和同事在一起的时间大大减少,与雇主的联系也同样减少。公司期望员工忠诚的方式总是让人反感，例如，在1999年，电影《上班一条虫》肯定会抨击这样一种方式：老板们会在几乎没有事先通知的情况下，随意告诉直接下属自己"需要"他们在周末来上班，而且没有加班工资。但是到了疫情期间，即使是优秀的管理者，也越来越不忿于这类在工作中一些人享受的特权。

使用Zoom视频会议平台的、千禧一代中年轻一点的那些人进入劳动力大军时还是纯新手，非常稚嫩，我们所有人在踏入职场的时候都是那样的。远程工作还给他们带来了其他的不利因素，因为他们更难在工作中学习提高，在没有人提点的情况下也很难把事情弄清楚。同时，这些新一代员工似乎并不谦逊，根本不认为自己需要先花些时间来学习，或者真正为公司创造价值，然后才能向公司提要求。

换句话说，如果工人是蚂蚁，企业是蚁群，那么这些蚁群由两大群体组成。一个群体是使用Zoom视频会议平台的、千禧一代里年轻一点的人，他们的行为方式是不同寻常的，甚至可以说是前所未有的；另一个群体是婴儿潮一代、X世代和年长一些的千禧一代，他们发现自己在疫情前的工作和生活并没有达到理想的平衡状态，于是下决心要摆脱。蚁群，或者说公司，庞大而成熟，肯定可以承受来自个人的大量干扰。毕竟，企业的特征之一就是在受到冲击时有复原能力。但是，长期以来，企业的模式就是冷血的公司剥削被困在高度不平衡的权力结构底端的不幸工人，一旦整整一代员工的行为开始达到前所未有的"叛逆"程

第一部分 新不确定时代 129

度，就会对这种久经考验的模式构成真正的风险。

我不是在讨论工会化，工会是 20 世纪解决这类问题的方式。后疫情时代的劳动者通常不反对工会，而且往往也乐于投票加入工会，哪怕他所在的行业有史以来还从来没有成立过工会。然而，成立工会的过程往往缓慢得令人痛苦，让人感觉被边缘化。例如，如果你试图在星巴克成立工会，一家一家去试，你很快就会发现在哪家店你都无法找到足够坚定的组织者。

在当下，员工们找到了更有效的谈判工具，而且动用这种工具根本就不需要事先做什么沟通协调。这个工具就是愿意辞职而且能够辞职，他们不管是出于什么原因辞职，或者哪怕没有原因也要辞职，也不管是不是已经找到了下一份工作。

一旦员工集体使用这个工具，比如团队中的大多数人通过同时辞职来抗议工作条件，这个工具就会变得特别强大了。2019 年底，也就是疫情暴发前不久，流行体育博客 Deadspin 的工作人员就爆发了这样的罢工。俄克拉何马大学的软件工程师们在 2021 年 6 月也做了类似的事情，在校方要求他们重返办公室工作时，他们集体提出辞职。

从雇主的角度来看，这样的事件是非常可怕的。得益于 Slack 这样的远程交流工具，员工彼此之间非常容易协调沟通，但是经理们却往往意识不到员工到底有多么不满。等到经理意识到员工的不满了，往往为时已晚，大部分员工都已经辞职了。由于是远程工作，经理也更难注意到员工士气的变化，特别是如果员工对管理层不信任，他们就不会开诚布公地说出自己可能会因为什么感到不满意。

因为远程工作这种模式的出现，雇用员工这件事的可替代性更强，雇用成本大大降低，员工跳槽带来的干扰也大大减少。至少在物理空间方面，雇主们发现打造"绝佳的工作场所"更难做到了。无论公司提供的办公环境有多好，如果你大部分工作时间都在家里，那么至少在这些时段里，你会觉着，雇主提供的工作场所与其他任何公司的工作场所没有什么不同。如果你只是偶尔才去办公室，那么办公室在什么地方就不是那么重要了，于是相比以前，你更容易接受办公地点在城市另一头的公司，甚至完全在另一个城市的公司，反正你也不需要搬家。

综上所述，疫情最终导致了工作氛围方面的巨大变化。在某些情况下，特别是在疫情期间，雇主和工人之间的权力动态发生了彻底翻转。几十年来，公司发布职位，用非常粗糙的过滤机制来筛选数量众多的求职者，最后把这份工作提供给某个人，同时期望这个人感激涕零，立即接受这份工作。在21世纪20年代，许多工人颠覆了这个程序，特别是软件工程师。他们要求公司竞标，说出自己能向员工提供什么。有时，他们会同时接受两份甚至三份支付全额工资的工作，只要工作能完成，雇主就会接受这种状态。解雇变得极其罕见，而辞职却日益增多，也就是说，员工解雇雇主的情况在增加。

员工的这种态度还没有遍及全国时，情况还不算太严重，但一旦成真，全国各地的人力资源部门就不得不花更多的时间来留住员工，来让员工开心满意，也就没有什么精力在雇用谁的问题上挑三拣四了。

他们在打一场硬仗。参与激烈的竞争并不是一个人度过黄金岁月的最佳方式。员工们开始意识到,如果工作让他们精疲力竭,让他们不开心,那就不要工作了。不是每个人都有这样的财富和特权,但确实有数以百万计的人做到了这一点。还有相当多的人在利用这个事实,力图推动改变公司与员工互动的方式,使之向更好的方向发展。

这种氛围的转变并不是事先经过谁精心策划的,而是透过微观和宏观的各个方面表现出来的。例如,我记得很清楚,2006年夏天我失去了一份撰写有关拉丁美洲债券市场报告的固定工作,所以当我的一个博客粉丝给我提供了一份通勤到圣路易斯郊区的工作时,我觉得有必要同意。那份工作是为一家人寿再保险公司提供战略建议。这家公司让我深刻了解了美国公司是如何与高价值员工进行互动的。

人寿再保险公司雇用了大量的精算师,他们的工作是预测某人可能会活到多大岁数。精算师的工作以无聊著称,只要擅长数学就基本能胜任这份工作。所以这个特殊的雇主雇用了大量的数学偏才,并支付了非常合理的工资,让他们搬到美国一个消费相当低的地区去研究有趣的统计问题。数学家们往往非常擅长判断其他数学家在这个领域的水平,所以公司很快就找到了最优秀的数学家,也就是说很快就拥有了来自几十个不同国家的多元化员工。毕竟,任何一位数学家都会告诉你,数学天才在世界各地是均匀分布的。

这家公司的办公室和我们在《上班一条虫》中看到的并没有什么不同，在一个办公园区里，步行距离范围内几乎什么都没有。公司有午餐室——有微波炉和可以坐的地方，那里经常充满了各种菜肴加热后散发的香味。

那年夏天，世界杯足球赛在德国举行，德国的晚上是密苏里州的午餐时间。这家再保险公司来自国外的员工自然对世界上最重要的体育赛事产生了极大的兴趣，看比赛聊比赛也是他们加强联系的一种方式。无论是西班牙人、俄罗斯人、巴西人还是加纳人，都了解足球，了解球队和球员，对正在发生的赛事都有关注。餐厅通常是非常安静的，但是世界杯举行这段时间开始显露出活力，一群为足球疯狂的员工会聚在电视机前观看当天的比赛。

管理人员大多是美国人，他们的反应着实让我震惊！我原本以为，他们会在午餐室的墙上挂上看比赛用的支架，或许还会加上一些旗帜和其他装饰，支持这种凝聚员工、让他们建立起持久联系的活动。不是的！管理人员拔掉了所有的电视插头，并且宣布在世界杯期间，谁都不准看电视。

这家公司的做法表现出它对文化非常不敏感，导致员工产生高度不满的情绪，也抹去了员工对公司的认同感。从战术上讲，公司的做法很可能实现了在足球比赛期间提高员工生产效率的目标。反正世界杯每4年才举行一次，所以也不会有人因为这个就提出辞职。最糟糕的情况不外乎员工在午餐时段彻底离开办公大楼，去当地的酒吧看比赛，而且捎带上我这样的外部顾问，他们在和我一起看比赛时，不用担心我会影响他们的未来业绩评估。

如今，几乎不会再有公司用这种笨拙的做法来打击员工的爱好了。部分原因是，公司认识到如果试着去满足员工在工作中的需要，员工会更开心，尤其是如果这么做的边际成本为零，何乐而不为呢！另一个原因是，上面这种简单粗暴的做法已经行不通了，因为精算师们会宣布，比赛日当天他们会在家工作。

居家办公严重而永久地削弱了企业对员工工作日的控制，而员工显然是这种变化的受益者。这种转变不仅与劳动力市场的动态需求有关，在很大程度上，这也是空间发生变化的结果。如果你穿上工作服，花半个小时去办公地点上班，而且那里的运作完全按照老板制定的规则进行，你就只能服从。那么很明显，从第一天开始，雇主就掌控一切。另一种场景是，你穿着运动裤坐到沙发上，决定在 Zoom 会议通话时要不要打开摄像头，而且你当然对自己的家拥有完全管辖权，那么你当然会觉得自己更有掌控力，自己不只是服从命令的人。

雇主和员工之间的关系一直以来都意味着领土之争。以前，他们之间的斗争实际上都是在雇主的地盘上进行的，但是现在，员工拥有了对工作场所的实际控制力，而且控制力之强前所未有，所以可以开始体验几十年来从未拥有过的权力了。你的雇主想让你回到办公室去上班，可能会告诉你很多很好的理由，但这些理由必然是为他的利益服务的。员工们现在拥有了新的影响力，他们正在拒绝老板们所说的种种理由。

第六章　后全球化的世界：更加多元，更具韧性

当个人自治涉及具体空间时，你会发现一些很美式的特征。美国人的房子更大，车子更大，国土也更加空旷。如果把阿拉斯加州排除在外，美国本土面积约300万平方英里①，人口约3.3亿。也就是说，美国本土的人口密度约为110人/平方英里，人均国土面积约25万平方英尺。相比之下，欧盟各国面积合计约163万平方英里，人口约4.47亿，人口密度约为274人/平方英里，人均国土面积约10万平方英尺。

这意味着在实际生活中，美国人能开拓空间，而欧洲人根本做不到这一点。如果纽约市太拥挤了，那就搬到爱达荷州的州府博伊西去，博伊西的岗位数量在疫情期间翻了一番，房价上涨了50%。欧洲城市应对疫情的方法是改造共享基础设施。因为汽车

---

① 译注：1平方英里≈2.59平方千米。

太占地方，巴黎市中心禁止车辆通行，取代汽车道的是自行车道和被拓宽的人行道。正如那句口号所言，"街道为人服务，而不是为车辆服务"。伦敦的自行车道数量也增加了3倍，伦敦还设立了几十个交通低流量社区。在那里，街道为所有居民所共享，而不是留给汽车专用。

不论是在路上行驶还是停在路边，汽车都会造成拥挤。在城市的人均空间有限时，要尽可能利用好空间，在人行道上同一块面积能够容纳的人总比车多。停放在那里的汽车是最讨厌的，占据了大量原本可用的空间。

但在疫情期间，美国的情况恰恰相反：人们钻进汽车而不是离开汽车。纽约市取消了一些路边停车位，把原本的车位改造成了室外用餐区。在疫情影响下，美国对公共空间的重组程度也不过如此。

你做过滴滤咖啡吗？有一个动作你可能都没留意到。把咖啡粉倒进过滤器后，你会快速摇晃一下过滤器，或者拍打它几下，让咖啡粉分布均匀，确保咖啡粉不会堆在一起。

在美国，疫情对个人空间的影响就像是有只大手伸向这个国家，然后轻轻拍了拍它。疫情之前，像多伦多大学教授理查德·佛罗里达这样的城市学家喜欢说世界是尖的。人口、金钱、权力和创造力往往聚集在大都市，这就是所谓的"赢家通吃"。疫情过后，在很大程度上世界依然是尖的，但显然程度发生了变化。工作场所从中央商务区变成了员工的家里；个人和家庭就像微小粒子一样，从高压区向低压区流动。

曼哈顿中城区和其他一些地方曾经拥有最高的人口密度，但疫情期间看起来却是空空荡荡的，而像得克萨斯州的州府奥斯汀或科罗拉多州的博尔德这样的二、三线城市却变得非常热闹，这些城市从来也没有过这么多人。整体上看，人口压力通常只在沿海地区，现在却转移到了其他地方。如果你经营一家电信公司，业务范围覆盖缅因州或爱达荷州的景区，你收到的有关宽带覆盖不足的投诉量会一路飙升。广义上讲，每个人占据的空间，以及每平方英亩土地上的财富，都比以前更加均匀了。

对整个美国来说，这可能是个好消息。人才不需要搬到少数几个城市就能发挥巨大作用。更重要的是，人才也不需要为住在硅谷或纽约市的开销而发愁。企业为了适应新情况并让有才华的雇员尽其所能，会变得更加灵活。一些需要扎根本地的服务业人士可以住得更宽敞，过得更幸福。这意味着，现如今，喜爱拥有更多个人空间的美国人，特别是那些已经成家的美国人，比以往拥有了更多机会来实现这个梦想。

但也有坏处。从环保的角度看，个人空间的拓展都是以碳足迹为代价的。人们居住分散就意味着行程更远，而房子更大就意味着需要排放更多的碳。人口低密度带来的好处最终也许会消失殆尽，不过，也有可能发生的是，在更多城市都出现了人口密度降低的情况。

美国资本主义因为新的空间分布进行自我调整，而且肯定需要一段时期。在 1998 年美国长期资本管理公司破产危机期间，或是在 2008 年金融危机期间，纽约联储的主席可以召集各大银行的负责人到他在自由街的办公室，为市场面临的问题制订一个集体解决方案。而让所有人都聚到同一个房间的最大障碍是，他们中的一些人宁可堵在路上，也不愿坐地铁4号线。当然，不可否认，把一个行业的多位人士集中在某些城市自有其优势，你可以随时召开线下会议，或者通过向身边的同行学习来提升自己的工作能力。

不管怎么说，得益于疫情导致的这次深刻调整，美国许多地区的经济比疫情前更具活力了，而这一点又使整个美国在因疫情而严重分裂的国际舞台上有更大的竞争力。

疫情严重损害了国际供应链，暴露出几十年来一直存在的供应链壁垒，但是各国国内供应链受到的影响要小得多，特别是美国国内的供应链。因此，相较于疫情发生前的状况，像美国这样的国土广阔的大国最终会比体量小一些的竞争对手拥有更大优势。

疫情制造了许多新的障碍，并加强了本就有的壁垒，影响最大的是国际边界壁垒。为了防疫，各国政府做的第一件事就是禁止来自国外的航班入境，而且即使禁止入境的限制政策不再有效以后，它们仍在长期施行。2021年夏天，在大多数欧洲国家的感染率比美国要低的情况下，欧洲国家开始欢迎所有已接种疫苗的美国人，甚至部分还没有接种疫苗的也在欢迎之列。反观拜登政府，虽然政府承诺会让欧洲人入境，但事情久拖不决，一直拖到了2021年11月。这时欧洲人可以入境美国了，但是旅游旺季也早就结束了。

从流行病学的角度讲，认为已经接种疫苗的欧洲人跨国旅行就会造成病毒传播，是没道理的。新冠病毒不关心你用什么护照旅行。2020年3月疫情初期，全球就开始实施旅行禁令，但这也没能减缓病毒传播。相反，这些举措突显了疫情的严重性，迫使民众收缩个人活动半径，这是前所未有的。所谓的个人活动半径是指你能接触到的那一部分世界，不论是你主动去找别人，还是别人来找你。

在隔离封控期间，人们往往只能蜗居在公寓里。即使在解除封控后，不论是人还是物，跨越国境都比以往更加困难。疫情导致人们对货物的需求激增，对服务的需求则有缩减，而此时全球航运业已整合成为数不多的极为高效的财团。这些财团意识到，为了竞争不断提高运力是永远无法带来盈利的，但如果保持运力的增长低于贸易的增长，就可以实现溢价。

疫情发生时，航运业最先停摆，全球物流所处的动态平衡立刻被打破。一旦停下，凡事皆不在位，就很难重新开始了。雪上加霜的是，需求在不断增长，更别说还有一个胃口难以满足的美国，而全球的贸易模式却已经发生了根本性的变化，许多工厂可能会因疫情影响突然关闭，事先毫无征兆。供应短缺波及各行各业，不论是木材还是婴儿配方奶粉都受到影响。物流公司一直标榜自己随时都能送货上门，也因为疫情的影响，其笨拙的运作体系曝光人前。物流公司是喜欢隐身的，一旦人们开始议论物流问题，那就证明它们的工作没有做好。

汽车制造商在隔离期间的反应是最值得注意的。它们取消了所有供应链上的所有合同，让工厂闲置。疫情给全世界按下了暂停键，谁会需要汽车和卡车呢？但事实证明，几乎所有人都需要车子。车企的订单大增，但是为汽车或卡车提供动力所需的数百种半导体却无处可寻，因为供应商早已转向其他客户。结果就是，新车一生产出来就很快售罄，许多人只能去买二手车，但二手车却跟新车一样贵，甚至价格更高。这就是供应链出问题导致物价上涨的典型案例。

汽车上的许多电子器件都是在中国制造的，大多是行车电脑。中国因疫情导致的停产使整个行业陷入停顿，让本就受损的供应链雪上加霜。

疫情不仅阻碍了人员在国际上的流动，还催生了一个可怕的新词，叫作"友岸外包"。其含义是：企业重新配置供应链，尽可能将其放在与本国地缘政治理念相近的国家。疫情催生了恐惧和不信任，人们不仅是对直接接触的人缺乏信任，对来自其他州、其他国家的人也一样缺乏信任。由于疫情持续的时间不短，这种不信任的态度已经固化了，即使风险不再，这种态度也无法轻易改变。

我妻子称这种现象为"冬眠"。每个人都退缩到更小的半径中，不少人甚至很享受"冬眠"的状态。人们不愿回办公室，不愿出差，不愿在拥挤的空间里交流，不愿坐地铁。许多人认为疫情下的生活方式比以往更好，而且想要继续这种新的生活方式。

国际上的情况也与此类似。唐纳德·特朗普在任时签署了行政令，对从中国进口的商品加征关税。当时虽然民主党人反对，但是在拜登上任后，这些关税依然存在，这是因为去全球化已经是两党默认的共识。面对令人不安的高通胀，美国即便看到了可以降低物价的前景，也宁愿待在新形成的舒适区里，试图尽可能地自给自足，或是仅仅依靠盟友。

但不是所有人都在快乐地"冬眠"。雇主们希望员工回到办公室，高管们想坐飞机回到中国，聚会爱好者们盼望回到拥挤的甚至令人透不过气的场所。然而，人们即使想回到疫情前的生活，也敏锐地意识到，他们正在做出选择。与巴西的私募股权公司"3G资本"所实行的"零基预算"① 相呼应，全球各地的中产阶层也在重建疫情期间失去的部分生活。但是，所谓重建，前提是他们真的想回到以前的生活，而许多人其实并不想。

早在2002年，诺贝尔经济学奖得主约瑟夫·E. 斯蒂格利茨就写了本书叫作《全球化及其不满》[1]，不过他自己觉得不太可能畅销。这本书触动了很大一部分人的神经，他们觉得自己被时代抛弃了，或者被一种有利于"达沃斯人"② 的趋势所误导。2008年金融危机期间，随着衰退加深，也因为对国际银行的大规模救助，这部分人感到更加愤怒。最终，像鲍里斯·约翰逊和唐纳德·特朗普这样的本土主义政客利用这种怨恨登上了权力的舞

---

① 译注："零基预算"指不考虑过去的预算项目和收支水平，一切从实际需要出发，以零为基点编制的预算。
② 译注："达沃斯人"（Davos elite）一词由美国政治学家塞缪尔·亨廷顿于1997年提出，指拥护全球化进程，自认为很国际化的全球富裕精英阶层。

台。可是等到疫情来袭时，精英们——数十年来致力于推动全球化列车前行的首席执行官和新自由主义政客——最终也转向了后全球化。本土化取代了全球化，韧性取代了效率。

这些变化绝不是普遍现象，但是在各国经济统计数据的相关性比疫情前要低的情况下，这些变化足以引人注意。而且在疫情期间，各个国家在发展方向方面的差异非常大，国家和国家之间日益疏远，日益缺少共同的经历。

在疫情暴发前，如果你是"国际游牧民"，或者如果你想要找寻人才，你可能会把美国的达拉斯和澳大利亚的墨尔本放在一起比较。但是在疫情来袭后，其中一座城市——达拉斯，在很大程度上忽略了疫情，而另一座城市则实施了持续好几个月的、极其严格的隔离封控政策。即便是在最理想的情况下，人们也很难来往于达拉斯和墨尔本之间。随着疫情消退，经济开始复苏，这两座城市的共同点比疫情前少了，而且人们身心俱疲，也更加不愿意换个城市生活了。

同样，我们也可以看看普通的欧洲人在年满18岁时是如何度过成人礼的。他们在世界各地旅行，花的钱不多，在玻利维亚或柬埔寨邂逅快乐，他们学习的不仅是外国文化，更重要的是如何在离开父母后自给自足。如今西方孩子的零花钱很少花到那么远的地方去了，而且他们也不再受到特别的欢迎。国家边界的概念正在得到强化，而且无论如何，只要带着手机，你就仍然深深地植根在自身成长的文化环境中。旅行不再是为了暂时离开网络，而是为了在TikTok上炫耀异国风情。

特别是对企业而言，去全球化在某种程度上是有益的。在全球变暖、地缘政治动荡加剧的时代，有韧性的当地供应链会证明自身的价值。不论是哪一种机构，都愿意立足本地，注重当地社区而不是不确定的全球利益攸关方，并且摆脱了一种好胜心态，不再认为自己必须在某方面成为世界最好的那一家。从凯尔·恰卡①的同质化"空域"转向某种程度的特异性，这种转变受到了人们的欢迎，人们不用再为都是原木做的桌子、同样的第三波浪潮咖啡②而感到审美疲劳了。[2]

但也不能愚蠢地掩盖去全球化带来的不利因素。在一些城市或州，去全球化会带来严重的负面影响。

我是在英国长大的，2020 年 1 月 31 日，英国正式退出欧盟。记得当时我正在伦敦拍摄一个关于幸福的电视片段。在走过皮卡迪利广场时，我突然莫名地茫然起来，感觉自己站在一个刚刚脱离坚实地面的岛屿上，不知即将漂往何方，然后被人遗忘。几周后，类似英国"脱欧"这种自我流放的决定在全球蔓延开来。当然，在防疫的背景之下，各国可以合理并且短暂地闭关自守，但问题是，联系的纽带一旦断裂，可能需要很长时间才能重新建立起来，尤其是贸易纽带，切断很容易，恢复却很难。

---

① 译注：凯尔·恰卡，《纽约客》和《商业周刊》等杂志的专栏作家，撰写涉及技术和文化的多篇文章。他用"空域"（Airspace）这个词来指代在谷歌和优步等科技巨头的推动下，西方商务旅行人士享受到的日益同质化的服务体验。
② 译注：第三波浪潮咖啡（third-wave coffee）是在 2000 年前后兴起的，指价格昂贵的、由精心种植的高质量咖啡豆精制而成的咖啡。

我们知道，巴西和其他一些拉美国家曾在20世纪50年代实施过"进口替代"战略，其实质与"在岸化"无异。这些国家想把所有事情都放到国内来做，结果损失惨重，经济倒退了几十年。自由贸易有助于提高全球GDP，减少国家间的不平等。如果全球化开倒车，必然会在金融层面产生负面后果。

尽管如此，处于准无国界状态的国际企业，如今在商业需要的驱使下，也愿意考虑选择一个国家，并且不论今后面对的是顺境还是逆境，都会在该国长驻下去。当年哈里伯顿公司能够决定迁往迪拜，汉堡王公司能够决定迁往加拿大，可是如今企业可以选择属地管辖权的日子已经一去不返了，许多人不由得为之哀伤。

从个人层面看，习惯了国际化的人群还有很多事情需要去适应。我可以用亲身经历告诉大家，当你的世界收缩时，那种感觉非常糟糕，因为这种事情会突然发生，让人出乎意料。2016年的时候我做了一件蠢事，没有事先咨询移民律师就入了美国籍。4年后，在英国"脱欧"后，我发现需要更新我的德国护照，这样至少能保有德国公民的身份。但是在到达德国领事馆后，我被告知在我成为美国人时就已经放弃了德国公民身份。突然间，我一生引以为豪的英德双重公民身份，凭空蒸发了，我在欧洲轻松生活和工作的梦想也就此落空。

我非常清楚，仅仅是觉得自己能持有3种不同的公民身份，我就忍不住扬扬得意。即使是现在，只拥有两种公民身份的我也仍然有很大优势。尽管如此，我永远也不会忘记当时在德国领事馆时的感觉,我感到凄凉无助,仿佛我的四周建起了高墙,这是我从未有过的感觉。

我们周围的墙壁多少都有点漏洞。我仍然有可能在德国或欧洲其他地方生活和工作。虽然阻碍变多了,但国际贸易和移民仍在继续。我们比过去更加深地扎根于一个地方,也就是说,在那个地方投入的精力也会更多。

我在美国生活了大半辈子,现在是美国公民。任何经历过的人都知道这套流程:先是获得非移民签证,然后申请绿卡,最后是入籍。即便是在最理想的情况下,这个过程也不容易。我属于享受到了政策红利的那批人。我在 1997 年抵达美国,当时比尔·克林顿刚连任总统,托尼·布莱尔也刚刚在英国当选,那时获得签证比今天要容易得多,我先拿了几个 H-1B 工作签证,后又获得了几个媒体类非移民签证。虽然我在拿绿卡上花了很长时间,但以今天的标准来看也还是非常迅速的。我的入籍过程太容易了,现在回想起来,当时要是难度更大一些就好了,我就肯定会去咨询律师。如果是在今天,也就是在"后特朗普时代"、"后疫情时代"和"后'脱欧'时代"叠加的当下,我绝对入不了美国籍,因为我的雇主根本就不会为我去争取签证。

纵观历史,绝大部分人一辈子都生活在一个国家,并不会感到受束缚。这也是包括企业在内的整个世界正在回归的状态。现在只有绿党坚信其意识形态应该在全球推广,而其他意识形态已经变得更加狭隘。这总体上是好的,毕竟这个世界最不需要的就是再有一位美国总统为了向中东或其他地方输出民主而发动战争。

全球主义躺在灰烬中，尽管疫情对它的伤害是致命的，但杀死它的绝不只有新冠病毒。而试图从灰烬中涅槃重生的凤凰也不会仅有一只。

我对"越多越好"这种观点持怀疑态度。我们如果把宝都押在全球主义身上，最终就会发现它对谁都不合适。在后全球化时代，世界会更加多元，也更有韧性，如果发展顺利，也会对本土需求有更多的回应。尽管各国需要迅速就全球变暖问题达成共识，但其他大多数问题都是地方性的，解决它们需要因地制宜，而且解决方案也没法在全球范围推广。我想这就是应该支持区域性经济发展的一大原因吧。

第二部分
被改变的个人世界

THE PHOENIX
ECONOMY
Work, Life, and Money in the New Not Normal

第七章 疫情改变世界：身体距离、集体主义与数字化世界

我在伦敦南部长大，具体是在泰晤士河以南的广阔郊区。泰晤士河南岸是伦敦北部的居民常常骄傲地表示自己从来都不需要去的地方。伦敦北部有伦敦城，有威斯敏斯特城，有繁华大都市该有的所有景色，而南岸的我们呢？我们有巴特西发电站，有多维茨画廊，有水晶宫足球俱乐部……当然，我们没有白金汉宫，没有英国国家美术馆，也没有托特纳姆热刺足球俱乐部。

很多重要的东西我们都没有，包括地铁。当然，地铁确确实实延伸到了泰晤士河南岸，但就没有多远。伦敦的北部有250个车站，南部只有29个。我们那会儿住在多维茨，最近的地铁站在布里克斯顿。要去这个地铁站，得先走很长一段路到3路车的公交站，在那里等到地老天荒，然后终于上车，再坐一段不短的时间才能到达。当然还有一种更方便的方法出行，先走路去多维茨车站，坐上火车直达维多利亚车站。对于我父亲这样在上下班

高峰期通勤的人，还有直达位于市中心的坎农街车站的火车可以选择。

至少在我小时候，我们常坐的是"摔门式"火车车厢。火车车厢被分成一个个小包厢，每个包厢都有门，门很重，直接向外开，通向站台。包厢里全都坐满的时候，乘客们往往会膝盖顶着膝盖、腿别着腿，毫无舒适可言。车门只能从外面打开，所以在火车进站时，经常是车还没停呢，乘客们就会从车窗里把手伸出去，拉开车门，跳上站台。这听起来就不安全，事实上也确实不安全。"摔门式"车厢现在不再用了，淘汰的原因就包括它可能会带来危险。

那么，为什么当时人们就这么迫不及待要离开车厢呢？答案和下面这个问题的答案是一样的：为什么飞机着陆后，安全带指示灯一灭，每个人就都马上站起来了？当我们和一群其他人共处于同一个封闭空间时，自然而然，我们都会想尽一切办法尽量和他人保持距离。

如果我们别无选择，只能待在越来越拥挤的空间里，那么上面这种心态就会更加明显了。那时我在希登汉姆山车站上了开往维多利亚的火车，打开沉重的车门，走进狭窄的包厢。我记得包厢里两侧各放着一个长椅，每个长椅可容纳三个人。

如果我运气好，遇到一个空包厢，我会自私地占住那个最佳位置，也就是离门最远的角落，靠近窗户。那里光线好，视野好，通风也最好，还能保证我和下一个乘客之间距离最远。很自然，第二个上车的人会坐在门口，他遵照的是一种"标准做法"，只要是坐过电梯的人都很熟悉这种做法。

第三个上车的是第一个真正意义上的"闯入者"。我和我的包厢同伴尽管看都没看过对方一眼，但我们是有默契的，知道自己要给对方留出足够的空间。但是，现在三号乘客来了，我们俩总有人要失去一定的空间，甚至我们两个人都会有损失。三号乘客或者坐在我们俩不管谁的旁边，呃，难受！或者更糟，坐在我们谁的对面，那就更不舒服了！首先就得摆弄清楚各自的腿怎么搁才不会碰到一起。从逻辑上讲，我们三个人都被这个无法逃避的几何问题弄得心烦意乱，从情感上讲，在三号乘客上来前，这个空间独属于前两个乘客，所以三号乘客招来了一号和二号乘客的怨恨。

这种怨恨在包厢里萦绕不去，直到终点站，除非在下一站上来四号乘客。顿时，三号乘客就不再是新来的了。他摇身一变，也成了本来就享有包厢空间的那个人，也和一号、二号乘客一样受了委屈。这个四号乘客不经我们三个人的同意就占用了我们宝贵的空间，我们当然会同样感到不快。有时，这个过程还会再发生两次，所以即使是五号乘客，在面对刚刚上车的六号乘客时，也会和前四名乘客一样同仇敌忾。

我刚刚描写的所有这些心思你都完全能够理解，你也会觉得这些想法很自然，即使你距离伦敦南部十万八千里。我描写的是人类的基本特征，可以简单理解成"面对传染病威胁时的返祖现象"。一号乘客寻求通风最好的位置，随后上来的各位乘客寻求自己和他人之间的最大距离，所以面对面坐着才让人尤其不舒

第二部分　被改变的个人世界　　151

服。憋在一个狭小空间里的群体不希望因接纳新来者而遭遇额外的风险。一旦这个外来者被接纳为群体的一员,如果他携带病菌,不管是什么病菌,哪怕他才刚刚被接纳,病菌便会在群体内部传播开,这时做什么都已经太晚了。所以,什么会带来危险?危险就来自想加入的那个新个体。

人类的这种想法是根深蒂固的,而且类似现象甚至在灵长类动物中也有体现。1976 年,动物学家比尔·弗里兰研究了有关猴子的文献记录,发现猴群和猴群之间几乎没有互动,即使偶尔彼此接触,也根本不是为了表示友好,而且即使是在一些不友好的接触中,猴子们也会避免触碰到对方的身体,规模小一点的猴群通常会向大猴群让步。[1]

猴子甚至还能够熟练地掌握并实践贝叶斯概率论。假设你属于一个猴群,面前出现了陌生的猴子,明确表示想要加入进来。一方面,你可能会觉得应该欢迎外来的猴子,因为它带来了新鲜血液,这样猴群内部因近亲繁殖导致的一些问题就能够得到一定程度的解决。比如说,近亲繁殖的后代抵抗力往往会比较弱。

另一方面,这只猴子没有伙伴,而且渴望加入猴群,这件事本身就非常可疑。是不是因为它生了什么病,所以才被赶出了上一个猴群?随随便便看到一只猴子就是病猴,这样的概率是很低的,但考虑到这只猴子离群独居,而且想要被新的猴群接纳,那么它生病的概率就大大增高了。

更重要的是,如果每一个猴群都各自携带一些背景病原体,那么不属于这个猴群的猴子就极有可能携带不同的背景病原体。

如果这只猴子还曾经尝试过加入很多其他猴群但都没能成功,那么它身上就可能带着大量的、各种各样的病原体。这就带来了一个巨大的风险:可能会因为接纳这一个新成员,导致整个猴群全部死掉。

因为进化带来的智慧,无论哪只猴子想要加入猴群,猴群都会先让它经历一系列艰苦的考验。考验需要花很长时间,会延续几个星期甚至几个月。有这么长的考验时间,即使那只猴子真的有什么病,在猴群决定接纳它之前也都已经显现出症状了。更重要的是,因为考验本身形成了压力,猴群对它的排斥也一样形成压力,在这样的双重压力下,只要它确实是感染了什么病,很可能症状很快就会显现出来。

大多数猴子都没法通过这样的考验。事实上,许多猴子之所以没能成功,恰恰是因为它已经病了。这就是进化在起作用,与其接受一个个体从而给整个群体带来患上致命疾病的风险,不如在外来成员想加入时就干脆拒绝它,哪怕它可能有助于为扩大基因库带来一点点贡献。

当然,一旦某只猴子通过了考验,成了猴群的一员,在接纳其他猴子方面,它也会遵守上面提到的这种极其谨慎的协议。人类也一样,如果曾经在社团或军队里经历过某种欺侮,他们就会让比自己晚进来的人也去感受一遍。

说实话,国家和猴群没有太大区别。各个国家在限制移民时,大多不会说这是出于公共卫生方面的原因,而他们说出来的理由又往往经不起逻辑上的推敲,比如美国根本就没有"人满为

第二部分　被改变的个人世界

患"。各种花哨措辞的背后往往是仇外心理，而仇外心理的背后则是对疾病根深蒂固的、基本上非理性的恐惧。

看看疫情开始时全世界发生了什么，能够在很大程度上帮助我们理解这一点：在世界各地，国境被关闭，而关闭的方式常常混乱不堪，只会导致感染总数增加。例如，2020年3月有美国人匆忙从欧洲返回，他们在机场等待做新冠病毒筛查，被困在拥挤的、没有人戴口罩的人群中，一困就是好几个小时。在世界各地，限制入境的措施与封控措施大致同时实施，但是在解封后很长一段时间内，限制入境的措施仍然存在。

一个明显的例子就是，2021年秋季之前，美国一直禁止欧洲人入境，即使一些欧洲人已经全程接种新冠疫苗，即使美国的新冠病毒感染率远远高于大多数欧洲国家。旅行禁令不仅比最初的封控持续时间更长，而且超过了特朗普政府自疫情暴发后的持续时间，在拜登政府第一年的大部分时间里仍在实施。这项政策显然得到了两党共同支持，尽管新上任的拜登政府努力尝试用其他方式来修复与世界其他地区的关系。

是什么样的政治直觉让拜登领导的白宫持续把欧洲人挡在美国境外？答案是：出于同样的直觉，我讨厌陌生人走进我所在的六人座火车包厢，可是如果意外看到一个朋友上了车，坐到对面，我却会感到开心；出于同样的直觉，疫情期间如果我去餐馆吃饭，旁边一桌有人大声喧哗我就会心里不舒服，但和自己的朋友坐得更近一点也不会担心；出于同样的直觉，人们形成了新冠"泡泡"，也就是只和自己认识的一小群人交往，而这一小群人几乎完全来自好友或亲密家人。

每个人都有这种直觉。移民也有，比如一旦他们在新国家站稳脚跟，往往立刻就成为反移民情绪的中心。无论你是在电梯里、火车包厢里，还是快速挤满人的办公室里，这种直觉可能都会经常冒头，哪怕你自己并不那么愿意承认这一点。你在郊区的家里喊出"别在我家后院"① 也是出于同样的心态。这种直觉甚至在权威的经济学文献中都占有一席之地，有各种不同的术语来描述它，包括"现状偏见"。

因为自己也有这种偏见，你会感到不好意思，这是对的。首先，人有这种偏见是不理性的，经济学家已经一次又一次地证明了这一点。比方说，如果给你一张健康计划的清单，你肯定永远会去选最适合的那一种。但如果你已经有了一份健康计划就不一样了，这时，你极有可能会坚持已有的这份计划，虽然如果给你从头选择的机会，你是不会选它的。[2]

更确切地说，如果一个社会建立在排斥的基础上，它不会获得成功。人排斥人这件事，往往涉及阶级歧视和种族歧视中一些令人不齿的因素。我们确实应该做得更好，或者至少应该下决心做得更好。但是，感觉是确确实实存在的，这些感觉不仅基于偏见，还基于几千年来早已植根在我们意识深处的对公共卫生的直觉。事实上偏见本身很可能都是这些直觉的副产品，甚至可能早

---

① 译注："别在我家后院"这个说法最早出现在 20 世纪 70 年代，当时人们反对在自家附近建核电站，后来被广泛用来抗议在居住地附近建设任何大型项目。

第二部分　被改变的个人世界

在智人出现之前，人类的祖先就已经具有了这种直觉。然后，几个世纪以来，随着人类不断血淋淋而痛苦地遭遇瘟疫和病原体，这种直觉不断得到强化。

在 2008 年发表的一篇论文中，一组研究人员试图回答科学文献中一个重大的未知问题，他们是来自新墨西哥大学的科里·芬奇和兰迪·桑希尔，以及来自英属哥伦比亚大学的达米安·默里和马克·沙勒。他们说自己想搞清楚"为什么有些文化更个人主义，而另一些文化更集体主义"。[3]

这个从集体主义到个人主义的"光谱"（spectrum）被描述为"捕捉文化差异的最重要维度"，具有很强的解释力，但它本身却不那么容易解释。为什么在某些文化中，自己人和不是自己人的对比比在其他文化中更加明显？为什么某些文化倾向于更强调一致性，却很少容忍叛逆和个性，更不用说去鼓励叛逆和个性？

这篇论文假设，文化之间的这种差异在很大程度上可以用所谓"抗病原体防御行为"的差异来解释。他们写道：

> 特定形式的社会行为（以及这些行为背后的特定心理机制）如能起到抗病原体防御的作用，而某个文化人群经历过更多的病原体，那么这些行为及其背后的机制就更有可能成为这个文化人群的特征。

简而言之就是：如果某个文化群体的人近期经历过很多次传

染病，你就会看到这个文化呈现集体主义倾向；相反地，你就会看到个人主义倾向。个人主义和移民能带来创新和进步，无论什么样的创新和进步都是很好的，但相对于对外开放所能带来的这种理论上的好处，在预防疾病和照顾病人方面，排外的集体主义能带来的好处显然要大得多。

这些研究人员找到了93个国家在流行病方面的历史数据，具体包括疟疾、麻风、登革热、斑疹伤寒和结核病等，他们还使用了这些流行病的现代数据，发现了非常强的相关性：历史上流行病为害越大，发生地的文化就越是集体主义。这种相关性在当代的疾病影响判定中也存在，只是没有那么明显。他们总结道："这些结果有助于解释一种典型的跨文化差异的起源，并揭示了致病性疾病如何导致人类社会性质多变，而且这样的因果关系以前并没有人记录过。"

直观地说，这种解释是很有道理的。在任何社会，文化的变化速度都很缓慢，所以某一社会是否经历过某一场特定的大流行，都不会立即从社会态度上表现出来。但是经过几十年、几百年，这些事情就成了集体无意识记忆的组成部分。"画上一圈玫瑰，兜里装满鲜花，阿嚏，阿嚏，我们都会倒下。"这是我小时候经常唱的歌，我记得这是一首悦耳的童谣。但是实际上，歌词所唱的内容非常凄惨。一圈玫瑰指腺鼠疫（俗称"黑死病"）引起的横痃，令人痛苦万分。"兜里装满鲜花"指人们出门时随身带一个有香味的东西，用来驱除垂死之人身上的恶臭。打喷嚏通常是没有什么危害的，但是在14世纪的英国却令人充满恐惧。

虽然没有人会去鼓励孩子唱"我们都会死去",但不知道为什么,"我们都会倒下"倒似乎是可以接受的,尽管意思没有什么区别。

约700年后,这场黑死病给一代又一代人造成的创伤终于得到了足够的缓解,所以英国在上文所说的从集体主义到个人主义的"光谱"中处于个人主义的一端。但是在这约700年间的多个世纪中,拥有单一的集体身份实在是太重要了,所以才有了一系列充满血腥的国内冲突和国际冲突。

如果没有席卷北欧和不列颠群岛的一系列大流行,这些战争是否还都会发生?这不得而知。把欧洲20世纪的两次世界大战归咎于几百年前发生的一系列传染病,无疑是极其愚蠢的。但如果以全景式的视角来看,大流行显然有能力在几代人的时间里改变社会态度。

这些变化是一点点渐进发生的。如果疫情最终被证明是一次性事件,它所带来的长期后果就不会太大;但如果21世纪暴发了一系列流行病,而新冠病毒感染是其中率先暴发的那个,而且这些流行病都对公共卫生和宏观经济产生了重大影响,那么疫情的长期后果就会严重得多。而且即使我们现在只观察疫情本身,也已经发现,它显然已经推动了各个国家进一步走向集体主义。

在越南和柬埔寨等国家便能够看到这类事情,甚至在新西兰也可以。在疫情暴发时,还不满40岁的左翼总理杰辛达·阿德恩表现出了钢铁般的意志,制定了极其严格的公共卫生协议,明明白白地告诉所有人不允许离开新西兰。这条禁令居然维持了两年多的时间，而新西兰人一直都热爱国际旅行。考虑到这一点就可以发现，走向集体主义这一重大转变确实已经发生。阿德恩以保护国家免受疾病侵袭、防止医院超负荷运转的名义发布的禁令得到了新西兰人的广泛接受。

具有讽刺意味的是，这种向集体主义的转变，恰恰发生在疫情期间死亡率不算太高的国家。但这也许恰恰是因果关系在起作用：疾病会促使猴子走向集体主义，将可能的新成员拒之群外。在这一点上，猴子们执行得越严格，整个猴群就越健康。

人类的行为也是如此。隔离（quarantine）这个词来源于意大利语 quaranta giorni，意思是"40天"，船只在杜布罗夫尼克得到进港许可前，必须先在港外停泊40天。这是14世纪中叶黑死病流行时期，在威尼斯统治下的杜布罗夫尼克港实行的零瘟疫政策。这项政策的依据是，即使船上有人染上了黑死病，在那么长的停泊时段内，病人一定已经出现症状了。而一旦有人出现了症状，整艘船会被要求立刻离开。

强集体主义文化允许一定程度的残酷，最终却是可以挽救生命的。例如在瘟疫期间，在威尼斯以西约150英里的米兰，死亡率是意大利最低的。其中一部分原因是，米兰规定，一家只要有一个人生病，这家所有的人都会被关在家里，不能出门。米兰把人关在家里这种做法践踏了个人权利，事实上是给这一家还没有生病的人判了死刑，但它最终却挽救了城市里更多人的生命。

几百年来，人类一直认为接近他人就意味着危险。一旦有了钱，我们首先做的就是扩大属于自己的空间。同样，虽然城市规划者会赞颂高人口密度有这样那样的好处，城市居民的感觉却恰恰相反，而郊区那种有前院和后院的房子，吸引力是不言而喻的。

疫情改变了世界，其中一个表现就是，我们更加清楚自己对空间、光线和空气的渴望。我们从理智上而不仅仅是从本能上理解了花数千美元升级到飞机头等舱的欲望到底来自哪里。这不仅仅关乎人的排他主义、相对定位和炫耀性消费，还关乎花钱买下了一种能力，可以在登机时、飞行过程中、下飞机时，最大程度地远离其他乘客和他们呼出的气体。

当然，很常见的现象是，这种本能冲动并不会让我们更安全。旅馆的大房间并不比小房间更卫生，空气清新剂也并不能减少空气里的有害物质。有时，这种冲动甚至会把我们推向完全危险的方向，比如戴口罩会让人感到潮湿和幽闭恐惧，于是人们迫不及待想摘掉口罩呼吸新鲜空气。

我是德国人，我很清楚这种感觉有多么奇怪，又多么难以解释。所有德国人都热爱通风，他们打开门窗让新鲜空气涌进屋子，或者干脆自己出门去呼吸新鲜空气。但同时，德国人也相信穿堂风是致命的。如果不是在给家里通风换气，他们不会开窗，而会把门窗关得严严实实的，就像他们在汽车和办公室里，以及最著名的行为场景——在火车车厢中坚定地把窗户关严（最"臭名昭著"的故事）一样。我对这个事能做出的最好解释就是，他们认为穿堂风不同于新鲜空气，魔鬼会随着穿堂风进入一个空间，并让人感染某种致命的疾病。

这也不仅仅是德国独有的现象。好几百万美国人都相信感冒是由受凉引起的，如果你在冬天出门但衣服没穿够，你就会感冒，就好像衣服够保暖就可以防止病毒感染一样。这种非理性的恐惧无处不在，但是疫情所造成的创伤并不能用这个说法来解释。

无论如何，经历过疫情，我们所有人都成了专家，知道什么是传染，什么导致了传染，什么不会导致传染。不管你有什么特别的理论，有一件事是大家都很明白的，那就是我们是从其他人那里感染上病毒的。

结果就是，在我们现在生活的星球上，几乎每个人都有痛苦的亲身经历，因此我们会忧心忡忡地看着周围每天与我们互动的人。我们学会了避开陌生人，甚至避开朋友。离某人很近这个简单的动作涉及一种复杂的关于信任、危险和担忧的情感契约，最终，想要和人交往的欲望战胜了一切。

在有限的程度上，在填补病毒造成的社交空白方面，现代技术发挥了作用。许多应用程序都有自己的辉煌时刻：聊天软件 Discord 起步迅猛，游戏软件《堡垒之夜》深受青少年喜爱，电子邮件列表服务器用户众多，Instagram 的私人账户可以用于各种评论发表，各种视频会议的应用程序都可以让身处不同地点的人们同时庆祝同一件事。我本人就在与工作无关的 Slack 群里消耗掉了很多时间。我可以肯定，即使是口碑很不好的脸书聊天软件飞书信也一定在某处获得了极大成功。但事实证明，真正的杀手级应用程序还是传统的通信软件，比如聊天软件 WhatsApp 或你手机上最常用的短信应用程序。

我认识的所有人，几乎都同时在多个短信群里。在疫情期间，群的使用频率远远高出以往任何时段。群是一种能给人们带来自我实现同时促进他们亲密交流的奇迹，群友们能跨越时区、跨越大陆保持联系，能分享八卦、新闻、表情包或填字游戏Wordle的得分。当然，还可以分享很多很多的表情符号（emoji）。表情符号是一种奇妙的科技创新，在它的英文拼写里就有emotion（情感）这个词的痕迹。群里涌入各种形式的内容，它有助于触发人们的连接感、归属感、"我是团队一员"的感觉、友谊一直在维持的感觉。因为这是短信群，所以对每一个个人的参与要求不是那么高。维持群聊的责任并不集中在哪一个人身上，最合适的人会参与聊天，人和人之间的联系不断得到维持。

得益于短信群，如果有朋友感染了新冠病毒或是生了其他什么病，我们就有办法进行探问了。当然，短信群也会让我们烦恼，就像友谊有时候让我们烦恼一样，但短信群同样也支撑着我们，给了我们所需要的人际交往。人类的基本规则是不信任新人，有趣的是，短信群有时甚至可能带来这种基本规则的例外情况。因为新成员进群需要有人邀请，他通常是在与现有成员进行某种深入交流之后才会得到邀请，所以他一旦加入，通常就会受到欢迎。能带来归属感的圈子因此越来越大，归属感也越来越强烈。

通常，年龄越大，交朋友就越难。你最好的朋友很可能都是你在十几岁或二十岁出头时认识的，这是有原因的。但短信群改变了这一点。在疫情期间，你最好的朋友往往是和你发信息互动最多的，而不是你认识时间最久的。科技让友谊更容易维持：他就在那里，你不需要花费太多，无论什么时候只要动动手指就能够到他了。

疫情把我们推向数字世界，可能因此重新发明了友谊的本质，或者至少改变了友谊的本质。如果不是出于工作需要，几乎没有人会花时间当面认识新朋友，这意味着数字生活就是我们的真实生活。人们要发展这种数字连接需要时间和机会，疫情恰好提供了时间和机会，所以数字连接得以加强并巩固，不仅在游戏玩家、早期采用者和青少年中，而且在广大人群中，变成了一种持久的东西。

当然，现实世界的相见比数字连接领先了几千年，无法完全被后者取代。它将一直占据几乎所有人生活的中心。然而，竟然出于对他人的不信任，人类产生了一种新的、强大的媒介——一种很容易被认为是理所当然存在的事物。

世纪之交时期的艺术品，我最喜欢的是我的朋友塞纳姆·奥库泽托创作的系列画作《异地恋人》。曾经有一对恋人一个在伦敦，另一个在加纳首都阿克拉。他们为保持联系花掉了令人泪目的话费。奥库泽托就在他们的一张张电话账单上作画。这套作品在当时提醒我们的是，为了保持电话联系需要付出多么巨大的努力。今天它提醒我们的却是，令人难以置信的是，我们所有人都具备了保持联系的能力，而且联系几乎不用花什么钱。

具有讽刺意味的是，数字连接技术也更容易把任何人隔离开来，让我们更加容易保持壁垒，特别是保持国家之间的壁垒。如果人们用苹果视频通话软件 FaceTime 就可以在线上见到彼此，国家又有什么必要让人们很容易在线下相见呢？

我们有了新的数字连接，随之而来的是物理连接的丧失。在疫情期间，如果你翻看疫情前的照片，会时不时感到惊讶。哎呀！我们当时那么轻松、那么经常就能触碰对方！这在当时是一件人们不假思索便能做的日常事情，疫情暴发后这样的触碰却突然令人忧心忡忡。疫情以来，屏幕似乎开始主导所有的互动方式，但是在疫情前几年不是这样的，当时曾经出现过"拥抱派对"，没有性的意味，很多很多人抱在一起互相触摸，纯粹就是为了触摸而触摸。专业的拥抱服务师每小时收费 80 美元，他们会告诉你触摸人体能释放催产素，能帮助你缓解压力。毫无疑问，对他们的服务需求几乎在一夜之间就消失了，即使导致产生这种需求的压力源无处不在，甚至比以往任何时候都要普遍。

与"拥抱派对"差不多但是具有性意味的是同性恋澡堂。同样是受到了疫情的影响，这种澡堂再也不可能重新开放了。艺术家雷奥·赫雷拉写道："焦虑深入我们的骨髓。"他明确将这句话和 2020 年做了个对比，说"疫情彻底改变了你的重心"。[4] 因为疫情，独居的人会有好几个月甚至一年多触摸不到其他人。我们寻求与他人保持距离，但这并不意味着我们一定喜欢保持距离。

在大多数人看来，触摸是一种表达信任的方式。愿意触摸某人，或者愿意走到离对方一臂之距的范围内，就是在说：我很喜欢你，愿意冒着从你身上感染新冠病毒的风险。看到我们所爱的人走下飞机，我们会去拥抱他们、亲吻他们，管它什么新冠病毒呢。

经常接触的人的数量大量减少这一点，随着时间的推移是会渐渐恢复的，尽管由于技术的发展，我们永远不会完全和疫情前一样每天接触那么多人。对于我们这些经历过21世纪20年代初的人，身处人群并失去个人空间，将永远承载疫情前从来没有过的意义。有些人会寻求和人群接触，有些人会积极避开接触。但只要你的工作是涉及空间营造的，比如建筑师和婚礼策划师，你就必须根据人们新适应的舒适距离来进行设计，而这个距离比疫情前人们觉得正常的距离要大得多。

在实际生活中，这也意味着人口流动不会再像疫情之前那样频繁。WeWork公司这种致力于人员密度最大化的公司，工作也远比疫情前难做。如果你想让90%的特定人群在你规划设计的空间里感到舒适，那么相较于疫情前，这个空间就必须更大，通风设施更醒目，自然通风会尤其显得珍贵，而扶手等有争议的空间设置将变得更加令人担忧。

然后是新冠病毒本身，它将一直伴随着我们。随着治疗方法的改进和普及，它的致死率会降低，但我们仍然要避免把病毒传播给其他人。自我隔离这种保持社交距离的最极端的形式是不会消失的。大多数人一旦检测结果呈阳性都会去自我隔离，无论法律是否要求他这么做。同样，患者无论症状有无好转，在具有传染性的情况下，都不应在公共区域活动，因为人们仍然对接触阳性患者怀有轻微的恐惧。

在过去几十年里，西方人很少会想到传染病，但现在一种新

第二部分　被改变的个人世界

的传染病的出现却是生活中活生生的现实。随之而来的焦虑程度因人而异，但我们都能看出来是谁最焦虑。重视多样性、公平性和包容性的机构需要尊重这种焦虑。从统计数据来看，这些机构自己的不少员工肯定也存在这种焦虑。如果再一次出现致命的传染病，尤其是会给全球带来巨大冲击的传染病，人们的焦虑感会比现在还要强烈得多。

每个人对疫情都有自己的态度，每个人也都必须理解其他人对同一件事会有不同的态度。这说起来容易做起来难。疫情推动了世界的高度分化，在全球各地引发了大规模抗议。抗议者主要是那些认为疫情没有那么严重的人，他们对围绕健康问题制定公共政策的所有尝试都极其不满。我和妻子都有因疫情有关政策而失去了友谊的情况。

当涉及文明这个宽泛的话题时就出现了一个大问题：虽然为患有严重疾病的人感到难过是自然而然的事情，但疫情迫使我们每个人都要表明对疫苗和强制接种疫苗的态度，以及对戴口罩和封控等公共卫生措施的态度。这样一来，疫情就被政治化了，而在特朗普时代，一切和政治有关的事情都喧嚣不已，而且充满了党派之争。即使在新西兰首都惠灵顿这样安静遥远的地方，都有一个抗议强制接种的营地骄傲而怪异地悬挂着支持特朗普的旗帜。

随着疫情呈现地方性的特点，也随着更多的人可以获得正确的治疗方法，抗议、支持双方高涨的情绪肯定都会有所缓和，至少在一些可怕的新变异体肆虐之前不会再度激烈起来。尽管如此，人类再一次需要面对传染病，这将改变几乎所有人对疾病的看法。

地方性的疾病产生的负面效应之一就是文化禁忌。各个社会都有一种自然而然的倾向，即要建构起维护公共卫生的规范和价值观。这种倾向往往会在一些文化禁忌中表现出来，而这些禁忌又往往和传染病有很大相似之处。例如，在某些文化中，接触违反禁忌的人会"感染"整个社区。

疫情已经成为人们长期以来最为关注的问题，所以如果看到有人尝试把其他什么行为变成禁忌，而且他们能获得更大成功，不要感到惊讶，因为我们已经能够了解这是怎么回事了。比如，当我们开始运动起来时，更有可能看到社区在很多问题上开始达成共识，比如他们试图排斥消耗能源过多的、碳足迹比较大的人。

来看看下面的例子。2020年夏，在黑人乔治·弗洛伊德因警察暴力执法而窒息死亡后，美国各地举行了反种族主义"黑人的命也是命"游行。这些游行引人瞩目，展示了人们如何快速创建新的社会规范，并且至少在短期内取得了巨大成功。

第一波"黑人的命也是命"游行是在2014年爆发的。这波游行表明，反种族主义情绪深刻地存在于全美各地的社区。有色人种和他们的白人盟友一生都在目睹系统性种族主义，他们感到愤怒，他们找到了一个统一的声音，并且在全国各地这个声音都能被听到。但是，当时并没有出现公众舆论广泛变化的现象。

2020年的"黑人的命也是命"抗议就不一样了。从一开始，抗议的规模就更大，而且抗议整体持续的时间也更长。抗议活动不仅发生在黑人社区，也发生在白人社区。最重要的是，2020年的抗议改变了人们的想法，做到了2014年的游行所没能做到的事情。2017年，美国公众对"黑人的命也是命"的净支持率是负数，当时更多的人持反对意见，反对率比支持率高大约5个百分点。到2020年6月，支持率比反对率高了28个百分点。二者间存在33个百分点的浮动，幅度之大几乎是前所未有的。有史以来第一次，大多数美国白人承认，确实存在系统性种族主义。

在一定程度上，这是疫情的直接后果。就在人们抗议的时候，因感染新冠病毒而死亡的美国黑人人数是美国白人的两倍。这种不可忽视的差异让人们意识到，系统性种族主义无处不在，而且还会夺走生命。系统性种族主义是会致人死亡的，不仅在遇到警察时是如此，而且在急诊室，在产房，在无数其他应该拯救生命而不是夺走生命的机构中也是如此。

有更多人意识到确实存在种族主义并为反对种族主义而付诸行动，这也是对整个世界刚刚走到一起的有效性的认可。就在不久前，世界停下了脚步，认识到全人类面临的共同威胁，团结一致共同应对了这个威胁。全世界这一次协同的程度和规模，至少在这次疫情前是我根本无法想象的。

世界对一个世纪以来影响范围最广的一场疫情的应对并不完美，远不完美，但我们确确实实是在想办法应对。我们确确实实扳平了新感染人数指数型上升的曲线，而且至少在2020年初夏，在全球抗击疫情的斗争中，我们仍然在很大程度上保持着团结。

在那一刻，病毒使人类团结在一起。如果我们能够团结起来对抗疫情，我们就一定也可以团结起来反对种族主义。

让人不安的是，我们并没有打败新冠病毒，事实上，新冠病毒很快成为另一股分裂国家的力量，而不是凝聚国家的力量。"黑人的命也是命"也是一样。抗议活动频繁演变成骚乱和抢劫，抗议者的要求很快就开始被右翼嘲笑为可笑而危险的"批判性种族理论"。但是，哪怕根据民意调查我们得知，"黑人的命也是命"的支持率很快回落到了疫情前的水平，其最终结果也不是事先就能预见的。很可能，争取种族平等的斗争会在全国范围内扎根，并体现在一套全新的社会规范中，而新规范的概念验证在不久前已经进行，目的是论证它可能的发生机制。在没有明确的领导人来告诉大家该做什么的时候，协调一大群人从来都不容易，但是仅仅在几个月内，就已经发生了两次在没有明确领导人的情况下很多人协调一致采取行动的情况，一次是对抗疫情，一次是"黑人的命也是命"系列抗议活动，而且这样的事情迟早还会再发生。

如果说有哪个领域需要紧急采取行动，那就是气候变化和碳排放。在疫情期间，我们看到接种疫苗、戴口罩、洗手成了一系列净化仪式。并不是所有人都接受了这些仪式。部分原因是，很多人天生抗拒由权威人士或是其他人来告诉自己必须做什么，还有部分原因是随着年龄的增长，人们越来越难改变原先的行为。

一方面，随着年龄的增长，我们对自己学习能力的依赖越来越少，对自己已经学过的东西却是越来越依赖。疫情期间许多根深蒂固的问题暴露了出来，例如，反对转基因食品的人自然会质疑信使核糖核酸疫苗，不喜欢大政府的人会怀疑政府发出广泛禁令的依据。科学家们在希波克拉底誓言的影响下成长起来，习惯了药物要经过很多年的试验之后才能上市。如果个人的利益还没有确定下来，政府由于泛泛的公共卫生原因就批准疫苗或疗法，他们是会质疑的。他们甚至还会怀疑新冠病毒检测。另一方面却是，年幼的孩子们通常都很乐意整天戴着口罩，数以百万计的孩子，日常上学、和朋友玩耍，自然就会戴口罩，许多孩子甚至在可以不戴口罩的时候还戴着。

大体上，几乎每个人都发现自己在按照仪式性的步骤来阻止病毒。洗手液无处不在，洗手成为每个人自己主动想做的事情，而不只是出于尽职尽责。人们戴上口罩，保持距离，咳嗽和打喷嚏时遮住口鼻。世界上存在着共同的威胁，不参加净化仪式的人会被社会排斥，选择不接种疫苗的人尤其会被他人排斥，而且他们也因为官方的各种要求而不能参加很多活动，也不能去很多地方。没有人特别关心你是不是相信口罩和疫苗之类的东西能起作用，重要的是你做了什么。

世界被迫大幅减少碳排放，以拯救地球免于遭受比疫情更具灾难性的威胁。人类在努力实现这个目标的过程中，必然还会形成类似的社会习惯。你在社会的某些部分已经能看到这一点了：比如，几乎所有的汽车制造商都已明白，未来必然应该全部生产电动汽车；比如，建筑师们会因设计出更环保的建筑而自豪；再比如，阿姆斯特丹、哥本哈根或柏林等欧洲城市的居民所享受的高品质低碳生活方式。实现这些变化需要花好几年的时间，但它们确实发生了。这意味着这些事情是可以做到的，而且可以在其他行业、其他地区得到复制。

疫情带来的后果是，我们经历了一个死亡率严重高于正常值的时期。我们非常不喜欢这一点，不希望再有类似的经历，而且希望能够永久地、持续地不再经历这种痛苦。如果我们很多人都采取特定的态度，就更容易实现必要的碳减排目标。我们在疫情期间学到的是，行为态度是能够学习和采纳的。这是有可能的。

总体来说，我并不热衷于自下而上的气候灾难解决方案，因为它们似乎不太可能奏效。一方面，即使在疫情期间，我也很少看到防控政策是由民意压力推动的，而不是由自上而下的科学建议提出的。另一方面，2020年的"黑人的命也是命"抗议运动虽然短暂，但却给我带来了希望，让我知道社会态度可以迅速转变到令人满意的、进步的方向。也许这只是因为此时我们所生活的世界里人们普遍存在狂热的天性，但是，如果说21世纪的前四分之一能够给我们什么指导的话，那就是整个世界有可能在一段时间内普遍保持这种狂热的状态。这可能是人们在气候变化问题上取得有效进展的前提条件之一。

第八章　从疫情恐惧中走出来

疫情暴发之初，一切都停下了脚步。几个月后，经济开始复苏，在"经济凤凰"开始从灰烬中振翅飞出之时，人们的精神健康问题才刚刚开始显现，并不断累积。疫情绝对引发了一场精神健康危机，对某些人群来说，心理疾病比新冠病毒感染本身更加致命。在精神层面，几乎所有人都受到疫情的伤害，人们的心灵同样需要"浴火重生"。

头条新闻上所公布的数字是惊人的。医学杂志《柳叶刀》的一项重要研究发现，在疫情开始的第一年里，全球患严重抑郁症的人数增加了5300万，增幅为28%；患焦虑症的人数增加了7600万，增幅为26%。[1]这种增长以前也发生过，比如希腊在2009年金融危机期间也出现了类似情况，但它们通常是地域性的，而且持续时间也比较短。可是到了疫情期间，精神健康方面的问题是全球性的，并且持续了很长时间。

人类是社会性动物，对于外向的人以及需要通过社会互动才能蓬勃发展的群体（也就是年轻人）而言，隔离封控带来的痛苦尤为剧烈。这场精神健康危机十分严重，为此，美国儿科学会、美国儿童与青少年精神病学会以及美国儿童医院协会共同宣布，全国儿童的心理健康处于紧急状态，并指出"有抑郁症、焦虑、创伤、孤独和自杀倾向问题的人的比率急剧上升"。[2]出现这种情况，很大一部分原因在于，许多儿童被迫离开了教室，而被送进了在视频会议软件Zoom上搭建的网络学校。

疫情提醒人们，学校的功能不仅仅包括提供教育，同时还有为孩子提供照料服务。疫情还让人们强烈地意识到，学校的目的是教会孩子们如何学习和相互交往。随着孩子们年龄的增长，确实有一部分事情是可以通过屏幕来完成的，但绝不是全部，更别说用Zoom来替代一切了。

孩子们一方面长时间接受质量不高的在线教育，另一方面社交生活长期受到人为限制，后者的影响可能更大。每个孩子都是独一无二的，尽管有的孩子更坚韧，但毫无争议的是，有些孩子在被困家中后会变得缺乏自信，也缺乏社交能力，特别是那些没有兄弟姐妹的孩子。如果没有封控，情况就绝不会如此。缺少真正属于自己空间的孩子，或者不容易接触屏幕和互联网的孩子，可能会很难适应解封后的生活。

不过，这场疫情在很大程度上是整整一代儿童和父母的共同经历。他们一起经历了疫情，一起重回正轨，一起度过社会发展滞后的3年时光。在情况不好的时候，他们的感觉都很糟，而在情况好转时，他们的感觉也会一起变好。

第二部分 被改变的个人世界

对成年人而言，特别是对年纪较轻的成年人而言，疫情带来的影响可能更加要命。2020年4月至2021年4月的一年时间里，因药物使用过量而死亡的人数首次超过10万。[3]尽管每年都有很多人因药物使用过量死亡，但在疫情暴发前的两年内，死亡人数并没有显著增加。封控的禁令一出，这个数字立刻开始以前所未有的速度飙升，且死者大多是年轻人。

一些行业人士发现，他们不得不对人类生命进行估量。哲学家、发展经济学家和安全工程师，甚至包括律师在内，都花了很多时间来开展这项工作。虽然没有一个普遍认可的方法，但最可行的衡量指标叫作质量调整寿命年。用这个指标来衡量，经历疫情的世界还算是幸运的。

与1918年西班牙流感或艾滋病不同，新冠病毒感染对老年人的打击最大，而老年人本来剩下来的寿命就相对较短。如果一位老年人的预期寿命是85岁，但因感染了新冠病毒，他在81岁就去世了，那么他就损失了4个寿命年；如果他在这4年里要忍受令人讨厌的疾病，可能也不会过得很快乐。但如果是一个年仅25岁的年轻人的话，他的预期寿命也是85岁，但由于疫情死于自杀或吸毒过量，那么他就损失了60个寿命年，在试图量化这类事的人看来，这就使得悲剧悲惨程度升至前者的15倍。考虑到本来应该还有大好年华在等着他，用质量调整寿命模型得出的数字可能还要大于15。

从质量调整寿命年的角度看，相较于死亡，患上精神疾病同样可怕。精神疾病大大降低了生活质量，而且往往会持续几年甚至几十年。许多人因为"长新冠",心理健康受到很大影响。

毫无疑问,疫情期间,人们的心理健康状态显著恶化。美国政府进行过一项大规模调查,调查覆盖了130万成年人。波士顿学院有一篇论文对该项调查前9个月的数据进行了研究,发现截至2020年11月,37%的美国成年人出现了焦虑的临床症状,29%的人出现了抑郁症的迹象。这些数字比疫情前同类调查得到的数字要高4倍。[4]

人们精神压力激增,导致对医疗援助的需求大量增加。而即使远程医疗能提高效率,医疗行业也没有多余的资源来满足这种新增长的需求。全美所有的心理学家和心理治疗师的号都被约满了。他们要么继续放号,让病人漫长地等待,要么干脆关闭预约,不接收新病人。有些心理健康从业者跟他们的病人一样,也出现了心理问题,所以不得不辞职。在医疗行业,辞职潮的冲击尤其猛烈,其中心理治疗师占据了很大比例,这给整个行业造成了严重影响。

美国的护理标准本来就不是特别高,而在疫情期间,特别是那些不富裕的人,得到的护理服务质量更是急剧下降。一位治疗师告诉《纽约时报》记者,他有"一种压倒性的萎靡和疲劳感"。[5]在疫情期间数百万人经历的状态是,被迫隔离封控在家,从来没有想过需要和身边的人一起生活这么长时间,同时还承受着来自疫情的巨大压力,因此想要履行所有的职业义务和个人义务,实在是心有余而力不足。更何况,此时的美国种族问题严重,政治分化严重,整个社会矛盾重重。有些代价是必须付出的，有时是工作或者婚姻，而有时是理智或节制，甚至是生命。治疗师发现要优先照顾有自杀倾向的病人——这样做是对的，但这对没有死亡风险的病人来说并不公平。

好消息是，疫情在很大程度上消除了精神疾病的污名。几个世纪以来，人们要么将精神病患者与罪犯相提并论，要么把他们扔进可怕的精神病院。早在1956年，有多达56万个病人被强行关在全美各地的公立精神病院，其中包括约翰·肯尼迪总统的妹妹罗斯玛丽，她在23岁时接受了可怕的脑叶切除术。[6]

肯尼迪家人的不幸促使他在1963年签署了《社区精神健康法案》。他在签署法案时说，此举旨在提出一种新的精神疾病治疗方法。在此后的几十年里，人们对精神疾病的态度有所变化，但精神病患者的境遇并没有完全得到改善。

肯尼迪在一次著名的演讲中说："冰冷的监管隔离将被温暖的、能够接触到正常人的社区关怀所取代。我们将更加强调预防、治疗和康复，不会再把病人关在医疗机构里不闻不问。"

肯尼迪的这个构想，用艺术性的语言说叫作"去机构化"，但却未能完全实现。肯尼迪想让联邦政府出资，支持社区的精神健康护理，但在1981年，罗纳德·里根把这个责任推给了各州，而州预算的限制要比联邦预算严格得多。各州为了削减成本，关闭了精神病院，且在为精神病患者提供帮助方面并未做出真正有意义的尝试。相较于在疾病研究和个性化护理上进行大量投资，增加镇静剂的用量要便宜得多。

这就导致各级政府对心理健康的投资严重不足。拥挤脏乱的精神病院越来越多地被整合进刑法系统,和监狱整合在了一起。即便监狱拥有完整的心理健康治疗方案,也无法在囚犯获释后继续实施治疗。新的犯罪、新的逮捕和新的定罪不断出现,一些刑事司法学者称之为"分期付款的生活方式"。[7]

刑事司法改革减少了囚犯的数量,但精神健康服务严重匮乏,曾经当过囚犯而且精神健康方面有问题的人员无法得到救治。他们在离开精神病院和监狱后发现自己无家可归,只能流落街头。人们虽然同情他们,但也深受困扰。处理城市里随处可见的流浪汉问题成了全国各地的市长们的头等大事,而流浪汉中的绝大多数人在精神健康方面都有问题,市长们根本就没有能力去解决。

在疫情期间,很少有人想过是上天的仁慈才让其免受精神疾病的困扰。在因疫情而陷入麻烦时,没有几个人会停下脚步,怀着一颗感恩的心,感谢自己拥有健康的心理,得以避免流浪生活。但是在疫情期间,确实有很大一部分人察觉到了心态的浮躁,认识到有必要像关心身体健康一样关心心理健康。雇主们包括我自己的雇主开始强制落实心理健康休息日。而许多雇员,特别是Z世代雇员,也在工作时把心理健康放到了首位。雇主们要么选择回应员工们的诉求,要么只能眼看着他们辞职。

工作的人们希望,以精神倦怠为由请假,能和因身体出现问题请病假一样容易。不可否认,心理健康危机的规模之大是显而易见的,你不仅能在哈里王子和贝拉·哈迪德等名人的Instagram页面上看出端倪,还能从行业数据上一窥究竟。许多专业人士发

第二部分　被改变的个人世界

现付出与回报不成正比，觉着不工作反而过得更好，于是选择辞去工作，而且再也没有重新回到职场。

为数不多的好消息是，自杀率并没有上升。尽管谋杀率有所增加，那些问题青年制造的大规模枪击事件就是最有力的证据，但如果不包含药物使用过量造成的死亡，哪怕是在疫情最严重的时期，自杀率也没有上升。[8]要知道在美国，自杀导致的死亡人数是谋杀导致的两倍。[9]即使是在澳大利亚这个隔离时间很长、管控措施非常严格的国家，自杀率也处在历史平均水平。[10]

换言之，在受疫情影响而被封控的地区，虽然人们的心理痛苦指数急剧上升，但心理痛苦和精神疾病不是一回事。亚健康不同于生病，你的心理健康水平降低了，它会有所表现，但这并不意味着你病了。

我认识一位心理学家，向她寻求帮助的人数量激增。她抱怨精神病学术语已经进入了人们的日常生活，说"他们没得抑郁症，其实只是悲伤"。关在家里几个月就得了抑郁症？这是不太可能的。人们一旦开始外出活动，那种在禁闭状态下感受到的悲伤便会自然消散。再者说，你还可以养只小狗，它能帮你排解不快。

目前有两个方面的消息都是好消息。一方面，严重精神疾病的患病率不会因疫情出现长期增长；另一方面，人们对心理健康的重视程度因疫情而不断提升。每个人都认识到，心理健康很重要。不论企业还是国家，要想繁荣发展，就必须让人们心理健康。

企业在人员心理健康方面进行投资，不但可以收回成本，还能够提高生产力，减少人才流失。从这个意义上说，投资心理健康与购买普通的健康保险完全是两码事。有些员工因为自己的心理健康问题辞职后，可能会进入另一家公司，或者回到原公司，但是获得了更高的职位。相较于那些安于现状的大多数员工，他们更清楚地认识到，公司如果榨干员工然后抛弃他们，哪怕员工本人也接受这种对待方式，公司其实也是自取灭亡。而且可以肯定的是，会有越来越多的员工选择对现状说不。

但也不要忘了那些内向的人和有"广场恐惧症"的人。疫情期间，这些人在很大程度上被忽视了，主要是因为他们中的许多人都在自得其乐。我可能就是其中之一。2022年初，我住进爱尔兰西海岸一个偏远小屋里写这本书，当时有很多人问我是否感到孤独。丝毫没有！事实上，我感到非常幸运，因为我得到了休息，体验了耳目一新的生活。身边没有家人需要我照料，我可以感受到独居的快乐，花大把时间来写书。

事实上，在疫情期间我可能和许多人一样患上了轻微的"广场恐惧症"，但远不足以被诊断为患有精神疾病。相反，与那些感觉自己身陷囹圄的人相比，待在家中让我感到非常快乐。

疫情提供了一个难得的机会，让人们体验不同的生活方式和工作方式。你可以居家办公，既不用挤在办公室，也无须忍受通勤之苦。疫情期间，许多人觉得自己很适合远程工作，并发现雇主们也乐意接受员工远程工作。不只是那些确诊了精神疾病的人，甚至许多专业人士也发现自己在远离办公室时工作高效，生活快乐。如果疫情过后，人们还可以继续居家办公，可以和痛苦的通勤以及恼人的办公室政治彻底说再见，这可能会是心理健康革命的真正胜利。

尽管精神病学是一门极其复杂的学科，不可一概而论，但我们绝对有理由相信，与疫情有关的极端情况，以及它们所导致的许多问题终将是暂时的。一方面，人是社会性动物，终将回归社会活动。学校将恢复全日制，我们曾经对其他人的恐惧，或者对物体表面残留病毒的恐惧也将慢慢减弱。可以相信，心理健康的整体状况尽管有所下滑，但在疫情中期基本稳定了下来，并且维持到了疫情结束之后。另一方面，过去几十年来，公开讨论心理健康问题所带来的耻辱感一直在减弱。疫情期间，每个人都受到了这样或那样的影响，更是推动这种耻辱感加速消散。心理健康议题正在变得日常化，同样，污名化精神疾病的做法也不太可能再次出现。人们一旦开始更加自由、更加从容地谈论这些话题，就会在有需求的时候更积极地寻求治疗并且接受治疗。也许，从疫情带来的心理健康灰烬中，"心理健康凤凰"终于能够振翅而起。

还可以肯定的是，我们将生活在一个幸福感越来越强烈的社会中。我们对美国的一点了解是，它大体上是一个幸福的国度。美国国家科学基金会资助芝加哥大学进行了一项长期研究，名为"美国综合社会调查"。自1972年开始以来，该项目调查团队就发现，认为自己"非常幸福"的人数大约是认为"不太幸福"的3倍。前者约占美国总人口的35%，后者约占12%。

而在疫情期间，上述两个数字都失控了。"非常幸福"的人数骤降，不到美国总人口的20%，而"不太幸福"的人数则有史以来第一次超过了前者。[11]但我坚信，这种情况不过是一种均值回归现象，正如一些文献所称，就是"享乐适应"不会持续下去。幸福的人永远感到自己幸福，即使经历离婚或瘫痪等重大变故，他们也知道悲伤终将过去，快乐的日子将会来临。

"疫情"持续了很长时间，这个词也成了政治化的字眼。也许在多年以后，一提到疫情，人们还是会感到紧张。但即使疫情永远不会结束，全社会层面的精神萎靡状态也不会长期持续下去。

身为一名金融记者，我学到的一点是，人们往往对变化更加敏感，而不是对具体数值敏感。在看一个场景时，最吸引你的不一定是场景中最大或最明显的部分，而是移动最明显的那个部分。当检查自己的股票投资组合时，人们通常会关注发生了什么变化，而不是它大致值多少钱。我们都希望自己的朋友幸福快乐，所以在疫情期间，当曾经快乐的朋友变得不那么快乐时，我们必然会有所察觉。

随着美国乃至全世界人民的幸福水平回归正常，我们能察觉到，身边的朋友正变得更加快乐。这种体验很棒，比看到他们每天都开开心心的感觉还要好。这将是一段有趣的经历，并将为我们疫情后的生活提供积极助力，至少在一段时间以内会是如此。

纵观历史，不论是美国还是整个世界，都曾多次从深陷的泥潭中爬出来。美国内战、一战和越南战争给人们精神层面带来的震

第二部分 被改变的个人世界

颤，在战争结束后仍持续了数十年。而每一次的痛苦经历，都提升了全社会对精神损害的理解，并推动了治疗方法的更新和完善。

面对疫情，人类最大的挑战是如何理解疫情对儿童心理健康的影响。对许多孩子而言，一些对成长不可或缺的东西在疫情期间被剥夺了。

如果一棵大树经历过山火，那么它当年的年轮会和前后几年有明显不同。儿童群体也是如此，他们的内心深处留下了疫情造成的永久伤痕。这种共同经历将以多种方式表现出来，教育工作者也许会最先察觉到。

小学教师在 2022 年的时候发现，孩子们的学习能力比疫情前大幅下降。美国"国家教育进步评估"（NAEP）对 9 岁儿童进行的一项权威的全国性调查显示，疫情期间，他们的数学成绩首次出现下滑，阅读成绩也出现了过去 20 多年来的最大降幅。[12] 这项调查还发现，黑人儿童受到的影响尤为严重：他们的数学成绩下滑了 13 分，和白人儿童的差距从 2020 年的 25 分扩大到了 2022 年的 33 分。上述分数并不是以 100 分制来衡量的，在所有受访问学生中，一半人的分数在 208 到 262 分之间。

我们其他所有人也都受到了疫情的影响，要平复受伤的心，仍然任重而道远。要相信，付出终有回报，而且如果我们还在这个过程中培养了同情心，那么付出就更加值得了。当我在 2022 年写这本书的时候，"心理健康凤凰"正在慢慢成长，也许在很多年后，它才能真正展翅高飞。

第三部分

企业、社会：经济该如何涅槃重生

THE PHOENIX
ECONOMY
Work, Life, and Money in the New Not Normal

第九章　风险的正反面

如果你想在同一时间、同一地点看到由于同一原因出现的灰烬和凤凰，那么最合适的观察对象就是因为疫情而出现的大规模全球风险重新评估动态。

风险本身是价值中立的。风险既是增长的首要驱动力，"没有风险就没有回报"，同时也是每天给人们造成无尽苦恼的原因。风险偏好是因人而异的，甚至同一个人在不同的事情上会有完全不同的风险偏好。比如有个人经常在高速公路上以每小时85英里的速度开快车，但他也会扔掉所有的木制砧板，因为担心砧板里可能藏着细菌。

不过，一个人的风险偏好很少会迅速改变。如果昨天你开开心心地以每小时85英里的速度开车，明天你很可能还会开到这个速度。如果经常做一些有风险的事情，你就习惯了，就不再能够敏锐地意识到这些事可能会带来多大危险。就比如每个厨师都烧伤割伤过很多次。要成为职业厨师，就必须克服使用滚烫、锋利的工具时那种天然的恐惧心理,而且你还知道几乎没有任何保护措施可用。

在疫情期间一些非常类似的事情也发生了。起初,在封控期间,人们都产生了一定程度的利他主义情怀——大家都待在家里,拉平感染曲线,争取时间,在全球抗击疫情的斗争中尽一份力。或者,至少这是一种令人愉快的说法,可以用来自我安慰。但事实上,这种利他主义也是和自身利益息息相关的,因为人们有一种非常理性的担忧,觉着一出门就有可能接触已经感染但还没有出现症状的人,这可是会要命的。

不出几个月,这种公共风险计算和个人风险计算之间的一致性就消失殆尽了。人们开始再次冒险走出家门、约会、上班、见朋友。无论他们出门的频率是高是低,也不管是不是戴了口罩,不出所料大多数人出了门都没生病。在这场致命疫情暴发整整一年后,在管理不力的情况下,也只有不到一成的美国人感染了新冠病毒。换句话说,九成美国人发现自己虽然承担了不可忽视的风险,却并没有因此遭受不良后果。当然,在疫情暴发的前几个月,这个比例甚至更高。

个人风险计算也很容易转到另一个极端。很多人即使在户外也仍然坚持戴口罩,时刻保持手部卫生,在室内从来不吃东西也从来不摘口罩。这些人当然有极大可能躲开了新冠病毒。他们得出的结论就是安全预防措施起作用了。

有人说过去的经验并不能指导未来的结果,但现实中人们表现出来的往往是相信过去的经验能够指导未来。我们确实在股市上看到了这一点。在疫情冲击导致的最初崩盘之后,相信"股价只会上涨"的那些人看到自己的理论一次又一次得到了证实。在这件事上,很多人发现自己承担了风险却没有遭遇不好的后果,这种感觉实在是太棒了,这样的人大部分是男性。

打个岔,先简单说说彩票吧:在凭直觉判断概率和风险方面,人类往往表现得非常糟糕。我们不去做具体的量化和计算,而仅仅是凭感觉,这至少在一定程度上解释了为什么会有这么多人去买彩票。随着时间的推移,绝大多数彩票的头奖越来越难中,要么是因为数字的位数更多,要么是因为数字的排列组合更多样,或者是因为买家至少需要选对一个数字,同时还要把它放在正确的位置上。

人并不擅长搞清楚非常大或非常小的数字,但至少有一种通俗的理解,认为如果一件事发生的概率是一百万分之一,就意味着它基本上不会发生。相比之下,如果一件事发生的概率是三千分之一,概率虽然不高,但这件事绝对是有可能发生的。假设你每次上街都有三千分之一的概率会被车子撞到,而你每天要上街4次,那么很可能不到 18 个月你就被撞了。而如果你被撞的概率是一百万分之一,那么你要在将近 200 年的时间里每天上街 4次,才有 50% 以上的概率会被撞。

事情就在这里变得疯狂——三千分之一的概率和一百万分之一的概率之间的差异,与一百万分之一的概率和三亿分之一的概率之间的差异没有区别,都是"极不可能"和"实际上不可能"之间的差异。在"超级百万彩票"和"强力球彩票"中,一张

第三部分 企业、社会:经济该如何涅槃重生

彩票赢得头奖的概率就是三亿分之一。

从心理学上讲,承担三千分之一的风险和承担一百万分之一的风险大不相同,而承担一百万分之一的风险却和承担三亿分之一的风险没什么差别。这就是当代彩票设计的天才之处。各州可以把赢得头奖的概率降低为之前的三百分之一,但是对投注者的下注倾向却不会产生任何实质性的影响。如果一定要说有什么不同的话,三亿分之一中头奖概率的彩票反而对买家更有吸引力。因为头奖的奖金更高,所以买彩票的人也就有了更大的梦想。事实上,他要买的正是那个梦想——从买下彩票到得出结果,中间那段时间充满了希望,心心念念的是改变自己生活的事情即将发生。

我们从这里学到的教训是,如果相信人类能够在任何具体行动中有效地理解和评估要承担的风险,那这种想法是非常荒谬的。这个教训在疫情期间得到了强化。疫情期间人们不断轰炸世界各地的政府机构和新闻机构,想要的只是一个简单问题的简单答案:安全还是不安全?

在户外摘下口罩安全吗?室内呢?如果我戴着口罩去健身房安全吗?如果我的孩子没有接种疫苗,送他去上学安全吗?如果我的检测结果是阴性,去看望年迈的父母安全吗?在飞机上摘下口罩喝点水安全吗?如果摘口罩喝水是安全的,那为什么不喝水的时候摘下口罩 10 分钟就不安全了呢?

对这类问题的唯一诚实回答定会令人感到更加不满。该回答会使用概率方面的术语,不仅本身令人难以理解,而且还难以让人付诸行动。更重要的是，概率自带很大的误差范围。疫情期间，我想过很多次要给自己做个风险预算——在室内吃饭的风险，乘坐公共交通工具的风险，诸如此类——但实际上，我几乎找不到任何方法来量化我的日常活动，所以也就根本没办法给自己做风险预算。我认识的几乎所有人都意识到自己在重新发现哪些事情属于"能做"的范畴，一旦某件事被列入"好，现在可以做了"的范畴，它通常就一直属于"可以做"的那一类了，除非出现了新的病毒变异体，感染人数又一次激增。

这类现象不仅出现在摘口罩这类和疫情相关的预防措施中，也同样出现在其他事件中。在疫情暴发后的最初几周，道路上空荡荡的，交警也不见了，美国人突然发现自己完全可以忽视所有的限速要求。有几个人开着一辆白色奥迪 A8，从曼哈顿的红球车库开到洛杉矶的波托菲诺酒店，全程 2906 英里，只用了 26 小时 38 分钟，平均时速 109 英里。这些人确实受到了批评，不过不是因为开车太快，而是因为他们沿途接触了加油枪，有可能造成了病毒的传播。[1]

超速现象的增加，必然会从统计数字上反映出来。尽管汽车行驶的总里程大幅下降，但车祸数量和死亡人数却在上升，而且增幅非常可怕。更重要的是，不仅仅是因为公路空旷才会有这么多人超速。美国国家公路交通安全管理局发现，在同一段时间内，几乎每一种危险行为都明显增多，包括超速、不系安全带驾驶、酒驾或者毒驾。从 2020 年 3 月到 9 月，阿片样物质检测呈阳性司机的比例比之前的 6 个月翻了一番。另外，即使在交通恢复正常后，超速的数量仍然明显高于疫情前的水平。

风险增加的结果往往是死亡人数增加。美国行人的死亡数2019年是6412人，2020年是6711人，2021年升到7485人，在短短两年内增长了17%，增幅显著，达到40年来的最高水平。[2]

可以肯定的是，有数百万人进入了"避险"模式，并且一直维持着这个模式，尤其是免疫功能低下的人。但更多的人似乎反而进入了"冒险"模式。美国国家公路交通安全管理局有一种可怕但准确的方法来测量有多少人系了安全带，它测量一种叫作"甩出率"的数据，也就是发生车祸时人被甩出汽车的比例。从2019年到2020年，甩出率飙升，增长幅度惊人，然后一直保持在高位。

显而易见的是，不管你最初为什么不系安全带，一旦进入冒险模式，你通常就会一直处在冒险模式中。相反的现象也是存在的：从人口数据来看，只有一组人的甩出率显著下降，那就是18—34岁年龄组的女性。这组人的甩出率显著降到历史新低水平，然后一直保持在低位。国家公路交通安全管理局非常想弄明白这背后到底是什么原因。

如果你每次上班都冒着生命危险，那么相比起来，其他风险就实在不值一提了，包括不系安全带，或者用很大一部分净资产投资模因股或加密货币，或者开始抽烟。2020年，烟的销量上升了而不是下降了，这是20年来的第一次。[3]上面所说的这些风险，有一部分无论是从个人角度还是社会角度来看，都是非常糟糕的，比如烟抽多了并不能带来任何好处。但是在这背后的关于风险的态度，仍然有可能是积极的。

例如，虽然不同的州、不同的国家应对疫情的方法存在很大差异，但有一件事让世界各地的卫生部门都感到惊讶。那就是，尽管新冠病毒已杀死数百万人，但人们却都希望能快速"恢复正常"。因为职责所在，公共卫生部门自然都力图尽最大可能减少疫情造成的死亡和痛苦。很可能所有人都熟悉"电车难题"或者其他涉及伦理问题的实验。这些伦理问题的核心是，如果没能采取措施来拯救生命，就等同于谋杀。

然而，普通人表现出来的偏好与专家截然不同，令人吃惊。在真正拥有应对传染性疾病的工具之前，人类在应对它时的心态和做法，更多是来自普通人。

在许多（但不是全部）宗教团体中都有一种明确的说法，即死亡和痛苦是人类生命中不可消除的组成部分，而最近的疫情和之前的所有瘟疫一样，是上帝的旨意。虔诚的信徒不想感染新冠病毒，当然也不想死于新冠病毒，但他们也发现，比起遵循政府和媒体精英们所要求的变来变去的行为准则，拥抱命运还是更容易做到一些。

疾病是大自然的组成部分，致命的疾病也不例外，每个人都明白这一点。事实证明，尽管存在死亡的幽灵，数百万人仍然可以比较舒适地生活着——毕竟，如果我们无论如何都会死，那么竭尽全力去避免死亡就毫无意义了。尽你所能好好生活，然后顺其自然，这种想法简单却优雅，尤其是对于那些离分娩这种事情经常导致母婴死亡的年代相隔好几代的人来说。

为什么越来越多的人更偏好承担风险了呢？是因为大家有这样一种想法：既然我们已经围绕公共卫生干预、医疗进步、金融财富建立起了令人羡慕的风险补偿储备，那么现在是个不错的时机，可以开始着手用掉其中一些储备了。2016年，我在关乎英国命运的"脱欧"公投期间也看到了这种现象。几乎所有人都知道"脱欧"就意味着要比以前穷一点，明显比留在欧盟要穷。但是投票"脱欧"的人都觉得自己承受得起，认为这是值得付出的代价。

推而广之，为什么世界各地都有人支持本土主义和反全球主义运动呢？这往往是出自人们对相对繁荣而不是绝对繁荣的渴望。如果某个移民或来自其他外来群体的某个人取得了巨大成功，并且为家族创造了良好的就业机会，曾经掌权的老资格们可能反而会怨恨这个人能获取成功，即使他对自己很好。把暴发户的生活水平拉低几个层级可能并不符合老资格们的最佳经济利益，但如果无论如何老资格们都已经有了足够的安全感，他们就会觉得自己可以打压暴发户，以便恢复一部分旧有的秩序。

目睹亲人过世，或者看到自己的财富意外大幅缩水，人们自然而然会重新思考并确定自己最基本的优先事项是什么。遇到来自死神的警告，或者遇到钱说少就少了的情况，很多人就会去重新评估风险。考虑到现实给我们带来的是什么，我们便会觉着，曾经担心的事情可能并没有想象中那么可怕，而且有机会走出家门，拒绝被染上病毒的风险吓倒，对许多人来说具有极大的诱惑力。同样，拒绝被失去收入、患上肺癌等各种其他风险吓到也是有吸引力的。

在我们这些生活在城市里的人眼中，抽烟的、超速的、唱卡拉OK的人们，都是疫情风险发生巨大转变过程中特别醒目的群体。随着社交活动逐渐转移到户外，人们也就越来越会注意到他们了。在2021年炎热的夏天，只要是符合法定喝酒年龄的人都可以去接种疫苗，而且那时新增感染率也很低。你要是在那段时间走在路上，会感觉到一种兴奋和期望，你会看到人们在拒绝害怕。

这种拒绝害怕的态度转变也体现在从2021年4月左右开始的"辞职潮"中。很多人放弃稳定、高薪的工作，转而去尝试一些可能更有风险但自己更喜欢的工作。当然，并不是所有人都像这样拒绝害怕。有些人对新冠病毒心存恐惧，他们很容易把冒险行为看成是虚无主义，可是在另外的人看来，冒险行为虽然有风险，但却能带来乐趣。

老年人，免疫系统比较弱的人，家里有孩子没有接种疫苗的人，还有牢记劝告要不惜一切代价避免染上新冠病毒的人，这样的人有好几百万。因为周围人那些不负责任的鲁莽行为，让他们觉得自己受到了威胁。

从本质上讲，"避险"人群远不如"无畏、冒险"人群显眼。"避险"人群不会被人看到在拥挤的酒吧外接吻抽烟，他们不会把自己打扮成猿去参加在场人员喝得醉醺醺的加密货币大会，也不会在地铁车厢里放声高歌来引起别人的注意。事实上，避险的人通常根本就不坐地铁。

"避险"人群中一些人能够完完全全实现在线办公，他们在家工作，尽可能不和人接触。还有好几百万人选择完全退出劳动力市场，而不是冒险踏出家门走进外面的世界，那个被恶性病毒所侵害的世界，那个不体贴行为、反社会行为甚至是犯罪行为都有显著增加的世界。

2019年，人们对美国犯罪方面情况的预期与在疫情暴发前对大流行的预期类似。用历史标准衡量，犯罪率非常低，而且几十年来一直在稳步下降。我在纽约生活了25年，目睹了犯罪率下降的过程。我1997年刚来纽约时，犯罪率已经降到了历史最低。强效可卡因不再泛滥，人们走出公寓时不会再遭遇抢劫，纽约市的谋杀案数量在短短6年内下降了56%，从1990年的2245起降到1996年的983起。就像人们说的那样，我保持警惕，就能一切都好。

2005年，我搬进一套位于一楼的公寓。公寓在一个曾经叫"字母城"的地方，但不知道怎么回事2005年的时候那里已更名为"东村"，目的是使名字看起来和格林尼治村更搭调一点，文明幽静的格林尼治村就在西边一英里的地方。公寓有一个不大的地下空间，我们试图把它改造成电视房，但效果不好。翻修的时候，工人在一面假墙后面发现了一个洞，里面的东西告诉我们这间公寓以前是个强效可卡因窝点。翻修一楼房间的时候，我们做的第一件事就是把窗户上的铁条都拆掉。那一年，纽约市的谋杀案数量继续延续其长期以来的下降趋势，进一步下降到539起。

到2017年，东村已经失去了吸引力，我们搬了出去。那时附近的街区有不少地方还是老样子,比如1973年开张的新波多黎各诗人咖啡馆依然红火,还在它1980年买下的那座大楼里,这里可是富有传奇色彩的"诵诗擂台赛"兴起的地方;下东区人民联邦信贷联盟(LESPFCU)还在为当地市政公寓楼的居民们长期提供至关重要的服务。但是,它已经不再是步行范围内唯一的银行了,实际上似乎每个街角都有了某家跨国金融服务巨头的分支机构。周边的社区有许多酒吧和早午餐店,为纽约大学和附近其他大学的学生们提供服务,也为大量新建的豪华公寓里的人提供服务。这些新入住的百万富翁根本不必担心犯罪问题,因为2017年纽约的谋杀案件只有292起,又创一个历史新低。《经济学人》还曾经宣布纽约是世界上最安全的城市之一,安全排名甚至比米兰和阿布扎比还要靠前。

随着房地产价格飙升,以及寿司店数量的成倍增长,一种可以理解的自满情绪开始出现了。人们认为犯罪率会一直很低,而且还会不断下降,认为东村(以及布鲁克林,甚至整个纽约市)将成为国际潮人汇聚的又一个站点,能在这里找到第三波浪潮咖啡店和出售收藏版连帽衫的滑板店。住在曼哈顿中心区的人觉得没有必要再时刻保持警惕了,因为暴力犯罪开始和传染病一样,成了日常生活中几乎不会遇上的事情,他们甚至都不用担心会遇上抢劫这样的事情。

然后,疫情暴发,上面所说的这种长期趋势随之逆转。在一小部分人看来,更加自由就意味着可以自由犯罪。在2020年夏天,与"黑人的命也是命"抗议活动有关的抢劫在很多方面都不同寻常，但它们确实预示着反社会行为将在全美范围内真正地、持续地增长。凡是从事直接和人打交道的工作的，无论是护士、教师、空乘人员还是零售店店员，都在说自己遭受了大量暴力对待，次数多得惊人。"仇恨犯罪"达到 2008 年以来的最高水平。2019 年至 2020 年期间，针对黑人的仇恨犯罪增长了近 50%，从 1930 起增加到了 2871 起。[4]

当运转良好时，城市依托合作和同情运作。高人口密度虽然能带来很多好处，但也能让离你物理距离非常近的人有更多的机会做一些对他有利但对你不利的事情。多年来，为了平衡不同人群互有冲突的需求，人们制定了无数成文或不成文的规则和惯例，比如要排队，要靠右边站，要面对电梯门，坐地铁时不要背双肩包，一个人不要占两个人的座，听音乐时要戴耳机，诸如此类。打破这些规则就是一种侵犯行为，表现出个人意愿高于集体利益。

由于疫情，被普遍认为反社会的、具有攻击性的行为突然显著增加。超市过道现在只能单向行走，如果有人走的方向不对，其他人是要皱眉头的。走进一个已经有人的电梯成了社交雷区。然后有各种各样的不正确佩戴口罩方法，根据场所的通风情况、你与他人的距离、有多少人戴着口罩、你是不是在说话、你说话声音有多大、你的鼻子有多少被遮住了等情况，对他人的冒犯程度略有不同。纽约市的谋杀案数量大幅回升，2020 年增加到 462 起，2021 年 485 起。虽然 2021 年谋杀案的数量仍然低于 2011 年，这一年人们也并没有觉得特别不安全，但我们人类更善于辨别的是变化的趋势而不是数值的规模。从低水平突然上升，比缓慢降到略高的水平更加令人震惊，也更有新闻价值。

这一切对一部分人来说实在是难以承受。人们之间保持礼貌依靠的是默默达成的基本协议，也就是人人要遵循"己所不欲，勿施于人"这条黄金法则。但疫情给人带来的创伤产生了长期持续的后果，特别是在有色人种社区。疫情暴发后的几周，恐惧已达到巅峰，治疗方法还不够成熟，当时是有色人种社区遭受的冲击最严重。那时，有些人在最需要援助的时候，却没有得到善待，他们就很容易宣称协议已经打破，或者至少会出自本能地认为协议已经不复存在。他们会认为自己不再欠社会什么了。在一些人看来，特朗普时代的文化战争把戴口罩的精英们变成了一股对立的力量，是应该抵制而不是尊重的对象。此外还有一些人，在疫情期间活下来就已经筋疲力尽了，他们没有心力去顾及公交车上坐在你对面的人在想些什么或在感受些什么。

与此同时，在事情的另一面，在疫情前看到不文明行为一笑而过的人，现在会觉得不文明行为是针对他个人的，会感到自己受到了冒犯。想想城市居民在疫情前那么多年里习以为常的事情，那些事情并不完全都是积极正面的。犯罪率确实是下降了，但与之相关的无家可归和精神疾病问题却上升了。虽然整个纽约市安全了，但某些街道的某些区段仍然和以前一样危险，比如在公园大道和列克星敦大道之间的125街，或是德兰西街和休斯敦大街之间的包厘街，你很有可能会遇到在公共场合大声喧哗、有严重心理问题的人。在温暖的旧金山和洛杉矶，你在这两个城市的任何一个地方都有可能遇到这样的人。

当然，在疫情暴发后，如果有个人不戴口罩并且向你吐唾沫，风险就从令人"非常不愉快"升级到了"可能危及生命"，这就从根本上改变了在路上行走所需要考虑的各种风险计算。

就这样，因为人们在对待风险的态度和行为方面存在巨大的分歧，所以危险行为和冒险行为大幅增加。可是恰恰在这个时段，人们比以往任何时候都不愿意遇到危险和冒险的行为。酒类消费总量在疫情期间创下新高，酒类品的批发收入是反映该数量的很好的指标，从2020年2月的135亿美元一跃而至8月的157亿美元，增幅超过16%，而且在2020年8月之后仍在继续增长。

放到更大的范围里去看，2020年美国的总死亡人数比2019年增加了52.9万，增幅前所未有。其中很大一部分人死于新冠病毒感染，有35.1万人；但并非死于新冠病毒感染的仍然比2019年增加了17.8万人，数量惊人。[5]根据美国疾病控制与预防中心的数据，2020年美国死于"意外伤害"的人数上升了17%，其中大部分是死于药物使用过量。"出门少，生活就安全"的论调可以到此为止了。

对于25—34岁年龄段的美国人，2020年的生活危险重重，这并不是因为他们直接死于新冠病毒感染。从历史数据看，他们在疫情暴发前的处境就已经非常不妙了，但还得眼睁睁地看着"不妙"演变成"糟糕得无法想象"。来看一组数据：2010年，该年龄段死亡率为102.9（以10万人为单位，后同），大概是英国或日本的两倍。到2019年，主要由于阿片样物质，死亡率飙升,死亡率为128.8。到2020年,死亡率再次飙升了近25%,达到160.3。美国在20世纪80年代末和90年代初艾滋病流行期间,任何一年的死亡率都没有这么高。

如果你仔细观察2019年到2020年25—34岁年龄组总死亡人数的变化,你会发现,只有不到18%的死亡人数增长是由新冠病毒感染造成的,也就是说,只有3.5%的人直接死于新冠病毒感染。其中大多数人之所以染病,是因为他们做了更多的危险、自毁和冒险行为。这是一个鲜明的信号,让我们看到疫情会给一个社会带来多么致命的影响,让我们知道致命的绝不仅仅是疫情本身。请记住,从理论上讲,这个人群里有很多人接受过昂贵的教育,在未来几十年有很大可能从事高收入的工作。

企业家精神的本质是一定程度的鲁莽。成功的创业者往往会冒巨大风险,而且未必是理性的风险。他们投下赌注,虽然有很高的失败概率,可是这种豪赌却在全国范围内一而再再而三地重复。事实证明,这种冒险精神是无可匹敌的经济增长引擎。相反,拒绝与世界的接触必将导致经济停滞。

可是,生活中的鲁莽往往是破坏性的,而自我克制却可以产生令人印象极其深刻的结果。

疫情期间发生的情况是,整个人群的风险偏好都有所增加。有一成的美国人是最喜欢冒险的,疫情以来他们所做的冒险的事情比以往任何时候都多;同样,还有一成最不喜欢冒险,他们比以往任何时候都更谨慎。与新非常态相对应的是,如果有人认为世界上存在可接受的、"正常"水平的风险,这个人会沦为笑柄。越来越多的人开始各执一词,他们假设自己的风险偏好大致会得到对方的认同。在这方面他们错得离谱。也许,从疫情灰烬中崛起的神鸟不是凤凰,而是俄罗斯双头鹰,同时面对两个相反的方向。

在疫情暴发初期,我援引过韦斯伯格定律的第一推论。我还据此推导出:"每个比你偏执的人都过头了,而每个不那么偏执的人不仅让自己身处险境,而且对社会非常不负责任。"

"新冠病毒正在侵蚀支撑市场和社会的共同规范和信念。"我曾经这么评论。现在还无法预见后果,但这不太可能会是好的结果。[6]

遗憾的是,我基本上说对了。新冠病毒在两种基本社会规范之间制造了一种无法调和的紧张关系。一边是捍卫自由和身体自主的理想。强制接种疫苗、强制佩戴口罩,以及所有其他尝试限制个人权利和自由的做法,都遭到了一些团体的强烈抗议,这些团体往往有右翼政客的支持。

另一边支持社会利益,认为在危急时刻应该团结起来互相支持,尤其是支持我们当中最弱小的群体。在平时,我们很自豪自己能够做到对周围的人礼貌体贴,那么疫情就是一个机会,让我们把这些原则付诸实践,戴上口罩,接种疫苗,通过集体行动的力量对抗来自微生物界的敌人。

在国际层面上,在有关公平公正的种种辩论中,各个国家轻轻松松就获得了胜利。"新冠肺炎疫苗实施计划"力图由多个国家组成一个国际联盟来开发并分发疫苗,以此造福所有人,而且首先要向最需要的人提供疫苗。但实际发生的事和这个设想大相径庭。所谓"疫苗民族主义"迅速抬头，以唐纳德·特朗普领导的美国最为严重，鲍里斯·约翰逊领导的英国也不遑多让。最终，最先获得疫苗的不是最需要的人，而是那些足够幸运、生活在疫苗开发国的人，或者是幸运地生活在以色列这样富裕的小国家的人，因为这些国家很乐意出高价去获取疫苗。"新冠肺炎疫苗实施计划"成了一种慈善性质的事后补救措施，成为一些国家试图通过慈善捐赠疫苗和美元来减轻负罪感的手段，而不是真正的全球疫苗分配机制。

在各个国家内部，分歧有时甚至更加严重。世界的许多地方都发生了反对公共卫生措施的激烈的抗议活动。出现分歧的双方都认为自己是对的，都是政治家，互相展开饱含恶意和敌意的政治谴责。你无论在哪里，都有可能找到直言不讳的盟友和一个明确的敌人，而任何事情只要让你感到不舒服了，一定就是这个敌人的错。

疫情刚一开始，我就对自己做出了承诺，要努力有同理心，如果别人做了什么我不会去做的事情，我要尽最大努力不去评判那个人。尽管存在一些极端的例子，但我基本上做到了这一点。如果有年幼孩子的父母告诉我他们的处境特别糟糕，因为无法给孩子接种疫苗，我会点头表示同情；如果有其他年幼孩子的父母告诉我，他们什么都不担心，因为新冠病毒对那个年龄段的孩子几乎没有伤害，这时我也会点头表示赞同。

我还意识到，大多数人不会像我和我的大多数朋友那样高度清醒地进行风险计算。例如在 2021 年底,在奥密克戎毒株感染的高峰期,我每天都要乘坐伦敦地铁。规定是很明确的,乘客只要年满 11 周岁都必须佩戴口罩遮住口鼻,但地铁上很大一部分人要么根本就不戴口罩,要么戴得漫不经心,鼻子全露在外面,这样的人有时超过半数。这还是在英国!要知道英国人在排队井然有序、默认对各种管理措施都"不可以抱怨"方面是出了名的。

我想起几个月前在《卫报》上读到的一篇文章,文章配了一张照片,地铁上 4 个没戴口罩的年轻推销员正在对着摄影师微笑。这些年轻人一点也没有表现出愤怒或攻击性,当然他们身上也根本没有口罩的影子。他们反而认为是戴口罩的乘客对自己表现粗鲁,并且对此愤愤不平。"我没得新冠肺炎,这不关你的事。" 4 个年轻人中的查理说。

他的朋友朱莉娅跟着说了一句,采用的是中立立场。她说乘坐公共交通工具是应该戴口罩的。考虑到她自己正在地铁上,而且没戴口罩,这句话并不能解决上面的争端。可是有人指出这一点后,他们几个人都只是笑了笑。[7]

这 4 个年轻人都刚刚 20 岁出头,疫情期间在城市里做着薪水微薄且吃力不讨好的工作。来自当局的信息是混乱的,约翰逊宣布 2021 年 7 月 19 日是"自由日",到那一天所有的防疫限制都会取消。但是这一点并不适用于伦敦地铁,因为伦敦地铁由另一个更加谨慎的机构管理。这些年轻人并没有什么恶意,他们只是倦怠了。既然英国已经有了疫苗,正如其他乘客所说的那样,一切本来就应该结束了。

只因为自己希望某件事发生，就相信它确实会发生，我自己身上也发生过这种事情。在疫情最初几周，我有两个朋友感染了。在他们康复后，我认为他们突然发展出了对抗新冠病毒的超能力，而且我觉得他们已经完全免疫了。可是他们即使在户外也仍然戴着口罩，仍然保持着社交距离，和我们这些没染过病的一样谨慎，这时我发现自己居然有点愤愤不平。难道他们没有读过这样的新闻，不知道感染埃博拉病毒后恢复了的利比里亚英雄护士可以走进对其他人来说是禁区的病房？

当然，他们没错，错的是我。我希望能够感受到疫情已经结束，即使对我来说并没有结束，但至少在"阳康"们那里应该是结束了。这样才会带来"疫情已经结束"的一线希望。有了这一线希望，同时又有了能够获取并接种疫苗这个事实，人类才能离经常谈论的"群体免疫"梦想更近一步。

很快，我认识到了事实，意识到疫苗虽然有效，但并不能带来神奇的免疫力，我还意识到，阳性患者康复后身体产生的免疫力比接种疫苗产生的还要弱。我的工作就是从多种渠道汲取信息，然后把了解到的内容综合起来形成我自己的观点，并且随着时间的推移不断优化我的认识。比我年轻的美国人不一定像我一样汲取信息，他们面对的是一个无能的政府、一种可怕的消息传递策略、一套变来变去的流行病学知识，他们生活在一个政治极化的、因相互不信任而四分五裂的国家，这个国家缺乏中央权威，谁的话都不能全信。好吧，他们不难发现，在有关他们生活方式的决策中，期望效应一定会产生一定影响。

在美国，有时很难辨别这种期望效应，因为下面所说的两类人都很擅长保持彼此间的物理距离。在一些城市，每个人在室内都应该佩戴口罩，绝大多数人也都戴了。在有些州，人们在室内不需要戴口罩，而且也很少有人戴。令人惊讶的是，在大多数地方，大部分人都会遵守当地政府的命令。一方面是因为当选官员能很好地回应选民的愿望；另一方面是因为一个非常简单的事实：大多数时候，对于大多数人来说，做周围大多数人都在做的事情会让他们感到更加舒服自在。

然而，任何地方都有无忧无虑的人和总是忧心忡忡的人，哪怕这两种人看到对方都感到不顺眼，至少忧心忡忡的人是这样的。不愿意容忍风险的人在疫情到来后终日惶惶，但并没多少人同情他们，甚至没多少人能看到他们。为什么在伦敦地铁或者纽约地铁上不戴口罩的人比例这么高？原因是多重的，其中一个原因却非常简单——很多喜欢规避风险的人彻底不再乘坐公共交通工具了。这群人本来就不怎么喜欢公共交通，而疫情提供了足够的理由，让他们决定不再让自己难受。

如果从疫情灰烬中飞起的双头鹰经常被误认为是凤凰，在很大程度上是因为它的一个头明亮、清晰、显眼，另一个头则不然。从长远来看，我们有理由希望并相信这只鸟最终会长成凤凰的样子。冒险的积极后果可以随着时间的推移而累积，然后在未来几十年里产生意想不到的红利。同时，从长期看，反社会和自我毁灭的冒险行为仍在减少，这种走势已经足够久、足够稳，而且看起来很难被疫情打断。

规避风险的人也是可以怀有希望的。恐惧不会一成不变。随着时间的推移，我们会逐渐习惯令人恐惧的事情，而且学会与它共存。人类以前经历所有的瘟疫时都是这样，疫情也不会例外。最害怕疫情的是还没有传入病毒的国家，而不是已经有了新冠病毒的国家。在新冠病毒肆虐的西方，每一次感染高潮都会给人们带来恐惧的新高峰，恐惧感往往随着感染人数的增加而加剧，随病例数的下降而减退。重要的从来都不是有多少人新近染病，而是感染人数总体是在增加还是在减少。某个具体的数值在纽约人看来是疫情好转的标志，值得庆祝，甚至都可以开派对了，但是在澳大利亚却会引发末日预言。

最终，人们会走出自己的"壳"。也许是被朋友哄诱出来的，也许只是因为自己习惯了恐惧，认为这种程度的恐惧还可以忍受。和没接种疫苗的人或者没戴口罩的人在一起还是会令人紧张，但这种紧张情绪不会持久。双头鹰厌恶风险的那颗头会逐渐萎缩，最终重新化为灰烬。这只仅剩下一颗头的鸟儿，可能就是凤凰。

第十章　经济真的会恢复吗：我们应该这样做

到处都可以看到追逐风险的行为在增加，这种现象绝不仅仅和疫情有关。可以肯定，疫情加速了这种行为的出现，不过，无论是英国"脱欧"还是2016年人们投票选举特朗普当总统，从这些事件中都能看到类似的现象。投票支持"脱欧"和投票选举特朗普当总统都是民众追逐高风险的行为。

重要的是，投票选举特朗普和投票支持英国"脱欧"并不是因为人们计算了风险或回报，至少在经济意义上不是。特朗普当选和英国"脱欧"，从经济上讲都带来了下行风险，但潜在回报实在是不值一提。但也许它们在非经济方面带来的回报更加直接，会让那些自以为是的新自由主义者学会谦卑，会让人们感觉到某种权力和掌控力重新回到了在全球化游戏中失利的人手中。

承担某些风险对整个经济体是有好处的。创业或向企业提供贷款就是很好的例子。它们是对新设备和新员工的投资，不仅对借钱的公司有好处，而且对公司的供应商和员工也有好处。

大体上，其他类型的冒险行为对任何经济体都是不利的。例如，吸烟会给吸烟者本人及其身边的人带来痛苦，还可能会带来本可以避免的巨额医疗费用。

在金融体系中，可以说很大比例的风险"对社会无益"，或者干脆就是"完全有害"的。[1] 2008年房地产市场引发金融危机就是一个很好的例子。建筑商想要获得可观的利润，这是健康合理的。但是，如果二手房以数倍于建造成本的价格易手，那只会增加整体的抵押贷款债务，增加房地产市场投机行为，同时也最大限度地增加了崩盘的可能性，就像2008年那样。建造新房也会因此受阻，因为在金融化的住房体系中，有房一族希望市场保持低供应，这样自己的房子就可以在市场中维持高价。由于这些业主也是选民，并且控制着当地的分区法，所以在房屋需求量最大的地区，反而不大可能有新建住房。

风险上升肯定会导致不平等加剧，并带来看似随机的财富。以在疫情期间大受欢迎的期权交易为例，与股票市场投资不同，买卖期权是一种零和游戏：盈利的总金额与损失的总金额是一样的。更重要的是，许多人注定是赢家，因为和每一个个人做交易的其实是做市商，做市商几乎就是稳赚的。这就像在赌场赌博是有风险的，但开赌场却不会有风险一样。

总的来说，个人期权投资者每天损失的资金量惊人，从而证明并加剧了市场中天然存在的不平等。但是，如果不是源源不断地有人获利，并且把自己的交易发布到红迪网或其他留言板上，普通人也就不会再去做期权了。许多知名投资人确实利用期权合约中的嵌入式杠杆赚了很多钱，或者他们只是非常幸运，恰好在正确的时间出现在了正确的地方。

期权市场的赢家转身成为加密市场的赢家，非同质化代币市场的赢家，甚至是创业彩票的赢家，他也许在某天早上醒来时发现自己一夜暴富。整个系统中人们的风险偏好越强，一夜暴富的百万富翁就会越多，然后快速致富的梦想又会吸引更多的人来参与同样的活动。

初创企业对整个社会来说是一件好事。获得风投的初创企业在研发方面投入了数十亿美元，可带动经济增长，还带来高薪的工作岗位和高价值的新技术（包括信使核糖核酸疫苗）。初创企业的股权流动性很差，员工通常被迫持有公司股权，即使在股权估值大幅上升的情况下也要继续持有，不能抛售。这样做有助于最大限度地减少初创企业股票对社会无价值的交易量。

然而，在其余的大部分情况下，暴富都可能会带来出人意料的损害。这里我不是说富人自己遭受的损害。虽然暴富者在挥霍掉数百万美元后可能会比原本没钱的时候更痛苦，但事实上，有钱通常是好事。

少数人暴富带来的问题在于，他们往往是从多数人那里吸收投机资本，而这些钱没有用于任何生产性的用途。他们投资的领域包括垃圾币、在线扑克等，大部分情况下，赢家的数量很少，输家的数量要多得多，而且即便是赢家也并没有真正在世界上创造出多少财富。

我不是说在这些领域赚钱不需要真正的技术，这里还是需要一些技术的。在期权交易或加密货币甚至在线扑克中赚钱并不容易。在市场存在大量的流动性，有大把钱可赚时，许多天资聪明、野心勃勃的年轻男性会试着加入创造财富，甚至一些女性也是一样。一些人成功了，实现了梦想，搬到波多黎各或者新加坡，买上一两辆兰博基尼。这对他们来说是好事，但对他们的雇主来说却是坏事，因为他们的雇主失去了超级有才华的员工。

从风险偏好的角度来看待辞职潮是很有启发意义的。辞职潮是经济健康、充满活力的标志，说明当前经济可以承受辞职所带来的风险。许多人辞职是为了在其他地方获取薪水更高的工作，这表明他们的经济产出在增加。

硅谷企业家戴夫·吉鲁亚德把疫情对就业的影响比作重新洗牌，说疫情"去除了阻碍人们换工作的那种惰性"。[2] 疫情促使人们找到自己真正想要从事的工作和职业，以摆脱疫情前的境况，即便原来的工作只是让他们感到稍微有点不开心。

例如，酒店行业历来是一个工作时间长、工作辛苦而且工资很低的行业。人们最初进入这个行业只是因为找到工作很容易，然后往往会一干就是很多年，这似乎是他们的默认选项。疫情迫使许多酒店关门，酒店员工因此在一定程度上重新审视自己的生活，并且反思这份职业是否健康，是不是自己的最优选择。答案往往是否定的，于是他们离开这个行业，甚至通常还会搬离原先生活的城市。

有时，员工们辞职是为了自己创业，这就更好了，要想让社会经济蓬勃发展，就要有这种企业家精神。在我看来，疫情带来的最大惊喜是，即使在严格限制客流量以及劳动力市场非常紧张的情况下，仍然有很多餐馆开业。不过创业热潮远不限于餐饮业。

2021年是与新冠病毒共存的首个完整的日历年，这一年有540万美国人（远高于3%的美国劳动力）申请了小企业许可证，比2019年的基础数据增长了53%。即使这些新开的小企业有80%都倒闭了，美国人也仍然创建了100多万家新企业，这必将推动经济向前发展。

疫情让居家办公的理念正常化，对白领雇主如此，对创业者也是如此。疫情在美国催生了一种前所未有的新观念，即"你只活一次"。这种观念不仅感染了没有孩子的硅谷工程师，也影响了住在郊区的已届中年的中层管理人员。比起刚从斯坦福大学毕业的只梦想着买兰博基尼的学生，他们往往有更多的经验和技能，也拥有更多的智慧。

最近随着疫情消退，失业率下降，创办新公司的风险也随之下降。你如果初创企业失败，很有可能会在其他地方找到一份好工作，而且雇主乐意为愿意承担创业风险的人支付溢价。最重要的是，许多公司提供了初创公司所需要的几乎所有支持，包括网络托管（web hosting），每月收取一些费用来提供多种服务，甚至包括推荐首席财务官。与此同时，租用办公空间这种事现在也可以完全不用去考虑了，它本来是许多初创公司必须花费大量资金的事项。

创业者创办公司并不总是为了赚钱，或者说他们主要不是为了赚钱。自己做老板的好处是很明显的，尤其是在疫情期间，因为家里说不定会有什么事情需要自己。即使是富人也有可能去创业。在科技界，经常能看到某个创始人从一家公司赚了数亿美元甚至数十亿美元，然后他又去创办另一家公司，例如，脸书的达斯汀·莫斯科维茨创立了阿莎娜（Asana）公司，而推特的杰克·多尔西创立了移动支付公司 Square 公司。这些人同时掌握了人力资本和金融资本，他们利用这些优势在世界上创造新价值，同时创造大量就业岗位，这都是很好的例子。

更常见的现象是，创始人在科技领域大赚一笔后，辞去工作，把自己重塑为"天使投资人"，为其他初创企业提供种子资金。从财务上讲，这样做很少有好的效果，但从总体上看，它给了许多小公司更多的途径，让它们去验证自己的产品是不是有价值，也去看看自己有没有可能成长为大公司。天使投资人的生活并不难，只要愿意，他绝对有大把时间可以在海滨别墅里闲逛。但从某种意义上说，他是在为经济做着有益的贡献。

上面所谈到的这些辞职大体上都是建设性的、富有成效的，对整个社会有积极的意义。然而，疫情也导致数百万人离职，而且没有这么大的建设性意义。他们的离职对个人生活可能会有一些意义，但永远不会有益于改善国民经济。

许多人离职只是因为感染了新冠病毒。一旦染上新冠病毒，人会非常虚弱，而且这种虚弱状态可能持续好几个月。如果有人不幸得了"长新冠"，无法起床，更出不了家门，那么他就没能力去做对社会有效益的事了。还有一些人辞职是因为需要回家照顾病人。

更系统地来看，由于学生突然需要在家上网课，很多家长为了孩子只好辞职。在疫情之前，如果一对夫妻都有工作，住在中等大小的房子里，有两三个孩子在上学，他们会觉得这种生活很正常，而且也没有多少困难要克服。疫情后，这种生活很快就无法维持了。我的一个朋友告诉我她能够应对得来，只是因为她得了癌症，然后设法请了病假。

照看孩子并不是社会普遍重视的事情。当然，学校会照顾孩子，而且通常照顾得很好，但大多数时候人们已经很少提到学校的这项核心功能了，而更多强调学校的教育职能。当然，不能否认教育职能的重要性，但关键是，正因为更强调学校的教育职能，就需要把教师作为训练有素的专业人员来看待。这样一来，至少在理论上，远程教育就是完全可行的，毕竟教师的工作就是传授知识，而不是照看孩子。反过来，这就意味着必须有其他人来做照看孩子的工作。这里的"其他人"就是孩子的父母，而通常情况下，父母为了保住自己的全职工作就已经需要花费很大的力气了。

如果不涉及传授知识，照看孩子的活儿通常是交给十多岁的青少年做的。它需要有人时刻都在并且时刻保持关注，但并不需要很多技能，对经济增长也没有太大贡献。有时候你可能需要回家无偿照顾孩子，而且不得不放弃有偿的体面工作，但这不是一种积极的改变，也不会增加企业经济上的生产风险。

还有更多的人是主动辞职的，辞职的原因只是不想干了。疫情也推动了这种现象增多，因为疫情使许多工作变得更糟，尤其是服务行业的工作。没有人愿意在做薪资微薄工作的同时还要承受感染的风险和刻薄的谩骂,所以在人们重返工作岗位之际,这些岗位很难招到人也就不足为奇了。可能有更好的工作,也可能没有,但对许多人来说,不工作都比做这些糟糕的工作更有吸引力。

非自愿失业对个人产生的负面影响极大,但自愿失业就完全不一样。在疫情期间,自愿失业开始比以往任何时候都更受欢迎,从红迪网"反工作"论坛里"闲人"的数量就能看出来。告诉你那个讨厌的老板"我要辞职"是一件令人极其舒爽的事情,你如果正好遇上疫情带来的好时候就更舒爽啦。因为疫情,美国社会保障系统异常慷慨,失业救济金发放范围扩大,美国疾病控制与预防中心出于健康原因在全美范围内暂停驱逐房客的行为。在用完了慷慨的失业救济金后,"反工作辞职"被"安静的辞职"所取代,远程工作者会给公司打电话,表示自己愿意做少量工作以求不被解雇。

从某种意义上说,人们辞职或甘冒被解雇的风险,是风险偏好增加的标志,表明这些人愿意在财务上走更加不确定也不稳定的道路。这种情况大幅增加,让婴儿潮一代的许多雇主感到震惊,他们可不愿意冒这样的风险。当这种情况大规模发生时,社会的总收入会减少,进而导致经济中流动的资金量减少。如果有大量健康、有工作能力的人员选择不工作,美联储这样的机构就会感到担忧,因为这表明经济潜力没能得到开发。如果最聪明的人才走上辞职这条路,或者人们都梦想能够辞职,经济学家就会感到非常担忧。在疫情期间，这两种担忧都成了现实。

在加密货币领域，成千上万的早期尝试者、加密专家和模因冲浪者赚足了钱。于是他们辞掉工作，在20多岁时就选择退休，以比特币、以太币和其他加密货币的形式把大部分财富保存下来，或者会用他们更青睐的数字商品的形式保存下来。这些"币"并没有存放在某种较小的储备银行里以便借给当地有需要的企业，除非这些"币"被卖出去，否则它们就只是躺在那里，毫无经济效用。在经济上，持有大量加密货币完全不同于成为天使投资人。从金融角度来看，这两种行为可能同样具有风险，但从更宏观的角度看，前者不会带来投资所能产生的那种积极的外部效应。

与此同时，"房车生活"和"财务独立、提前退休"运动融合出这样一种想法：如果每个月的开支足够低，一个人即使财富少得惊人，也有可能在30多岁甚至20多岁就退休。

有些人辞职后，就不再出现在就业市场上寻找新的工作，你也不能想当然地认为他们迟早会去找工作。相反，他们会问自己，如果就这样节俭地生活下去，就这样过上几个月甚至几年，加上可能会有的被动收入，他们的钱是不是够用？然后，他们会权衡是不工作过苦日子，还是去工作但承受压力。如果没有工作，那么就不必住在城市里，不必支付昂贵的房租，那么为什么不住在房车里呢？这样在Instagram上贴出来的肯定都是开心的内容。

想过上房车生活的人，比真正会在房车里生活一段时间的人要多得多。几乎每个人都反对"工作狂"动不动就将收入和经济机会最大化的行为模式,大家都认为挣钱就是为了花掉,而不是攒起来为几十年后假设会有的退休生活做准备。归根结底,这其实是要摆脱就业的束缚,以此定义自己的生活。还有些人有"享乐适应症",他们每次加薪后都会增加支出。

从这个意义上说,疫情下更多人选择的生活态度是"你只活一次",这和2008年全球金融危机时的反资本主义态度是高度一致的。这并不一定意味着支出减少,事实上甚至可能正好是增加了支出。例如,劳斯莱斯首席执行官托斯顿·穆勒·乌特弗斯就认为,劳斯莱斯之所以在2021年创造了销售纪录,是因为买家看到朋友和邻居死于新冠病毒感染,因而得出结论:"生命短暂,最好活在当下,而不是推迟到以后。"但这种"你只活一次"的态度也确实意味着更少的人愿意工作。

毕竟,工作是一种延迟消费的形式,人们工作很大一部分是为了积累金钱以便将来某个时候购买所需的商品和服务。对于大多数人来说,为了能够有地方住和有食物吃,从事一些基本强度的工作是必要的。但20世纪最大的意外之一是,数百万人赚到的钱远远超出了购买必需品所需要的金额,但是他们并没有因此就减少工作,反而去做了更多的工作。

经济学家凯恩斯在1930年发表的题为《我们后代的经济前景》的文章中,准确地预测了下个世纪人均收入将大幅提高——"100年后,富裕国家的人均收入将是今天的4到8倍"。[3]凯恩斯非常准确:以2012年的美元价值来计算,1930年美国人均国内生产总值为 8200 美元；到 2021 年，这个数值上涨了 6 倍多，达到 5.9 万美元。

但是凯恩斯错误地预测了财富对工作的影响。他写道："在未来时代，我们本性中固有的罪恶欲望是如此强烈，所以如果大家想要满足自己，每个人都需要去做点工作。"但随后他补充道："每天工作 3 个小时就足以满足大多数人内心的罪恶欲望了！"换句话说，如果你比以前富有 6 倍，那你基本肯定会把每天的工作时间缩短至少一半。

事实证明，这个预判几乎完全错了：工作时间不仅完全没有缩短，最高收入群体的工作时间实际上反而延长了。例如，凯恩斯时代的高级银行家经常采用著名的"3-6-3"模式：借款利率3%，贷款利率6%，3点下班。他们收入颇丰，也有充足的个人时间。今天的银行家却几乎一直在线，时刻担心着不同时区的外国市场，工作时间非常长，有时一周要工作 7 天。

有个问题是，按照我们现在的经济发展方式，完成一半的工作量，赚一半的钱是非常难实现的。比如老板给你从每年 15 万美元加薪到每年 17.5 万美元，但是你很难和他达成交易说每周只工作 4 天，因为你只要 14 万美元的年薪。部分原因是很多工作几乎就没有固定工作时间，但是老板们要求员工能够随叫随到，做老板们要求做的任何事情。

事实证明，至少在美国，疫情成了一种绝佳的机会来调整人们对工作的这种期待，并带来了一系列新的可能。最明显的是，疫情提醒人们生命短暂，他们未必想在办公桌边度过一辈子最美好的岁月。他们可以去探索不同的国家，可以去体验不同的项目，可以去追逐梦想，这些事情总是需要去关注的。由于防疫的必要，疫情期间人们给"工作"赋予了全新的意义和领域，而这一切在疫情前似乎是完全不可想象的。毕竟，既然你可以在家工作，那么你就可以在任何地方工作。

这不是疫情明显的后果或必然的后果，在其他国家就并非如此，比如异地办公的梦想可能更难以实现。想到有员工在国外办公，并且受到比如法国就业法的保护，大多数美国公司会深感不安。在欧洲大陆，政府一般通过雇主向职员提供补贴，而不像美国由政府直接向民众发钱。这样一来，欧洲大陆裁员现象少了很多，大多数人一直留在原来的岗位上，人员流动率比美国低得多，辞职率也低得多。到了大部分人都接种过疫苗并且生活开始恢复正常的时候，法国的劳动力实际上有所增加，而美国的劳工数量却是急剧下降了。

从以往的经验来看，换工作时，人们往往会谈论自己是多么开心，对新的工作又是多么热爱。嗯，你知道的，你以前都听过的。没有人会说自己选择这份工作只是因为薪水很高，哪怕人们换工作通常都是出于薪水方面的考虑。

人们过去常说的自己会选择某份工作的那些原因，到了疫情期间更多成为人们出门工作的真正原因。尤其是在几乎所有工作都能提供不菲的薪水时，自己谋生的良好感觉似乎变得更加重要。招聘人员不得不变成了讲故事的人，而不仅仅是美元符号的代表，他们需要为人们描画美好的前景，讲述最多的故事就是，雇主重视多样性和差异性，鼓励员工以自己认为最好的方式工作，而不是按照经理的想法去工作。

这些故事都不是百分之百真实的，但即使只是一遍又一遍地在外部招聘场所和内部会议上讲述，也有助于改变管理者的思维方式。认为老板们在一夜之间会变得更加友善温和可能很天真，但一定程度上，这种想法可能有朝一日真的会实现。

聊回风险这件事，很多职员已经意识到做"工作狂"本身就是高风险的，也就是说，根据职业以及在职业中所取得的成功来定义一个人的做法是有很高风险的，尤其是刚进入劳动力市场，还没有接受职场病态思维的人更加容易接受这个观点。不仅是因为人们有可能永远无法获得成功，还因为现实存在着更多的其他风险。一方面，不可否认，在任何工作中，取得成功很大程度上靠的是运气以及天时地利；另一方面，工作会吞噬你的黄金岁月，把你束缚在令人讨厌的计划表上，甚至可能迫使生活在自己不太喜欢的高物价城市里，蜗居在逼仄的环境中。正如英国歌手兼词曲作者莫里西在歌曲《天知道我现在很痛苦》中所唱的那样："为什么我要把宝贵的时间给那些不在乎我死活的人？"

几十年来，甚至几百年以来，雇主一直在将这种享乐主义风险转嫁给员工。但疫情为劳工关系提供了另一个基础，更自由、更灵活，风险更低，员工产生失望和怨恨情绪的风险也随之降低了。

许多老板非常怀疑这种安排，他们或许能给出充分理由来证明自己的怀疑很有道理，也很可能给不出什么理由。无论如何，一种新的契约开始出现,由自下而上的需求驱动,而不是由自上而下的战略所驱动。这种契约有可能促使劳动力大幅增加,从而推动经济发展。

我最喜欢的一篇经济论文发表于 2007 年,由诺贝尔经济学奖得主约瑟夫·E. 斯蒂格利茨、乔治·华盛顿大学的沙赫·埃姆兰和南伊利诺伊大学卡本代尔分校的马赫布卜·穆尔希德共同撰写。[4]他们三人开始探寻为什么小额贷款的利率那么高,却非常好地创造了经济价值。他们提出的问题是:"大规模垂直整合的家禽养殖场的回报率在 20%—30%,这种情况下,像后院养鸡这样的微型经济活动怎样才能产生 50%—60% 的回报率,使回报可以让借款人在偿还贷款利息后还能获利?"

他们的回答是:这些贷款让原来根本找不到工作的女性进入了劳动力市场。1998 年,加纳只有不到 1% 的妇女正规就业;2000 年,在科特迪瓦,只有 5.6% 的妇女从事雇用性的工作。显然,这些国家劳动力市场极不完善,出于种种原因,绝大多数妇女往往无法通过自己的劳动挣钱,除非她们找到提供小额贷款的机构。

因此,由于小额贷款机构的出现,妇女有效地进入了有偿劳动力大军。如果你把钱借给已经有收入的人,他们要么想要用这笔钱来满足某种形式的个人消费需求,要么想要投资以增加收入。因为贷款需偿还高额的利息,借款人增加的收入再多也可能都用在还款上,很容易就化为乌有,所以这种贷款对有工作的人来说是没有吸引力的。

但是，没有收入的人会采用另一套计算方式：小额贷款也许是为了买几只鸡养在后院、买台缝纫机或其他赚钱工具，但这立即就能让借款人跻身于有薪者的行列。只要能够用收入偿还贷款，你就赢了，因为之前你的收入为零。

如果整个经济对一般工人，特别是对女性采取更友好的态度，那么劳动力就会大幅增加。2022年初我在撰写本书时，美国的失业率低于4%，但有工作能力的人口的劳动力参与率也很低。众所周知，这个比例低于62%。在疫情之前，上一次劳动力参与率这么低还是在1976年，而当时的女性普遍待在家里不出去工作。

目前按照性别细分，男性劳动力参与率约为68%，远低于20世纪50年代的水平，当时男性劳动力参与率远高于85%；女性的劳动参与率更低，约为56%。用确凿的数据来表示的话，美国总共大约有2.3亿潜在劳动者，其中大约有1.6亿人在劳动力的队伍中。也就是说，约有7000万成年人不工作，在疫情期间，这一数据又增加了数百万，自愿失业的人数空前激增。

在某种程度上，数百万人不工作正是凯恩斯所预见的财富增长的标志。这些人足够富有，可以不工作了，所以他们就不去工作了。他们每天工作的时间都不到凯恩斯所说的3个小时。他们中许多人都受过大学教育，但是在经济上却没有安全感。可以想象，如果他们能够找到工作，而且对他们的其他事情没有不好影响的话，他们是会去找工作的。

因此，疫情期间开始成为主流的弹性就业是人们在后疫情经济时代的一大愿景。孟加拉国的贫困妇女只需要50美元的贷款就可以进入劳动力市场，美国人需要的贷款可能会多一些。但至少现在我们能找到一种方法，可能会让劳动力参与率不再下降，甚至开始再次上升。这将惠及每一个人，无论这个人是不是有一份工作。

如果这种情况发生，经济就真的会复苏了。疫情导致的失业人数超过了2008年的大衰退。大多数人是因为受公共卫生或个人健康等影响离开了工作岗位，而不是因为被老板解雇，但不管怎样，疫情颠覆了他们的生活，让他们没有办法继续工作。在公共卫生突发事件结束后，能够适应二战以来最具破坏性事件的职业体系虽设计得匆匆忙忙，有诸多缺陷，但依然会存在。

总体来说，这个体系运行得非常好，比大多数观察家在疫情初期预测的还要好得多。如果这个体系能够应对疫情，那它肯定也能应对来自现有雇员和潜在新雇员的怪异要求。之所以会有怪异的要求，是因为疫情后员工们不想再按照雇主的需求来协调自己生活的方方面面。这可能不利于增加利润，但同样有可能的是，这会让大量潜在的劳动力进入职场，并且创造意想不到的巨大价值，特别是在移民减少的情况下。

疫情见证了美国经济在前所未有的极短时间内崩溃又重建。在20世纪70年代的电视连续剧《无敌金刚》中，依靠仿生技术，奄奄一息的宇航员史蒂夫·奥斯汀可以被修复得"比以前更优秀，更好、更强、更快"。50年过去了，我们的数字技术拯救了2020年3月几乎停滞不前的经济。为了适应远程办公的多样化员工队伍，用20世纪70年代的工薪阶层所熟悉的方式运营的公司，也已经以惊人的速度进行了彻底的重建。

  无论是公司还是员工，要适应疫情带来的剧烈变化都不容易，都会有长牙期的痛苦。但毫无疑问，正如我们在第二章所看到的那样，由于疫情的冲击，在未来的生产潜力方面，无论公司还是员工都已经具备了更为牢固的基础。相比那些保留了疫情前体系的国家，在未来几十年里美国会更具优势。尽管短期的痛苦、破碎和混乱，不可接受的高死亡率都客观存在，但是数字时代的"凤凰"，必将从那破碎混乱的灰烬中崛起。

第十一章　解决经济危机：我们找到了一个超级厉害的办法

在 2002 年 11 月一个风和日丽的下午，本·伯南克在芝加哥发表了一次演讲。[1]当时的他还没有广为人知，刚刚卸任普林斯顿大学经济系主任一职，去担任美联储理事会成员。到 2006 年出任美联储主席时，伯南克才声名大噪。但在经济学家的圈子里他早已广受尊重，不仅因其专业功底深厚，更因为他还是一名经济史学家。他对 20 世纪 30 年代"大萧条"的历史有着深入研究，并因此获得了 2022 年的诺贝尔经济学奖。

伯南克做这次演讲是为了欢迎芝加哥最著名的经济学家米尔顿·弗里德曼的回归。半个多世纪以来，弗里德曼为一流的实证经济学奠定了基础。弗里德曼在 90 大寿之际从加州的养老院回到"风城"芝加哥。他的好友，同时也是他的合著者，即将年满 87 岁的安娜·施瓦茨也一起来了。

和伯南克一样，弗里德曼和施瓦茨也是经济史学家。他们从

20世纪40年代末开始创作《美国货币史（1867—1960）》这部巨著，最终在1963年出版。这本书最著名也是最重要的部分是第七章"大萧条时期"。二人用详细的史料进行论证，证明"大萧条"并不是类似地震或陨石撞击这样的曾经发生过的事件。它是由多种因素造成的，其中影响最大的因素是央行领导不力，导致了糟糕的货币政策。

伯南克在演讲中主要回顾了弗里德曼和施瓦茨在40年前首次提出的论点。伯南克指出，他们"对美国历史上最严重的经济灾难做出了最重要、最有说服力的解读"。其实这番话也是为美联储当年的应对不力而道歉。伯南克说，在纽约联储主席本杰明·斯特朗于1928年去世后，"联邦储备系统缺乏领导，美联储内部人员的专业知识水平普遍较低，致使美联储过度被动，做出了许多糟糕的决定"。

伯南克以一个承诺结束了他的演讲："我冒昧地代表美联储，向米尔顿和安娜致以歉意。你们对'大萧条'的看法是对的，我们搞砸了。但也多亏你们的点醒，我们今后不会再犯同样的错误。"

在2008年全球金融危机期间，伯南克的上述言论经常让他骑虎难下。他未能实现阻止金融崩溃的目标，反而费尽心血和金融崩溃做斗争。尽管如此，这位经济史学家也没有束手无策，历史告诉了他该怎么做。

我们管拯救经济的人叫经济救火队员。他们可以动用的一个主要工具是"流动性"。在金融领域，"流动性"并不是指那些湿漉漉的液体，它指的是容易获得的美元。找准问题所在，针对这些问题尽可能多地释放美元，直到危机结束。"大萧条"时期的美联储没有做这件事，但是在2008年，伯南克领导的美联储与世界上所有其他主要央行和财政部都在这么做。

问题在于，伯南克不仅要将"流动性"的水管对准问题的源头——在2008—2009年间主要就是银行的问题，伯克难还必须首先找到足够的美元。这就好比钻井，得先要有钻井液，让钻井液以极高的流速冲击井底，这样才能提高钻井速度。

伯南克发现，将利率降至零在理论上很容易，但受当时货币紧缩政策的影响，美国并没有足够的现金。也就是说，出于观念和制度上的多种原因，想实现零利率或负利率是很困难的。最终，美联储开始了一项名为"量化宽松"的计划，不仅向银行提供无息贷款，还开始购买其持有的大量国债。此举使大银行摆脱了被巨额国债捆住手脚的局面，更多现金进入银行，从而在整个经济系统中流通。

量化宽松在一定程度上奏效了，相当于财政部出资2500亿美元，对美国的所有大银行都进行了强制资本重组。但这显然是不够的。金融危机过后，复苏进程缓慢，速度令人痛苦不堪。而这主要归咎于国会的吝啬。美联储尽力了，伯南克恳求国会花更多的钱来刺激经济，他的继任者珍妮特·耶伦也同样呼吁，但国会就是无动于衷。

货币紧缩政策一直持续到2016年大选，当时唐纳德·特朗普在竞选中提出要偿还19万亿美元的国债。他在2017年为企业减税 2 万亿美元,债务水平虽然可预见地上升了,但人们不愿花钱的现象依然普遍存在。随着共和党人控制了白宫和国会两院,小政府理念在美国依然存在,而且比以往任何时候都更深入人心。

2018 年 9 月,我以嘉宾身份参加了斯图尔特·瓦尼在福克斯商业频道的一档节目。[2] 我最初的目的是谈论政府监管社交媒体公司的可能性,而在我之前出镜的阿肯色州前州长麦克·赫卡比当时作为福克斯的专家,在以一种不知所云的方式抨击"全民基本收入"的构想。我不由自主地试图纠正他的说法。他认为人们一旦有了收入保障,就不太可能去找工作了。但事实恰恰相反,大量事实表明,如果你有了能够维持基本生活的收入保障,你更有可能去找份工作并坚持下去。

瓦尼是坚定的共和党喉舌,他立马反击,指责我是一个社会主义者。但我依然坚持己见,"让人们摆脱贫困的最好办法是给他们钱"。瓦尼表示观众们不会喜欢我说的话,我反驳说:"那是免费的钱,会有谁不喜欢免费的钱吗?"

瓦尼的回答也很明确:"往外掏钱的人不喜欢,像我这样的人都不喜欢。"话是这么说,在之后的 18 个月内,包括瓦尼在内,特朗普的支持者们对大规模的无条件现金发放表示了非常热烈的欢迎,美国政府向绝大多数美国成年人发放了第一轮刺激支票,每个人能领到 1400 美元的纾困金,这是全球历史上规模最大的现金发放项目之一。

经济学家和美联储多年来一直在建议政府:面对危机时,货币政策的效果是有限的，特朗普政府终于听取了这条忠告。央行确实可以面向企业放宽信贷政策，但这需要很长时间才能在个人层面有所体现。民众的财务状况、薪资水平和就业情况并不会立马得到改观。实际上，企业虽然能借到钱，但它们完全可以用这些钱回购股票，到头来普通民众还是什么都得不到。

如果政府能直接投资，就会对经济产生立竿见影的影响。政府给承包商10亿美元来建一条隧道，承包商就会拿出其中很大一部分直接或间接地支付工资。领到薪水的蓝领工人倾向于花光所有的薪水，因此这笔钱会直接回到消费体系中，不会变成金融资产。

但即便如此，备受瞩目的政府投资对民众而言也是间接的。政府资金流向承包商，承包商把钱给分包商，分包商从零售商那里购买设备，零售商再从制造商那里进货，制造商最终负责给工人发薪。这对企业和经济来说都是好事，但如果是为了帮助工人，那确实显得相当迂回。那么，为什么不直接给美国人发钱呢？

值得称赞的是，红十字会等慈善组织就是这样做的。2017年秋，我到访得克萨斯州的玫瑰城，在那里制作了一部纪录片，讲述的是一个名叫"直接捐赠"的慈善团体。该团体认为，慈善资金最有效的用法就是无条件地把钱给你试图要帮助的人，毕竟他们比你更清楚自己需要什么。

玫瑰城是个靠近路易斯安那州的小镇，2017年飓风"哈维"摧毁了它，于是"直接捐赠"就来到了这里。这个慈善团体的宗旨是向世界上最贫穷和最需要帮助的人伸出援手，直到今天，它的大部分资金都发放给了肯尼亚、乌干达和其他极度贫穷国家的人民。但不论在哪儿，发放现金的原则都是适用的。"直接捐赠"收到了劳拉及约翰·阿诺德基金会提供的240万美元捐款，把它们发给了玫瑰城的1594个最有需求的家庭，每家能领到1500美元。这笔钱足够帮助人们振作起来，修补受损的房屋，或者至少购买一些衣服和食物。

事实证明，现金对那些受到飓风影响的贫困家庭非常有用，我的许多报道也证实了直接发钱的好处。我亲眼见到过成堆成堆的捐赠衣物放在教堂里无人问津，落满灰尘。我就此事采访过得州的一位政府要员，尽管他并不了解实际情况，但却信誓旦旦地告诉我，如果你给穷人钱，他们只会去买酒和彩票。

飓风过后，伸出援手的慈善团体并不只有"直接捐赠"一家，红十字会也向受飓风影响的很多灾民每人发放了400美元现金，帮助了近50万个家庭。

多年来，我一直对红十字会持批评态度。在2012年飓风"桑迪"袭击纽约地区后，红十字会的做法令人不齿。它就像个隐形人一样，不去帮助受灾民众，而是一门心思钻营公关。而且红十字会还表现出了能力上的欠缺，既不知道如何组织成千上万的志愿者，也不清楚该如何调配超过1亿美元的捐款。

5年过后，情况大不相同了。红十字会不再费时费力地筹集食物和衣服，而是把大部分精力放在了发放现金上，这可不是什么微不足道的变化。没人会拒绝免费的钱，2020年失业欺诈案件的数量之惊人就足以证明这一点。因此，无条件发放现金需要一套严格的流程以防欺诈和重复发放，同时也要有足够的灵活性，把钱给最需要的人，也就是那些失去了一切的人。他们失去了居所，甚至连身份证明都没有了。

鉴于灾后情况普遍混乱，加上红十字会在发钱这件事上缺乏经验，所以进展不顺的情况会经常出现，这一点不足为奇。有些人耍小聪明，能两次甚至多次领到救助金，还有些人却一分钱都没领到。另外，还存在志愿者克扣资金的情况。但总的来说，发放400美元这个做法是非常成功的。与之前相比，这是明显的进步。在过去，红十字会筹集资金，去采购其认为受灾者可能需要的东西，比如毯子和食物等，然后再去实地分发。相比之下，不论在发放现金的过程中会遇到什么问题，与之前的那套复杂流程相比，这些问题都显得微不足道。因此，在飓风"哈维"过后，美国红十字会一直都在采用直接发钱的救助模式。

疫情来袭之际，政府急需让现金流通起来以拯救经济。此时有两件事非常明确：一是仅靠美联储是不行的，二是国会调动资源能采用的最简单、最有效的方法就是进行没有任何附加条件的现金发放。就这样，很多美国人领到了1400美元的现金支票，政府一共花费了3000亿美元来刺激消费。虽然许多人拿着这笔钱做了些奇奇怪怪的事，比如购买烟花，或是荒诞买入"游戏驿站"的股票。当然，政府还把更多的钱给了企业，无论企业的规模是大是小。这一开创先河的举措大受欢迎。后来的两轮刺激政策都沿用了这一做法，也都受到广泛好评。

所有美国人，不论支持哪个党派，都喜欢政府发的现金支票，原因正是我对瓦尼所说的：没人不喜欢免费的钱。瓦尼当时抱怨称自己要为之买单，但实则不然。税收并没有增加，一切都通过借贷进行，其中大部分钱来自美联储。

发放现金其实是一种保守派政策，最早提出"全民基本收入"构想的人是理查德·尼克松，备受伯南克称赞的保守派经济学家弗里德曼则提出了"负所得税"计划，这两种提法其实大同小异。与其他形式的公共开支相比，现金其实最能体现自由主义的内涵。从本质上讲，现金能让政府放手，赋予民众最大限度的自由。拜登执政后，共和党人在2021年初反对最后一轮的疫情刺激计划。虽然他们反对这个议案，但并没有把反对的重点放在全民发钱这件事上。

换言之，如今美国政治上的两极分化已经到了前所未有的程度，基本上在任何事情上，两党都无法达成一致。但即便如此，两党还是能在面对巨大的挑战时找到相同的也是正确的解决方案。疫情催生了一场严重的经济危机，而解决危机的方法其实很简单，那就是给人们发钱。

这些钱中的大部分以经济刺激支票的形式发放，剩下的部分主要用来向小企业提供贷款。如果这些企业能够继续为员工开工资而不是解雇他们的话，那么贷款将被完全免除。因此，贷款实际上也就变成了赠款。

在2009年的时候，人们普遍认为，发钱在政治上是不可行的。到了2020年，包括欧洲在内的全球大部分地区依然这样认为。欧洲有许多高福利国家，人们即使不工作也仍然可以拿到钱，这是欧洲经济没有崩溃的原因。但是，欧洲拒绝用数万亿欧元来刺激经济，应对危机，因此欧洲经济重振的速度要比呈"V形"复苏的美国的缓慢。

"天下没有免费的午餐"一直是经济学的铁律。给民众发钱的做法似乎有悖常理，毕竟这钱拿得太容易了，但它确实奏效了。与财政上更保守的欧盟相比，美国经济更早地重回正轨，经济增长速度也更快。尽管不是所有国家都能拿出足够多的钱来摆脱经济危机，但有实力的国家绝不在少数，包括中国、加拿大、日本、澳大利亚、英国和欧元区成员国。制约这些国家的因素不是经济上的，而是政治上和观念上的，当然也有历史方面的。

美联储等央行在2009年实施的大规模量化宽松是史无前例的壮举。但许多人担心，此举会产生灾难性的意外后果，特别是引发通胀飙升。11年过去了，一些国家用事实证明，人们对通胀的担忧不过是无稽之谈。到了2020年，面对疫情导致的更大危机，有了前人的经验，量化宽松实施起来也就更容易了。结果2021年底通货膨胀真的出现了，并且一直到2022年，依然高企不下。

财政政策的效果和货币政策的是一样的。2009年的时候，各国政府虽然选择用财政支出来应对经济危机，但拿出的钱并不够多。到了2020年，美国在愿意花多少钱这个问题上有了新突破，采取的举动史无前例，这再一次引起了人们的担忧，特别是担心消费价格指数上涨。但是从全局考虑，政府支出显然是有效的，效果之好甚至超人预期。

大体而言，2008年和2020年的经济危机都表现出了经济系统中流动资金不足的特点。不同之处在于，美国政府在2020年用数万亿美元解决了这个问题。2020年，美国经济迅速反弹，但不论是供应链，还是劳动力市场，都没法完全消化由此带来的需求激增，尤其人们需要的是更多的商品而不是更多的服务。一个新的问题因此出现了，那就是通货膨胀。但考虑到经济衰退的破坏之大、影响之深，相比之下，通胀不过是美国政府做出的"两害相权取其轻"的选择。

在此，我想对在20世纪90年代以后出生的人说，经济衰退本身并不可怕。经济自有其周期规律，有涨也有跌。前进两步，后退一步，那是常有的事。只要涨幅大于跌幅，经济就会长期增长。

像伯南克这样的央行领导人物要做的就是尽量减少衰退的次数，控制衰退的程度，让经济尽可能地保持前进势头。美联储前主席艾伦·格林斯潘在2011年的一篇专栏文章中指出："在现代社会中，央行是独立机构，它负责监督自由市场体系，是自由市场体系完美塑造了稳定的经济。尽管也出现过类似2008年的严重危机，但那不过是罕见的例外。"[3]在实践中，可悲的是，小规模的经济衰退其实相对少见，但如2008年、2020年的大规模经济衰退却能深深地印在人们的记忆中，因为它们造成了灾难性的影响。

美国在2001年的时候就经历过小规模的经济衰退，类似规模的衰退并不会消失，未来还会有很多。虽然我们不希望这样，但这种情况是可以接受的。没有人知道如何完全打破经济周期规律，但是在面对可能到来的衰退时，我们的当务之急是不要让它们引发危机。

过去的经验教训能够帮助我们更好地憧憬未来。今后在面对危机时，不论美国还是其他国家，都将更大胆地扳动财政扳机，给人们足够的钱。这样我们不仅能挺过最初的难关，还能以最快的速度恢复过来。

从伯南克当年致敬弗里德曼的演讲中，我们能够看出，伯南克知道在危机发生时，经济学家能够提供理论上的解决方案，但他不知道实践起来会有多难。人们一旦真正经历过一次，遇到第二次时就容易接受多了。2020年，时任财政部长史蒂芬·姆努钦发放了数千亿美元的经济刺激支票，因此当他的继任者珍妮特·耶伦在2021年做同样的事情时，似乎就不足为奇了。现在我们有了应对手段，而且也知道如何使用它。也就是说，我们有理由减少对经济冲击的恐惧。

经济冲击还是会出现的，但我从好莱坞电影里得到了安慰，尤其是姆努钦曾经资助过的那些动作片令我记忆犹新。你可能不知道，2014年至2017年间，这位未来的财政部长竟然是44部电影的独立制片人。在他的资助下，蝙蝠侠、神奇女侠和疯狂的麦克斯等知名形象才能活跃在大银幕上。

央行行长其实就像是电影中的超级英雄，在面对压倒性的金融危机时，他们拿起武器，倾倒"弹药"，将利率一路直降到零。但这还不够,危机还在继续,他们不得不发明新武器,如不限额度的货币互换以及量化宽松等。他们想要体面地战斗,但却面临失败,地球即将毁灭……直到最后一刻,公共财政大军加入战斗,局势立刻扭转。

公共财政大军是一股令人敬畏的力量,但善良的指挥官误入歧途,让它沉睡了几十年。就像超级英雄电影里演的那样,这支大军最终在关键时刻站了出来,为央行行长们提供他们所急需的支持,阻止了灾难发生。在影片结尾,英雄们虽然身受重伤,但仍然屹立不倒,相信自己成功地拯救了地球。战斗过后,周围一片"废墟":失业人数大增,人们因还不起贷款被赶出家门,民粹主义乌合之众趁势崛起。英雄们很难声称自己取得了彻底的胜利。但是,他们确实拯救了全球金融体系,避免了更严重的灾难。

第一部的剧情到此结束。然后第二部来了,新的敌人更强大也更可怕,看起来只用上一部的方法来应对,完全剿灭敌人的可能性不大。面对全球性的疫情,我们的超级英雄央行行长们当然采用了之前的标准做法来支持经济,他们几乎立刻把利率降到零,而且也实施了量化宽松,但发现还是无济于事。

所以在第二部中,公共财政大军的戏份变多了,这次轮到他们大显身手了。就像电影里的,一旦超级英雄搞清楚自己需要什么,他们的强大超出任何人的想象。财政政策拯救了美国,而欧洲却因过于保守而引发了严重的经济问题,那些没有实施零利率政策的国家遭受的损失更为惨重。所以说在 2020 年,财政政策的制定者最应当受到赞誉。让我们向姆努钦致敬,这位优秀的电影制片人后来成为超级英雄,拯救了美国。

经历了这一切之后,疫情导致的经济危机其实也就没有那么可怕了。但是美国经历过"大萧条",这段挥之不去的记忆让人们担心可怕的经济衰退再次来临。伯南克等学者承诺,"大萧条"不会再出现了,但他们是经济学家,傻瓜才会相信他们。果不其然,2008年出现了金融危机,并且造成了十分可怕的影响,然后,疫情又来了,人们都觉得它造成的经济衰退比金融危机还要糟糕。

事实证明,我们经受住了考验,找到了抵御危机的办法,那就是给民众发钱。未来肯定还会有经济危机,而且情况可能会很糟,但我们知道该如何对付它们了,我们已经拥有了新的、超级厉害的技能。

在2008—2009年的金融危机中,一些受人尊敬的经济学家担心,一旦银行关门,能够使用的就只有现金了。在太平洋投资管理公司担任高管的穆罕默德·埃尔-埃里安告诫民众,赶紧去自助取款机取钱,能取多少取多少。到了2020年,包括努里尔·鲁比尼在内的知名经济学家则警告称,这次危机会比20世纪30年代的"大萧条"还严重。在面对危险时,存在某种程度的恐惧是合理的。毕竟"大萧条"那段历史告诉我们,政策制定者们可能会做出灾难性的错误决定。

但事实证明,伯南克是对的。他那场演讲的意思并不是说美国不会再经历金融危机,或是陷入经济紧急状态。他其实想说的是，美联储等央行不会重蹈"大萧条"时期的覆辙，因为其有足够的知识和经验来缓解危机，而不会火上浇油。美联储确实做到了这一点。面对2008年和2020年的经济危机，美联储尽其所能，将危机造成的影响降到了最低。

尽管如此，美联储也并不是无可挑剔的。一方面，它对2008年的金融危机负有部分责任；另一方面，2020年的危机虽因疫情而起，但美联储在2021年下半年未能及时地抑制通胀。经济将继续呈周期性运行，而这其中必然存在危机，部分危机可能正是央行导致的。幸运的是，我们找到了对抗危机的武器，并且在2020年证实了它能够发挥作用。

每个国家都希望拥有这种武器，但这个世界并不公平。一些国家不具备第一世界的武器库，它们手头拮据，在疫情来袭时既没有能力购买疫苗和药物，也没有能力实现经济复苏，更别提给民众发钱了。

经济危机必将再次发生，我们下一次遇到的经济危机，可能是经济学家所说的"外源性危机"。但我们有了强大的武器，不太可能再经历类似2020年3月美股多次熔断那样的事情，那次惨痛经历让我们充满恐惧，因为我们认识到了经济衰退不可阻挡。需要警惕的是，虽然有了应对举措，但在一些无能政客的鼓吹下，我们很有可能会过分沾沾自喜，错失良机。

既然认为国家具备了能够对抗任何强大敌人的能力，市场当然希望超级英雄们披挂上阵，去扳回一局。美联储肯定会主动请缨，但财政大军就未必了，因为这支队伍的指挥官是善变的政客。正如我们在 2008 年和 2020 年所看到的那样，只有在股市崩盘时，政客们才会极不情愿地开展救市行动。换言之，市场一直在苦苦等待救援，可援军就是不来。

这其实是一种非常奇怪的现象。执掌央行的通常是冷静、无聊乃至暮气沉沉的经济学家，但他们却能立刻行动起来。同时，那些本应为选民谋福利的政客却不愿意向民众发钱。这与 20 世纪七八十年代的情况完全相反，当时美联储的工作是抵制政府的自由消费倾向。直到 90 年代，是财政市场的"债市义勇军"而不是美联储在对抗政府过度的财政支出。

市场参与者知道，未来依然会受到冲击，这是众所周知的。他们更了解所谓的"央行反应函数"，也就是说，市场参与者能高度确定地预测各国央行在遇到危机时会如何反应。

这种预测性的知识对市场而言是新奇的。在过去，央行行长们说的话就像是特尔斐神谕，让人云里雾里。这是因为央行希望把决策权攥在自己手中。但是在危机到来的时候，央行就会抛开这种神秘感，明确告诉大家在各种可能的情况下央行会做些什么。这是央行对抗危机的工具之一，被称作"前瞻性指导"，旨在告诉市场参与者，无须为加息过度担心。

但另外一个明确之处是，市场无法预测国会的反应。市场知道，在危机到来时，政府有可能迅速有力地采取行动。2020 年的美国就是这样做的，但其他许多富有的国家未能及时做出反应。也许美国是个例外，因为它肩负着重启全球经济的大任。

下面这种可能性是存在的。2020 年美国之所以能够采取这样的财政应对措施，原因只是美国当时处于极其特殊的状态：有一位共和党总统，他在自己党内获得了广泛支持，如果他认为花费数万亿美元有助于提升民意，他就不会有任何顾虑，而且他相信民主党也会投票支持他的法案。

在民主党人看来，共和党人通常会坚决反对民主党的任何支出计划，并且在民主党内部还有一个极具影响力的财政保守团体，他们反对任何"过分"的东西。也就是说，如果是民主党人担任总统，若想实施财政刺激计划，结果往往会大打折扣，因为要安抚党内的财政"鹰派"。从克林顿时期开始，民主党人就一直在大力宣称自己是财政上负责任的政党。他们认为，与那些喜欢在战争和减税上挥霍数万亿美元的共和党人相比，他们才是美国的希望之光。许多民主党人至今仍以克林顿为荣，因为他是自1969年以来唯一一位实现了联邦预算平衡的美国总统，华盛顿和纽约（几乎没有其他地方）的一些精英群体极力推崇克林顿的辉煌成就。

民主党人天真地以为，如果能得到共和党的支持，那么党内那一小撮中间派对大规模财政刺激计划的反对也就无足轻重了。但实际上共和党人反对民主党总统提出的几乎任何建议。而绝大多数的共和党总统，包括经历了2008年金融危机的小布什，都能清醒地认识到，至少在没有战争的情况下，党内的右翼一定会反对大规模支出计划。让我记忆犹新的是，当年在共和党人不肯让步的情况下，是小布什政府的财政部长亨利·保尔森站了出来。他单膝跪地，乞求众议院民主党领袖南希·佩洛西支持他的

7000亿美元救市计划。

红十字会和特朗普给民众发钱的想法其实很符合小政府理念，也符合共和党人的价值观。毕竟，开张支票并不需要那么多的官僚机构。然而，在实践中，不论钱来自税收还是借贷，几乎所有共和党人都对"免费送钱"深恶痛绝。也就是说，如果不是特朗普而是其他共和党人当总统的话，当时大规模的刺激支票计划不太可能被提出。

当下一次经济危机到来时，我们仍然可以用超级英雄电影的剧本来预测一下。在电影开始的时候，主角在乡下的某个地方过着平静的退休生活。然后灾难来袭，炸弹爆炸，城市沦陷，人们无奈地耸肩，因为不能指望每次都有人来拯救世界。但是在电影中，主角还是站了出来，再次保护了地球，只不过下一次，电影不再由姆努钦监制。在2024大选中，如果特朗普失败而其他共和党候选人胜出，无所不能的公共财政大军很可能会被雪藏，电影也很有可能会以悲剧告终。

第十二章　经济出现了结构性变化

21世纪20年代初,一场可怕的社会灾难卷土重来,构成了一次重大冲击。西方国家年纪最大的那些人对这种灾难记忆犹新,而年轻一些的只是有所耳闻。传染病突然成了人人都知道的而且需要去关心的事情,而同样让人意外的是,人们还需要了解和关心通货膨胀问题。

通货膨胀直到2022年才真正出现。这个时候,在谁引起通货膨胀这个问题上,相互指责的声音此起彼伏。我们确定了造成通货膨胀的三个主要原因:疫情引发的供应链问题,为抵消疫情影响采取的财政经济政策所引发的货币问题,俄乌冲突。我还要加上第四个原因:疫情对人们生活方式的影响导致经济发生了结构性变化。

在造成整体通货膨胀的两大直接因素中,其中一个显然与俄乌冲突爆发后的能源价格飙升有关。在全球范围内,石油和天然气市场的价格飙升都令人震惊,尤其是在欧洲。这不仅明显推高了汽油价格和取暖费用,还推高了飞机票中的燃油费,造成了食品价格上涨。要知道,我们购买的大多数食品的原料都来自在种植过程中使用工业肥料的植物,生产这些肥料需使用哈伯-博施法,也就是把能源转化为植物可吸收的固定氮。

造成通货膨胀的第二个主要因素是住房。疫情迫使人们居家办公,因此人们需要腾出一定空间用于办公,所以普通家庭对空间的需求明显增加。汽油和食品价格在上涨,房屋租金也在飙升,这让人感到痛苦。即使是那些工资以同样的速度增长的幸运儿也感到非常痛苦,因为他们认为,更高的工资应该意味着可以买得起更多的东西,而不是忙了半天实际上却还停留在原地。

工资提高反而是促进物价上涨的重要原因,尤其是在服务行业。2022年初,一方面,通货膨胀率首次达到警戒线,家庭食品价格和能源成本上涨,这是我认为的"糟糕通胀"。日常必需品的价格飞速上涨,人们的生活成本飞速上升,特别是住在郊区乃至远郊的人,因为他们需要给大房子制冷,有一大家子要吃饭,而且要开车去很远的地方采购食物。另一方面,餐厅菜品的价格上涨却是我认为的"好的通胀",这表明工资水平最低的服务行业人员,特别是在厨房工作的人,获得了更高的工资,当然这会推动餐厅的菜品价格进一步上涨。

辞职潮对低工资的工种打击最大,餐馆为了有限的劳动力而相互竞争。很多人都想把自己从厨房里解放出来,出去吃顿饭,但服务行业中却很少有人愿意再回到工资低、令人心情不佳的岗位,而且他们在疫情暴发前本来也不怎么喜欢这份工作。许多餐馆被迫减少营业天数，或者缩短营业时间。又由于租金并没有下降，为了能给房东交房租，它们只能提高菜品的价格。

总的来说，为了减少人们对紧缺物品的需求，物价上涨是资本主义的首选方式。龙虾卷就是一个很好的例子，这是我钟爱的新英格兰地区的夏季美食。一般情况下，龙虾的价格上涨，龙虾卷的价格也跟着上涨，但在2022年，即使龙虾价格下跌，龙虾卷的价格也还在上涨。我一开始觉得龙虾卷涨价和餐厅里的菜品涨价一样，是劳动力成本上升导致的，但是在和缅因州肯纳邦克波特镇的蛤蜊小屋（Clam Shack）的老板史蒂夫·金斯顿聊过之后，我的认识发生了变化。

金斯顿聘用的季节工持 J–1 非移民签证进入美国，他们是来自阿尔巴尼亚、蒙古国及塞尔维亚的科索沃等地的学生，在回国继续学习之前，会利用夏季在美国积累工作经验。20 年来金斯顿一直在雇用这类工人，早已驾轻就熟，通常可以以满意的价格雇到合适的人。他给的工资是每小时 12.75 美元，如果他们能加班完成所有工作，加班部分就提高到每小时 19.5 美元。通常这些工人每周会工作 70—80 个小时，所以一个夏季就能挣 2.8 万美元。工人们每天需要煮 1000 多磅[①]的龙虾并且把龙虾肉剥出来。剥出来的龙虾肉不仅供缅因州当地制作龙虾卷，还可以向外售卖，通过快速发展的邮购渠道发货。在疫情期间，美国高端外卖公司 Goldbelly 蓬勃发展，蛤蜊小屋的邮购业务也受到了推动。

---

① 译注：1 磅 = 0.4536 千克。

在人们还不能外出就餐的时候,蛤蜊小屋就开始借助 Goldbelly 平台提供高质量的品牌餐,方便人们在家就餐,而且价格和到店堂食的价格大致相同。尝过蛤蜊小屋龙虾卷外卖的我强烈推荐你购买。

疫情期间 Goldbelly 的业务蓬勃发展,食品和烈酒是困在家里的人仍然可以获得的两种奢侈品,人们愿意为便利和可靠花高价。例如,我最喜欢的市中心的法式小酒馆 Raoul's,就推出了 115 美元的汉堡套餐和 205 美元的黑椒牛排套餐,而且两种套餐都很快售罄。蛤蜊小屋的龙虾卷外卖套餐售价是 125 美元,一份有 4 个龙虾卷——这个业务非常值得发展,因为在店里 4 个龙虾卷也要 120 美元,没便宜多少。

因为辞职潮,城里其他餐馆在周一和周二不营业,所以蛤蜊小屋在这两个晚上的收入甚至比最繁忙的周六还要高 25% 左右,由此金斯顿的业务又进一步蓬勃发展。换句话说,金斯顿正在全力以赴地卖掉他新买来的每一只龙虾。

这种情况下,企业几乎要被迫提高价格了。如果劳动力和原材料成本没有上涨,涨价行为可能会让人感觉有点像价格欺诈,或者像牟取暴利。蛤蜊小屋的顾客不仅想要美味的海鲜,还想要买到放心。如果有人想开车来店里就餐,他们期望的是有美味的龙虾卷在等着他们,而不是一个写着"对不起,卖完了,明天再来吧"的牌子。

在产能受限的世界里,要想确保这种可靠性,唯一的办法就是动用价格机制。首先,你要确保你生产了尽可能多的产品,保证供应量达到最大。然后,你必须控制需求,唯一的办法就是把价格提高到一定程度,让一些人觉得太贵了,算了还是去吃别的东西吧。例如,金斯顿确实出售熟的龙虾肉,但他每磅龙虾肉的价格要比当地竞争对手的高出 5 美元,这既是为了保证质量,也是为了控制需求,确保对价格最敏感的顾客会另寻他处。

现代商业经常利用算法来定价,虽然这种方法偶尔也会失控。几乎所有人都有过这样的经历:在亚马逊上找一本鲜为人知的书,或者试图提前很久就预订机票,你会发现有些价格高得离谱,可能要几千美元,似乎远远超出了你认为合理的价格区间。这只是算法的结果,为了在商品供应不足时避免售罄。

疫情期间,这种现象更加常见,特别是在酒店业。被关在家里一段时间以后,世界各地的人都想出门旅行,但全球的旅游基础设施还没有为迎接游客做好准备。许多酒店仍处于关闭状态,或者找不到员工。而设法重新开业的酒店,既无法继续遵照积累了多年甚至几十年的制度和做法,还要努力适应疫情条款,这些条款不可避免地破坏了许多奢华体验的魅力。奢华服务被称为"高端"服务不是没有原因的,可是当所有的接触都得不到信任时,提供奢华服务也就变得困难得多。

然而,在服务质量明显下降时,酒店经营者却让价格上涨,上涨,再上涨。通常每晚收费 250 美元或 300 美元的酒店,利用收入管理算法,把价格调到了 1000 美元、1500 美元甚至更高。[1]

一些酒店设定了收费上限,因为它们认为自己提供的服务根本无法满足人们对每晚四位数价格的期望。毕竟,房间定价 300

美元时让人感觉还不错，要是定价1500美元就可能让人非常失望了。酒店是不愿让顾客失望的。

不管价格上限是否存在，酒店的预订价格都高得惊人，而且顾客通常并没有感到失望。在这个时候，无论花多少钱，只要能出门，花的钱都是值得的，更何况大家手头也从来没攒过这么多现金。餐馆也发现了同样的现象：它们担心顾客会因为价格大幅上涨而却步，事实上并没有。价格上涨了，顾客付了更多的钱，员工赚了更多的钱，达到了新的平衡。当然，有些顾客因为价格太高而离开了，但这是个特点，不是缺点，毕竟商家一直在努力提供优质服务，即使只为那些留下来的顾客服务。

经济学家谈论的是"价格弹性下的需求"，也就是在顾客愿意购买某件东西的前提下，价格可以上涨的最高限度。几十年来，价格一直保持在低位，不是因为人们不愿意多付钱，而是因为竞争。我可能愿意花1000美元乘坐捷蓝航空飞机飞往加州，但我会更乐意选择只需要花500美元乘坐的达美航空飞机。疫情暴发后，企业之间为市场份额相互竞争的热情大大降低，原因是它们无法增加人手。给飞机加满油不是问题，找来能开飞机的人才是问题。结果，保持低价的机制消失了，就像广义上的节俭正在消失一样，人们普遍希望迎难而上，充分享受生活。家得宝正卖一款售价299美元的眼睛会发光的万圣节"骷髅"？谢谢，在2021年7月，几个小时内这款"骷髅"就会售罄。

在疫情期间，凯恩斯的一句话开始频频被人引用："实际上，我们想做任何事情都可以负担得起。"这是二战期间他在英国广播公司发表广播讲话,谈论国家重建计划时所说的。[2]正如凯恩斯所说的那样,他正在与一位杰出的建筑师谈论宏伟构想,其中包括让"王国中每一个重要城市都有古代大学或欧洲首都的尊严"。剧院、音乐厅、舞厅、画廊、餐馆,都将在战后废墟上重建。

很可能,听到这一切时这位建筑师心潮澎湃,但同时也忧心忡忡。"钱从哪里来?"他问伟大的经济学家凯恩斯。凯恩斯对这个问题不屑一顾。英国有建筑师,也有砖、钢、水泥,还有熟练的技工。只要英国有能力重建,它们就可以重建。

凯恩斯煞费苦心地把"个人的金融问题和整个社会的金融问题"区分开来。一个人可能买不起某样东西,但整个国家是买得起的,这是凯恩斯主义的核心观点之一。但在2020年之后,在数百万人脑海中,对一个家庭而言什么东西可以算作是"买得起"的,这个问题的标准发生了变化。许多美国中产阶层人士拥有足够的存款可供挥霍享受。于是问题就变为:是应该现在就把这些钱花出去呢,还是应该继续存起来,在未来许多年后的某个时候花出去?因为在疫情期间的经历,人们毫不犹豫地选择"现在就花"。

似乎有很大一部分美国人突然开始阅读《传道书》,这本书比401K计划早多了。书中有言:"我就称赞快乐,原来人在日光之下,莫强如吃喝快乐,因为他在日光之下,神赐他一生的年日,要从劳碌中时常享受所得的。"[3]

来自密歇根州的星巴克轮班主管兼咖啡师萨拉·苏瓦达在接

受《华尔街日报》采访时表示，花 5000 美元带丈夫和女儿去迪士尼乐园是非常值得的，她说："这些回忆比黄金更有价值。"她的说法引起了另一位 29 岁母亲的共鸣，来自肯塔基州的她经常去迪士尼乐园，她的想法是"我总是能赚到更多钱的"。[4]

《华尔街日报》这篇文章想要探讨的是，在游客人数比疫情前有所下降的前提下，迪士尼是怎么做到赚的钱却比以往任何时候都多的。迪士尼利用的收益管理算法很明确：人们比以往任何时候都更愿意支付高额费用，游客数量虽然略有减少，但是他们每次支付的费用要比以前高得多。这比用年卡来吸引游客、维持数量更加有利可图。美国迪士尼在 2022 年停止发行新的年卡，只同意以更高的价格和更长的封禁时间来更新旧的年卡。

作为世界上最大的消费群体之一，美国人一直抱着一种"我们付得起"的态度。这种态度在疫情期间得到了强化，因为疫情期间钱似乎从各处涌来，根本不需要人们费多少力气，数百万人发现自己现在完全可以不工作了。许多人利用封控的机会回顾生活，并质疑自己此前的思维模式——总是在完成无穷无尽的任务清单；为了避免贫困和绝望，就需要不断竭尽全力去完成任务清单——支付房租，获得食物，保持健康，为退休储蓄，找到一份高薪工作，等等。

这些人认为疫情对体制产生了冲击，让他们能够打破"规避灾难"这种思维模式，重新审视自己的生活，然后意识到自己实际上已经拥有了足够多的财富，而且生活已经足够稳定。这一切都意味着他们可以放纵一下，去追随自己的激情了。

这种心态本质上就是通货膨胀。在需求方面，它表现为对商品和服务的支付意愿越来越强烈；在供给方面，它表现为愿意提供商品和服务的人越来越少，尤其是在服务行业。而你如果想获得商品和服务，就必须有人提供。需求增加、供应减少意味着价格会上涨，预期未来价格会上涨又推动了当前需求的增加，因为人们会在涨价前购买商品。

这种通货膨胀需要担心吗？我的总体感觉是：大可不必。如果消费可以自由支配，甚至如果人们出于自己的意愿退出劳动力市场，那么价格通胀有时只是反映了人们的偏好在发生变化。过去有旧的价格平衡，现在又有了新的价格平衡。如果新的定价高于旧的定价，那么会出现暂时的通货膨胀，但这不会造成任何问题。

更广泛地说，只要价格通胀让小时工获得更高工资，那么这就是一种好的通胀，财富从可支配收入过剩的人手中重新分配给了收入水平较低的人。相比之下，由大宗商品价格上涨推动的通胀才是糟糕的，额外收入涌向石油国家会带来负面效应。

2022年，这两种类型的通胀都有。如果剔除大宗商品和暂时的供应链影响，消费价格指数上涨在很大程度上意味着消费者在显露偏好，整个市场健康乐观。在消费价格指数的阴影下，你甚至可以看到凤凰的轮廓，能看到凤凰正从灰烬中飞起。

侦探小说家阿加莎·克里斯蒂在自传里讲述了自己在1919年的中产阶级生活。把工资和被动收入全算进去，她全家的年收入为900英镑。这没什么特别的，大约相当于今天的6.5万美元。但为了第一个孩子,她不惜每年花 36 英镑聘请了一个住家女佣,甚至还请了一个专职管孩子的保姆。

克里斯蒂写道:"我们当时居然想要同时雇保姆和佣人,现在看来简直不可思议。但在当时,我们认为这是生活必需的,是我们最不愿意放弃的部分。那时,我们从来就没有想过奢侈地去买一辆汽车,因为只有富人才有车。"[5]

当然,对于本身不是佣人的人来说,雇一个或几个佣人只是生活必不可少的组成部分。用今天的货币计算,克里斯蒂的女佣每年能挣 2600 美元,即使她食宿不用花自己的钱,这也还是在贫困水平,因此佣人的工作已经被公正的法律取缔了。

之后大约一个世纪里,劳动力的价格稳步上升,也就是说,平均收入提高了,大多数人的生活质量也随之提高了。当美国人去日内瓦或斯德哥尔摩并震惊于餐厅菜品的价格时,他们实际上看到的是一个更加平等的社会,这个社会给底层工人发足够的工资让他们可以维持生活。

通常来说,当劳动密集型服务变得更加昂贵时,经济就会改善。当然,这个规律也有例外,比如美国的医疗体系。但总体来说,我们希望摆脱因劳动力廉价而使物品变得便宜的世界,走向一个劳动力被珍视而且有价值的世界。

在疫情期间,美国人的时薪比多年前有了更大的增长。其中一些增长被通胀抵消了,但结构性变化是深刻的。几十年来,美国首次从工人追逐工作的国家转变为雇主追逐工人的国家。此外,美国企业利润增长也保持强劲,没有迹象表明支付更高的工资对股市的收益不利。

因此，通货膨胀虽然绝对令人不快，但可以被视为另一种极限状态——我们需要度过这一关才能更好。但情况也并非总是如此，经济历史上不乏以纯粹破坏性而非建设性通胀为特征的案例。但在20世纪40年代末和50年代初，美国的消费价格年增长率都超过了9%，这两个时期美国的经济都很活跃。相比20世纪70年代，21世纪20年代的情况更是如此，预示着2022年的通胀将带来大规模的、广泛的经济扩张，就像20世纪50年代和60年代那样。如果发生这种情况，其中很大一部分功劳是疫情贡献的。

还有一个先例，中世纪的黑死病导致工人的工资飙升。在更小一些的范围内，同样的现象可能会在几十年内改变劳动经济学。

第十三章　驾驭变幻莫测的货币

从概念上来讲，货币，或者称之为"钱"，是一只狡猾多变的野兽。首先，它是真实有形的东西，可以折起来塞进信封，也可以塞进点唱机用来点歌。同时货币也是一种价值储存方式、一种交换媒介、一种账户单位，也可能是债务或贷款。明尼阿波利斯联储前主席纳拉亚纳·科克拉科塔撰写的经济学论文我非常喜欢，他提出货币是记忆，是一个社会用来记录谁欠下谁什么账的一种方式。[1]如果你读过关于货币史的文章，你可能依稀记得太平洋的雅浦岛上巨大石币的故事。载运这些石币的船沉没后，石币永远消失在海浪之下，但它们作为货币的价值和效用仍在。关于货币本质的分歧是经济学中一些最深刻、最棘手的争论的核心，比如，奥地利学派、凯恩斯学派和现代货币理论家彼此之间就一直争论不休。

但有一件事是可以肯定的，那就是你思考得越多，就越难理解钱到底是什么。这就解释了为什么钱很容易成为读大学的孩子深夜卧谈会的讨论内容，也解释了为什么我们永远会看到乌托邦主义者始终在想方设法地重新发明"钱"，无论是发明可以用来购买邻居家萝卜的地方代币，还是发明复杂的计算机游戏，然后创造出令像加密市场领军人物文克莱沃斯兄弟这样的人永远着迷的市场。

然而，对于99.9%的人来说，钱是很简单的。钱是你挣来买东西用的，你越有钱，能买的东西就越多，无论什么时候都是如此。一些人担心的是财富本体论，而我担心的是这个月的房租。

即使在危机期间，货币的概念也趋于稳固。我之所以成为金融博主，是因为我多年来一直在写一些国家的主权债务危机，比如1994年的墨西哥、1997年的韩国、1998年的俄罗斯、1999年的厄瓜多尔和2001年的阿根廷等。这类危机的决定性特征之一是，一个国家既向私人部门债权人（如花旗银行）借钱，也直接向其他国家（如法国）借钱，然后突然发现自己无法按时全额还款了。这时候大家该怎么办？

各债权国通常被统称为"巴黎俱乐部"，其中最大的通常是美国。它们对这个问题有一种独特的思考方式，是这样来表示的：是"纾困"还是"内部纾困"？

在"纾困"行动中，债权国允许债务国延长双边债务的偿还期，可以在最初协议还款期之后偿还，债权国有时甚至会直接免除部分欠款。由于欠其他国家的钱少了，受危机影响的国家就能更好地继续偿还私人部门的债务，比如欠贝莱德或摩根大通等公司的债务。因此,"纾困"不仅是对债务国的救助,也是对债权国的私人部门贷款人的救助。这样,危机就不会从陷入困境的国家的银行业蔓延到更富裕国家的银行业。

在"内部纾困"模式下,债权国会坚持认为,无论它们提供什么样的债务豁免,全球性银行和其他私人部门都要提供"同等待遇"。每一方都要承担损失,这反过来就要求银行和债券投资者在借款给一个国家之前做足功课,而不是简单地假设一旦出了问题,反正它们会得到救助。

这个系统太复杂,我就不详细描述了。在任何特定情况下,关于"对错"与"公正"的讨论往往都异常激烈。总体模型其实很简单,有一些钱,数量有限,其中一部分在政府手里,一部分归私人部门掌握。这些机构愿意借出这些钱,但希望能连本带利地收回借款。根据债务国系统重要性以及借款数量,它们如果不还钱,就有可能在世界各国引发多重危机,所以每一个债权主体都在积极争取获得自己借出那部分应该得到的公平回报。金钱是战场,这一点永远不会改变,战场中的各方都要按规则行事。

然而,2008年,这种货币观念开始崩塌了。美国政府想要支持美国银行,传统做法是向债务人转移资金,从而支持陷入困境的借贷者。举例来说,20世纪80年代末,美国财政部策划发行了数十亿美元的以时任美国财长布雷迪的名字命名的债券——布雷迪债券。布雷迪债券是拉美国家的主权债务,但其部分担保是以美国发行的国债提供的。因为布雷迪债券为大量可疑贷款进行了再融资,如果这些贷款违约,美国银行体系的很大一部分都将丧失偿付能力。

这后来成了标准的操作法。例如，1994年，美国财政部长罗伯特·鲁宾启动了一个名为"外汇稳定基金"的令人费解的非法基金以救助墨西哥，当然，这是对墨西哥贷款人的后门"纾困"，而这些贷款人大部分是美国银行。关键是，美国需要一定数量的钱来实施"纾困"，所以就去找钱，结果是美国不仅找到了钱，而且还把钱花掉了。

在金融危机期间，这种做法行不通了。2008年金融危机期间，大量不良贷款再一次出现了，那就是"次级抵押贷款"。和以往一样，如果这些抵押贷款变成坏账，金额会超过绝大多数美国银行的资本，银行无论大小都逃不掉。因此，显然该做的是支持次级借款人，重组他们的债务，使他们既能保住自己的房子，又能让银行维持下去。

事实上，这就是最初的计划，叫作"不良资产救助计划"，即政府从银行购买次级贷款等问题资产，为它们提供资本支持，然后政府把这些贷款出售给承诺会尽可能避免止赎的投资者。然而，这个计划根本就没有实施。"不良资产救助计划"的规模太小，无法通过购买银行的坏账来拯救银行，因此，这个计划只能用来直接救助银行。银行保留了不良贷款，但政府在纽约联储的账户中存入了大量新资金，有关银行偿付能力的担忧基本上消失了。有一天财政部长汉克·保尔森决定，银行需要有更多的资金，结果第二天还真有了。并不是所有的银行都会感到高兴，但它们在这个问题上别无选择。"不良资产救助计划"的资金是政府创造的、用于对抗危机的工具,银行无论是否愿意都得接受。

有了这个先例,美国政府在2020年疫情暴发之初就采用了造钱的手段。在2020年4月中旬的某一天,数百万美国人一觉醒来,发现他们的银行账户中神奇地多出了1400美元,这笔钱来自特朗普政府的第一个疫情刺激计划。特朗普在2020年3月27日签署了2.2万亿美元的财政刺激法案,以缓解疫情对经济的影响。美国不再和其他国家遵守相同的货币规则,现在,货币正在服从政府下达的命令,而政府是唯一能够采取这种行动的实体。

美元是一种法定货币,由国家权威机构发行并管理,但大多数人在大多数时候并不是这样来理解美元。随着2008年金融危机的爆发,人们对美元的理解开始改变。在2009年2月危机最严重的时候,比特币的发明者中本聪写道:"传统货币的根本问题在于让它发挥作用所需要的所有信任。大家必须信任央行不会让货币贬值,但货币史上充满了对这种信任的破坏。"[2]他在这个时候写出这样的内容绝非巧合。如果没有这场金融危机,中本聪的发明很难像现在这样激发那么多技术专家的想象力,甚至连中本聪本人也可能不会像这样投入到比特币项目中去。

美国政府力图把美元从生活基石转变成强大的政策工具,目前这个计划还没有完成。美元代表了瑞士信贷货币专家佐尔坦·波扎尔所说的"内在货币"的最高点,即代表了货币的信用模型,财富就是别人欠你的钱的金额。如果你在银行的支票账户中有100美元,那么你的资产就是银行的负债,也就是说银行欠你

100美元，随时可以兑现。而如果你把一张100美元的钞票放在同一家银行的保险箱里，那么这就是"外在货币"。这笔钱不是其他人的负债，虽然银行承诺如果你把存单给它，就给你100美元。

世界上绝大多数的美元都是"内在货币"，也就是某金融机构所欠的钱，包括世界各国央行所拥有的作为外汇储备的所有美元。比如说，巴西央行并不会在圣保罗的某个金库中存放大量美元，如果这样，它就不能轻易地用这些美元来支撑自己的货币，或用来进行任何其他标准的央行操作。相反，像所有其他央行一样，巴西央行把美元存放在纽约联储的一个账户里。

事实上，所有以美元计价的账户最终总部都设在美国。当然，你可以在苏黎世的银行开一个美元账户，但事实上银行欠你的美元不是在瑞士，而是在美国，而且实际上大部分是存在纽约联储的。

因为基本上所有的金融机构都需要用美元进行交易，而且所有的美元都需要在美国持有，所以实际上世界上所有的金融机构都受到美国金融监管机构的监管。因此无论你住在哪里，无论你想用什么货币进行交易，都很难把钱汇进或汇出古巴。美国有法律禁止这样做，而且其会毫不愧疚地起诉违反这条法律的任何金融机构，不管这个金融机构是不是美国的。

美国一直走在将其金融霸权用作外交政策工具的最前沿。在伦敦有分支机构的银行和在纽约有分支机构的银行一样多，但你不会看到仅仅因为一些外国银行与英国外交部不喜欢的国家进行了交易，英国对这些银行处以数亿甚至数十亿美元的罚款。即便如此，美国人始终尊重主权豁免原则。他们可能会因为法国巴黎银行在美国所制裁的苏丹进行了交易而追究该银行的责任，但不会去追究法国的责任。

然而，在2022年初，因为在货币方面的政策获得了成功，拜登政府受到了鼓舞，开始了被对冲基金经理迪伦·格赖斯描述为"货币武器化"的行动，并挥舞这种新的金融武器，直接对准了其他的主权国家。

首当其冲的是阿富汗。塔利班在2021年控制阿富汗时，阿富汗拥有约70亿美元的急需储备。拜登政府没收了全部70亿美元，其中一半用来向阿富汗提供人道主义援助，另一半则留给在"9·11"事件中遇难的美国人的家人。

不久后俄乌冲突爆发，类似于对阿富汗进行的主权财富掠夺的行为也用到了俄罗斯身上。俄罗斯的主权"内在货币"实际上已被冻结，西方国家空前团结，共同制裁俄罗斯，冻结资产只是其中一部分，目的是把俄罗斯及其主要寡头赶出国际金融体系。无论是什么形式的俄罗斯财富，不管是外汇储备、银行账户，还是日内瓦自由港里的游艇或毕加索作品这样的"外在货币"，都被西方国家没收了，其目的就是要搞穷俄罗斯。直接后果是俄罗斯国内经济崩溃，沦为强有力的货币武器的受害者。

俄乌冲突爆发仅仅一周的时候，全球就都已非常清楚了，美元和美元在国际贸易中的核心作用都是工具，为了推进自己的外交政策目标，美国当局会极力使用这些工具，在美国的目标得到欧盟、英国、瑞士和其他国家货币当局的认同时就会尤其如此。

在某种程度上，俄罗斯受到的待遇与罪犯受到的司法处置差不多，都是资产被没收或冻结。但是，对俄罗斯实施制裁的规模和范围比刑事诉讼中出现过的任何案件都要大几个数量级，而且其损失要大大超过政府在战争或经济刺激计划上的支出。为了更好地解释这一点，可以看看下列数字：俄罗斯2020年的疫情刺激计划总额约为700亿美元，而2022年因制裁而失去作用的央行储备大约是7000亿美元。

西方政府对资金和贸易流动的控制力其实很强大，官方制裁所涉及的数额并不能完全反映出这种控制力。金融机构和大型上市公司都很保守，由于每天都有俄罗斯的个人和公司被列入制裁名单，它们甚至都不愿意和完全合法的俄罗斯客户做生意了。例如，俄罗斯即使被允许出售石油，也非常难找到愿意购买俄罗斯石油的主体。

疫情造成的通货膨胀达到了40年来的新高，随之而来的是人们对货币看法的改变。货币不再是经济存在的基础单位，而是不稳定的弹药。通货膨胀比其他任何经济现象都更能侵蚀人们对货币的信任，而在俄乌冲突中，由于疫情破坏了供应链，而政府又采取了重大的财政对策和货币对策，通货膨胀确实非常严重。俄乌冲突只会让事情变得更糟，导致大宗商品价格飙升和更多的供应链中断。企业发现自己不得不避开俄罗斯这个世界上最大的国家，在俄罗斯和美国以及欧盟互相关闭领空后，很多航班都不可以飞越俄罗斯的上空。

钱成了新非常态的核心。几乎所有人都认为自己知道钱是什么，但突然却发现自己对钱的理解就像对西红柿里的籽一样，想抓住但根本就抓不住。有一天你的账户里突然多了1400美元，而第二年你的工资却因为通货膨胀而缩水7%，那么钱到底意味着什么？在一个充满意外的时代，数百万人意识到金钱是偶然的，是一种社会结构，而不是客观现实。在一个几十年来一直以万能的美元为中心的社会，这个认识至少令人不安。疫情改变了世界对货币本身的理解，或者至少改变了美国对货币的理解。

美元仍然是世界储备货币，因此保持着霸权地位，同时美元也继续充当相对财富的衡量标准。20世纪80年代中期，我刚从英国搬到美国时，很快就意识到美国的社会阶层划分要简单得多：钱越多，社会地位就越高。每个人都用赚多少钱或拥有多少钱来衡量自己，美国人生活的中心就是让自己的钱越来越多。

到疫情暴发时，情况已经比那时候复杂多了。右翼没了抱负，只有怨恨，而自诩为社会主义者的左翼，想到的只有"每个亿万富翁都是政策的失败者"这样的口号。在充斥着边境隔离墙和边境控制措施的后特朗普时代，共享和平与繁荣的想法是幼稚的。美元让各个国家进一步彼此远离，而不是团结到一起。

技术官僚的态度也发生了变化。负责保护美元首要地位和稳定的是两个人，即财政部长和美联储主席。他们明确表示，他们有比美元的概念地位更重要的事情要担心。对的，他们要关注的除了疫情，还有俄乌冲突，还有美国财政政策和货币政策的走向。这是历史上第一次，穷人和有色人种得到与富人及白人一样程度的关注。

例如，用美联储前主席威廉·麦克切斯尼·马丁的话来说，美联储作为央行的作用就是在美国黑人即将得到好工作时砸了他们的"饭碗"，如同"在派对开始时拿走酒杯"一样。为了开始对抗几十年来建立在经济深层结构中的系统性种族主义，美联储不得不表示，而且也确实说过，如果必要的话，它愿意看到通货膨胀在几年之内高于目标。

从这个意义上说，由共和党人美联储主席杰伊·鲍威尔领导的美国最强大的技术官僚们，与克林顿－鲁宾－格林斯潘的硬通货时代技术官僚们的思维大相径庭，这给美元的地位带来了一定程度的不确定性。由于出现了比特币和其他货币将替代美元的言论，美元地位的不确定性进一步加剧。即使是那些没有比特币梦想的人，也会认为加密货币宣传者对法定货币的看法是有道理的，也开始怀疑美元的稳定性，在"审计美联储"阴谋论者竭尽全力煽动对美元不信任的情绪时尤其如此。

从长远来看，美元仍是全球最强大的货币。它可能在边缘有一点不稳固，但内部并没有受损，更不会"灰飞烟灭"。尽管如此，对美元的不信任感正在急剧增加，而且人们对几乎所有的机构都不信任了。这种不信任感在疫情期间迅速增加，原因是可以理解的，但这将使美联储更难履行职责。

任何一家独立央行的核心任务都是控制通货膨胀。然而，说起来容易做起来难。一旦通货膨胀出现，美联储和其他央行实际上只有两样工具可以用来降低通货膨胀率。一个是利率，另一个是该机构自身的可信度。我们有理由认为，可信度比利率更重要。

任何央行都不希望看到失控的通货膨胀从预言变成现实，这种失控现象有时被称为"工资－价格螺旋"。在一个没有通货膨胀的经济体中，价格基本上是稳定的。但一旦企业和个人开始预期未来几个月将出现通货膨胀，他们就会预计包括工资在内的所有价格都将稳步上涨。

比方说，我经营一家将链轮加工成小部件的工厂。如果我预期明年购买链轮需要的资金会增加，那就意味着我今年必须提高小部件的价格，以便有足够的资金来支付多出来的费用。因此，今年小部件的价格上涨是我预期明年会发生通货膨胀的结果。

工资的情况也差不多是这样。在我职业生涯的大部分时间里，我的工资按理说是稳定的。但是在一个通货膨胀的环境中，公司发现很难告诉员工他们的工资增加速度会跟不上通货膨胀的速度，更何况除了基于业绩的加薪和升职外，公司每年还会提供一些并不固定的加薪。公司肯定需要提高商品的价格，一是为向零部件供应商支付货款，二是为向提供了劳动力的员工支付更高的工资。这样一来，"工资－价格螺旋"上升的模式就固化了。

因此，央行能做的最重要的事情之一就是管理预期。如果央行管理者是一个清醒而值得信赖的人，能够承诺明年的通货膨胀率会很低，而且众人也相信他的承诺，那么企业现在提高价格的可能性就会小得多。重要的不是央行控制通货膨胀的能力，而是人们普遍相信央行有能力控制通货膨胀。如果企业相信通货膨胀不会成为一个中期问题，加息就能起到很好的作用；如果企业不相信，那么加息的效果就会大打折扣。

疫情降低了预期传导机制在控制通货膨胀方面的有效性，美联储的工作因此更加难做。其不能再简单地断言通货膨胀会受到控制，事实上，如果能控制通货膨胀这种预期没能真的实现，央行的公信力就有可能进一步降低。

疫情并不是造成这个问题的唯一原因。金融危机、俄乌冲突、通货膨胀的出现，甚至特朗普对美联储主席鲍威尔的不断攻击，都促使人们越来越觉着美元和美联储都不可以永远信任。但疫情这种特殊情况创造了一种氛围，人们开始觉得意外随时可能发生，认为无法用眼前刚发生过的事情来预测将来的情况。而且，技术官僚们做出的令人欣慰的保证也遭到了怀疑，怀疑的程度是前所未有的，甚至令人产生了不祥的预感。

战争是令人紧张的，正如疫情最严重的时期一样。这种情况下人们必须保持高度警惕，而且尽管采取了所有预防措施，但死亡的真实风险还是会时不时找上门。这种恐惧往往使人难以集中精力去实现长期的愿景或完成长期的项目。商业世界也是如此，世界上最大、最强、最具创新性的公司往往存在于稳定、可预测的经济体中。在一个变化无常的货币体系中生存下来本身就是一项不得空闲的工作，公司并没有多少空间来制定清晰的战略。

如果美元的稳定和霸权不再是一个基本假设，而成为商界一种轻度甚至高度担忧的源泉，美国公司历来相对于外国竞争对手的一个关键性的比较优势就被侵蚀了。

受到影响的也不仅仅是美国公司。全球性的跨国公司深深植根于以美元为基础的体系，它们也会受到同样大的伤害。但至少它们有办法雇用新员工来应对这个新的风险来源。规模较小的企业可能会发现自己更容易受到货币膨胀的影响，驾驭风险的能力也会因此大大降低，无论它是不是在美国。

另外，对大企业不利的事情最终可能反而对普通人有利。疫情期间导致货币不稳定的因素也会有好的影响，在人道主义层面的表现就是，如在美国人最需要钱的时候把钱放进他们的银行账户。

如果各国政府，尤其是美国政府，能够选择充分利用自己的货币权力，这基本上是一件好事。在俄乌冲突爆发后，我们看到了金钱可以被当作武器，这是任何一个超级大国都不想放弃的强大而有效的武器，而且避免了北约和俄罗斯之间发生一场可能毁灭全球的战争。动用金钱武器这种行为的成本比一场实际战争的成本低几个数量级，无论是在经济层面还是在人员伤亡方面。如果美元的稳固性受到了打击，那么可以想象成汽车的防撞缓冲区受了冲击，如果它保护了生命，预防了第三次世界大战的发生，那么这种稳固性的受损就是非常值得的。

世界各国的央行行长正致力于重新稳定货币，消除通货膨胀，美联储主席尤其如此。他们希望能更加适应"边缘社区"的需求，但更重要的核心任务还是要稳定价格。在疫情之前，价格稳定在很大程度上被认为是理所当然的，美联储可以谈论在一两年内通货膨胀高于目标是没问题的，只要能帮助到结构性种族主义的受害者。现在，不清楚美联储是否仍有这种奢望。

疫情和通货膨胀还不至于把美国的货币体系烧成灰烬。美元仍然坚挺。对于跨国公司来说，由于货币的影响，它们以美元计算的在国外的收入不断缩水，这是很有问题的。然而，我们有一种不可否认的感觉是，货币的流沙已经开始在我们脚下移动，我们的基础还远远不够坚实，事后看来，在过去几十年里，我们一直在沾沾自喜地以为它已足够坚实。

好消息是，我们已经找到了一个重要的外交政策新工具，甚至可以把这个工具用于国内财政政策。坏消息是，货币的不稳定性使得资本主义更加困难了。资本家已经克服了比这更大的障碍，展望未来，疫情后未来几十年，新非常态经济的赢家肯定会有某种新的能力来驾驭变幻莫测的货币。

第十四章　不平等现象不断加剧

2007年以来，世界经济论坛几乎每年都会在达沃斯举办年会，其间会发布一份《全球风险报告》。事实上达沃斯年会期间许多份具备重要价值的报告会发布，其中很多都是在豪华酒店举办的新闻发布会上面世的。而这座沉睡的阿尔卑斯小镇也会在这个时候摇身一变，成为富豪们欢聚的场所。这些报告包括国际劳工组织的"世界就业展望报告""爱德曼信任度调查报告"，牛津饥荒救济委员会的"不平等报告"等。

这些报告的厚度在逐年递增，得花费数十人一整年的心血才能完成，其中最重要的内容会放在前几页显眼的地方，好让各位大人物花30秒钟便可快速浏览。

《全球风险报告》的格式基本固定，至少在它发布的头14年里是这样的。报告会沿着"最可能发生的"和"最危险的"两条轴线列出世界面临的五大风险。大流行从没上过"最可能发生的风险"榜单前五，但是2007年它在"最危险的风险"榜单上排名第四，2008年排名第五。

"最可能发生的风险"榜单和"最危险的风险"榜单每年变化都很大，但这不意味着风险本身是反复无常的。大部分的风险每年并不会发生太大的变化，不仅仅包括大流行风险，还包括自然灾害、全球老龄化和温室气体排放等风险。

真正变化的不是风险本身，而是达沃斯精英们对风险的关注程度。仔细看看这份报告你就会发现，尽管大型保险公司是报告的编制者，而它们赖以为生的本事就是量化重大风险的可能性和严重性，但报告的内容却取决于"全球风险感知调查"。在这项调查中，作为"世界经济论坛利益相关者"的841名"企业、政府、公民社会和思想领袖"均需要填写一份问卷，写出他们最担心的风险是什么。

因此，不足为奇的是，流行病自2009年从图表上消失后，在2015年以"传染病"的名目又出现了一次，毕竟塞拉利昂和利比里亚刚刚暴发过埃博拉疫情。

《全球风险报告》的方法论在很大程度上解释了为什么"收入差距"在榜单中曾经毫无影踪，却突然一跃而起，从2012年到2014年连续3年名列榜首。那几年，受全球金融危机影响，经济复苏缓慢，加上达沃斯超级富豪们丰厚的市场回报，在至少36个月的时间里，不平等现象不断加剧，已经到了无法被忽视的程度。然而，事实上它还是很快就被忽视了，而且再也没有在榜单上出现过。

这或许是因为，2016年之后，收入不平等所导致的最坏后果已经出现，而且已经没有任何人能解决这个问题。英国"脱欧"，民众对精英的怨恨撕裂了欧盟，然后又把特朗普推上了美国总统的位置。

我们甚至有理由认为，是2008年的金融危机导致了疫情发生，而世界经济论坛的全球风险图表只是一笔带过地暗示了这一点。从本质上讲，金融危机过后，往往会是缓慢而令人痛苦的经济复苏，这正是我们在2009年之后的几年里所看到的——同时，因为零利率政策，股票、债券和房地产市场出现了惊人的价格上涨。

不平等现象越来越明显，为英国"脱欧"和特朗普入主白宫奠定了基础。特朗普上任后的首要动作之一就是解散国家安全委员会的全球卫生安全和生物防御部门。前国土安全顾问汤姆·博塞特曾极力推动针对大流行的生物防御战略，但他后来彻底离开了政府，曾负责大流行应对的蒂莫西·齐默也一样。与此同时，特朗普对中国的强硬立场意味着中美这两个超级大国基本上停止了在卫生问题上的合作。如果当时的美国总统不是一个相信靠空想就能阻止疫情的人，那么至少病毒在美国的传播速度会慢一些。

世界经济论坛2020年的风险报告没有来得及把新冠病毒感染写进去，只在第76页提到了"严重急性呼吸综合征（SARS）、寨卡病毒感染和中东呼吸综合征（MERS）等新发传染病的暴发"。到第二年，新冠病毒感染已经不再是"风险"了，它已经被报告的撰写人归类为"明确而现实存在的危险"，与之并列的还有"数字不平等"、"恐怖袭击"和"人类环境破坏"。

从某种程度上来说，比较收入不平等和全球热核战争等截然不同的风险，看着它们在世界经济论坛风险报告的排名上起起落落，就好像它们是某种重大风险对抗赛中的竞争对手一样，这样的行为是愚蠢的。但是如果将密切关注排名变化当作一项人类学实践，我们就能发现很多信息。即使在疫情暴发后，达沃斯的精英们也没有对不平等现象表现出特别的关注，因为他们有更紧迫的事情要担心，比如疫情。

然而，事实是，疫情几乎在所有方面都极大地加剧了全球不平等现象——国家内部、国家之间（如强国与弱国之间）、富人与穷人之间、黑人与白人之间、男人与女人之间、患病者与健康者之间，概莫能外。正是由于发生了这一全球性的突发公共卫生事件，不平等现象加剧一事才没有得到应有的关注——正如我们在2012年到2014年间所看到的。而且即使它极其重要，得到了最高程度的关注，也不意味着权贵们会采取任何行动来解决它。

这在一定程度上是因为，造成不平等问题的原因，很大一部分就在于权势阶层。不平等的一种深刻的形式背离了"人人生而平等"意义上的"平等"，即背离了每个公民都拥有与其他公民相同的与生俱来的权利、特权和固有的尊严。托马斯·杰斐逊在《独立宣言》中掷地有声地表达了这一观点，而它的发端至少可以追溯到约翰·洛克1690年出版的《政府论》。

洛克的成就在于批驳了罗伯特·菲尔麦爵士的思想。菲尔麦爵士曾宣称，人类生来就是奴隶，处在一个预先存在的等级制度中，上帝在最高处，然后是尘世中的君主。菲尔麦支持威权的著作《论父权制》于1680年出版时，他本人已经去世27年了，这个事实在客观上帮助洛克赢了观点之争，因为死人是无法开口辩论的。到1776年主要由杰斐逊撰写的《独立宣言》发表的时候，至少杰斐逊认为洛克的观点已经"不言而喻"了，但在1690年之前，生而平等的观点肯定不是"不言而喻"的。说实话，杰斐逊也未必完全认同洛克的观点，毕竟他一生蓄奴超过600名。

即使在今天，《独立宣言》序言的影响力也仍然在于它修辞有力，而不在于其可以从经验上得到证实。从出生到死亡，不平等无处不在；不平等已经融入世界上所有的政府体系。美国当然并没有认为人人生而平等；事实上，它不遗余力地拒绝世界上绝大多数人获得美国公民的身份。然而，杰斐逊和大多数现代美国人都能在不平等的背后看到洛克式的理想——"自然状态"。在自然状态下，每个人确实都是平等的，没有谁比谁高贵或低贱。这样一个社会的成员可能出于自身利益考量，自下而上地集体组建起某种政府，就像杰斐逊在1776年所做的那样。这样的政府因为得到了被统治者的同意而获得了合法性。这样的合法性既不是上帝赋予的，也不是君主继承来的。

在更为贫穷的国家，政变频频发生，频率之高是几十年来所未有的。从2021年中到2022年初，在不到一年的时间里，马里、布基纳法索、几内亚和苏丹都发生了政变并成立了过渡政府，尼日尔和缅甸也发生了政变，但政变未遂。在乍得，一场试图建立新政权的反政府武装行动虽然失败了，但总统伊德里斯·代比在亲率重兵清剿中被击伤，不治身亡。

最能载入史册的，莫过于2022年2月俄乌冲突爆发，这在疫情前是无法想象的。它实在是令人震惊，事发当天上午，本已低迷的莫斯科证券交易所指数从本已低迷的水平暴跌了50%。股市剧烈震荡的程度并不能完全说明某个突发事件有多重要，但却能很好地说明这件事有多么出人意料。

疫情在所有这些事件中都起到了推动作用。到2020年9月，疫情已造成100万人死亡。到2021年1月，又有100万人死亡。到4月，第三个100万人。到7月，第四个100万人。到10月，第五个100万人死亡。数以百万计的人相继死亡，这是一场人们几乎无法想象的巨大悲剧，而且悲剧仍在继续。

这样的结果让人麻木，并且削弱了二战后自由主义的梦想——建立一个新的国际秩序，而其基石是对个人人权的普遍尊重。新西兰等国家为了保护本国公民而关闭国门，把自己与世界其他国家隔绝开来，这是一个高尚的举动，在很大程度上根植于洛克关于人人平等的理想。如果某个国家有相当一部分国民的死亡是不必要的，其国家元首本来可以采取措施来防止死亡却没有这样做，那么这位元首便会处于令其绝望的道德困境中。

然而，大国领导人像特朗普、普京、博索纳罗和约翰逊并没有耐心去解决"电车难题"。他们深知，只要无论如何总会有一部分人死去，那么就无法把任何人的死归咎于他们的决策不当。当然，如果政府实施了更加积极的政策，某个人可能会因此得救，但也有可能他还是会死的，谁知道呢！

这与以下逻辑是完全一致的。如果是做出杀死某个具体的人的决定，做这个决定就很可怕，但如果做出某些决定，从统计学来看必然会导致很多人死亡，但具体谁会死又不可知，那么做这个决定的人所遭受的道德谴责就会少得多。提高公路限速就是一个很好的例子，只有极少数人认为这等同于谋杀。

就疫情而言，这带来的结果是某种奇怪的道德计算。当人们死于某种疾病时，该类死亡往往被认为是"自然原因"造成的。但当要求人们在室内戴口罩时，这就是政府对人们生活方式的主动约束。

从政治层面看，这就解释了为什么取消限制性措施远比实施限制性措施更受欢迎，而这是医学界从来都无法理解和接受的。虽然流行病学家乐于发表意见评论什么样的公共卫生政策最好，但在很大程度上他们并没能跟上政治现实的脚步，因为选民确实会指责政客采取了强制性举措，但他们却没有指责政客造成了死亡。

这又反过来给了政客们一张有效的全权委托书，让他们在执行政策的时候完全可以无视给社会最弱势成员带来的不利后果。人人不再生而平等：如果你运气不好，疫情期间生活在拥挤的环境中，或者本来就患有诸多合并症，或者免疫抑制，或者在医院工作，再或者仅仅只是年纪大了，那么你不管身处什么国家，都会迅速意识到自己已经沦为二等公民，你所拥有的基本尊严，甚至不如某个在超市因不愿佩戴口罩而恼羞成怒的"凯伦"①。

强制性指令基本上是人人平等的,所有人都必须执行,所有生命在它们面前同等宝贵。如果有哪个国家拒绝执行强制性指令,或者大张旗鼓废除这些指令,这就无异于把它最弱势的公民抛弃到电车轮下,受益的只有那些愿意在"适者生存"的丛林中碰运气的人。

人类最基本的平等基于这样一种理念,即每个人生来便拥有不可剥夺的权利,包括生命权和自由权。在有些地方,如美国、英国、瑞典和巴西,生命权屈服在某种自由观之下,这种自由观忽视了个人既是病毒的载体也是病毒的传播者这个事实。

病毒变异让情况变得更加糟糕。德尔塔毒株和奥密克戎毒株突破疫苗防御,接种过疫苗的人重症率虽然降低,但病毒传染性却依然很强。新冠病毒并不像1918年的西班牙流感那样主要针对年轻力壮人群。事实证明,新冠病毒对无钱无势的人最为致命。

贫穷本身就是患者死于新冠病毒感染的首要原因。在许多国家,大规模新冠病毒感染者的收入数据是无法获得的,但墨西哥最大的医疗保健系统"墨西哥社会保障局"是个例外,它掌握着墨西哥私人部门所有员工及其家属的日常收入数据。

《柳叶刀》的一项研究调查了在墨西哥社会保障局登记备案

---

① 译注:"凯伦"是美国等英语国家民众使用的贬称,用于指代自认有权势,或要求超出合理或必要范围权利的妇女。

的100多万人，他们因出现了相关症状去了诊所并且进行了核酸检测。[1]这群人并不是墨西哥最贫穷的人，他们在某个私人部门有一份工作，并且有途径获得医保。尽管如此，结果方面的差异依然惊人。

在其中，如果一个人的核酸检测结果呈阳性，又属于收入最低的那10%，那么他住进医院的概率是40%，死亡的概率是17%。如果一个人属于收入最高的那10%，那么他住院的概率就会降到15%以下，死亡的概率也只有4%左右。

最终的结论是，在控制了包括合并症在内的所有变量后，调查对象中收入最低的那10%的墨西哥人死于新冠病毒感染的可能性，是收入最高的那10%的5倍。

墨西哥的情况与其他地方别无二致。比利时的一项研究发现，阳性患者中，低收入组（收入最低的10%人口）的死亡率是高收入组（收入最高的10%人口）的两倍。比利时的死亡率差距较小，这也是说得通的，毕竟在比利时归于"贫困"的那一群人如果生活在墨西哥，应该处于中等收入水平。另一项针对所有国家的元分析发现，无论在哪个年龄段，发展中国家新冠病毒感染者死亡的可能性都是高收入国家的两倍。[2]

这些统计数据并没有完全体现出各国内部的差异。如果针对所有墨西哥人进行这项研究，而不仅仅是那些正式受雇于私人部门的人，那么贫富人口的死亡比例可能会高于5∶1。如果在全球范围内对新冠病毒感染者的死亡率进行研究，比例会更高。一个人的健康状况与他的收入密切相关，而收入不平等仍然处于惊人的高水平。世界不平等实验室的年度报告显示，世界收入最高的10%的成年人平均年收入约为10万美元。如果某个成年人的收入在全球的中位数以下，那么他每年只能挣3000美元左右，而且一般来说，他可能还得养活一大家子，他的家庭人口通常远远大于高收入家庭的人口。世界不平等实验室的年度报告是由一群明星经济学家共同撰写的，包括卢卡斯·钱斯尔、托马斯·皮凯蒂、伊曼纽尔·赛斯和加布里埃尔·祖克曼。[3]

疫情并没有广泛地降低收入在中位数以下人口的收入。由于政府慷慨的财政政策，贫穷人口的收入总体上升，这个现象在富裕国家尤其普遍。然而，对于最底层的10%来说，情况就很糟糕了。

世界银行的首要任务是减贫。出于这个原因，世界银行一直密切关注全球极端贫困人口的数量变化，也就是那些生活费每天低于1.9美元、每年不到700美元的人。一般来说，极端贫困人口的数量每年都会减少约2500万。2019年预估的极端贫困人口是6.55亿。根据中期趋势简单推断，到2020年，极端贫困的人口预计应降至6.35亿。但事实是极端贫困人口不降反升，并且还升了不止一点，其增长速度比世界银行预估的任何年份都要快。

世界银行估计2020年极端贫困人口的预估是7.32亿，也就是美国人口的两倍多。这一年之内贫困人口的增量就抹去了自2016年以来世界在减贫方面取得的所有进展。由于疫情，2020年的极端贫困人口比预计的多了大约1亿。

我们做一个直观的对比：2020年，全球死于新冠病毒感染的总人数可能还不到200万，经济学上的统计数字远不足以说明它给人类造成的痛苦，死亡人数和住院人数也不足以说明。尽管2020年底新冠病毒感染者的年死亡率开始下降，但极端贫困率仍保持在较高水平，极端贫困人口仍比疫情前的多了大约1亿。

更广泛意义上的贫困也是如此。我们给"贫困人口"的定义是每天生活费低于5.5美元的人。2020年，全球贫困人口增加到33亿，其中有1.69亿人是因为疫情才沦落至此。

大规模的贫困折磨的不仅是穷人。疫情期间，女性，包括跨性别女性，遭受的性别暴力大幅增加。她们没有办法逃离施暴者，因为在一个满是封控和医疗分诊的世界中，那些旨在保护她们的社会保障系统已然崩塌。打求助热线的人大幅增加，但她们往往得不到帮助。印度国家人权委员会称，家庭暴力的数量比疫情前高出了2.5倍。[4]

从本质上讲，政府对雇主和雇员的支持也是存在性别差异的。如果政府不知晓某个群体的存在，那么也就无法提供支持，可是在发展中国家的一些地区，90%以上的女性都不是登记在册的正式雇员。这些女性身处困境，没有任何谋生手段，也没有任何办法向政府寻求帮助。

这并不是说正式受雇的员工过得就很好。世界银行对2020年和2021年全球收入的一项综合研究表明，收入分布中，每一个百分位数对应的收入都低于疫情前的。[5]也就是说，如果你是可以居家办公的专业人士，并且在2020年和2021年挣的钱与2019

第三部分　企业、社会：经济该如何涅槃重生　　275

年的一样多，那么你已经遥遥领先于世界上大多数挣同样多钱的人。事实上，总的来说，美国是少数几个在疫情期间收入普遍上升而不是下降的国家之一，至少名义上是这样。

根据国际劳工组织的数据，非自愿失业人数从2019年的1.86亿激增至2020年的2.24亿，约增长了20%，然后在2021年保持在高位，而且还没有迹象显示有望恢复到疫情前的低点。

疫苗方面的不平等现象也非常严重。在2022年新年低沉、悲观的庆祝声中，在奥密克戎毒株席卷全球的阴霾下，全球只有不到一半的人口全程接种了疫苗，只有不到7%的人接种了在一定程度上可以抵抗新毒株的加强针。

快速研发出有效的新冠疫苗可以说是21世纪初最伟大的科学成就，但仅仅研发疫苗是远远不够的。

要让人群广泛接种疫苗，需要做好4件事：第一，政府必须能够准备足够的疫苗给每个人；第二，政府必须能够将疫苗分发到全国的每个角落，并始终保证将其储存在必要的温度下；第三，分发和物流网络必须能够调动必要的资源，将疫苗分流到当地，让每个人都能接种；第四，也是最重要的，人们必须愿意接种，或者至少是不排斥接种疫苗。

在贫穷国家，要克服所有这些障碍并保持较好的总体接种率是非常困难的。仅第一步就成为大多数非洲国家面临的主要问题——在疫苗刚研发出来的那几个月里，疫苗几乎全都被高收入和中等收入国家囤积起来了。印度血清研究所获得了生产牛津大学疫苗的许可证，这些疫苗由阿斯利康公司分销到世界其他地区。下订单很容易,但交货却很难:到 2021 年中,致力于公平分配疫苗的"新冠肺炎疫苗实施计划"已经购买了 24 亿剂疫苗,但只运送了 9500 万剂。[6]

更糟糕的是,这 9500 万剂疫苗中,有许多在有效期内于第三和第四件事上受阻。"新冠肺炎疫苗实施计划"实在是过于混乱和不可预测,大量疫苗虽然抵达了乍得和贝宁这样的国家,但由于缺乏相应组织机构和基础设施,许多疫苗即使运到了也无法实现接种。在贝宁,11 万剂疫苗最终超过了有效期,因为贝宁每天只有能力为 267 人实施接种。[7]

还有更糟糕的事:一旦提供给各国的疫苗数量充足了,大多数政府的领导人以及公民都不愿意为次优选项所敷衍。这也可以理解,毕竟信使核糖核酸疫苗比其他疫苗有效得多。由于辉瑞和莫德纳生产的疫苗供应有限,根本就没有足够的信使核糖核酸疫苗可以提供给世界上几十亿没有接种的人。

鉴于世界上最贫穷国家面临着物流方面的各种障碍,那么发展中国家面临的最后一道障碍,也就是人们对接种疫苗的犹豫和抵触心理,就必须比德国或美国等高收入国家少得多才行。遗憾的是,事实并非如此。虽然有些国家非常渴望民众接种疫苗,比如埃塞俄比亚,但有些国家却非常犹豫,比如利比里亚。它们对外国机构和制药公司的信任程度很低,这是完全可以理解的。

这些障碍并不总是叠加共存,有时也会相互抵消。比如说,如果一个村子里有 100 个人,但只有 50 个人想要接种疫苗,那么如果护士只带了 50 剂疫苗,她就可以把所有疫苗都接种出去。

然而，一般来说，对疫苗持犹豫态度的人和未接种疫苗的人之间会相互影响。人们倾向于和街坊四邻保持行动一致，如果他们的邻居不乐意接种疫苗，那么他们可能也会如此。假以时日，"我没打疫苗"就会成为人们身份认同的一部分，一旦到了那个时候，几乎就再也不可能改变他们的想法了。如果无法在一开始就让人们接种疫苗，之后再想给他们接种，那就十分困难了。

在接种率低的国家和地区，疫苗不平等会对公共健康造成严重影响，接种率高的国家和地区也是一样的，因为对疫苗具有抵抗力的毒株在未接种人群中更容易蔓延扩散。疫苗不平等既可能是某个新型毒株带来的结果，同时也可能是产生新型毒株的原因。这就是为什么就传染病而言，我们在拥有了一个世纪的好运气之后，却对未来几十年充满疑虑。

不平等之所以存在，是因为有赢家与输家的对比，而疫情中最大的赢家，毫无疑问，就是那些疫情前也是赢家的人，也就是亿万富翁。

研究亿万富翁在疫情期间的收入并没有什么特别的帮助，尽管其间他们的收入确实上升了。2019年1月至2021年12月，美国收入最高的0.01%那部分人，平均每年可支配收入增加了约100万美元。但是那些疫苗接种率100%的超级富豪并不关心自己的收入。事实上，他们倾向于将自己的收入最小化，因为收入越低，需要缴纳的税也就越少。他们如果需要花钱，可以抵押自己的资产去借钱。疫情期间，亿万富翁们就是这么做的，着实令人震惊。

2008年全球金融危机之后，世界经济论坛非常担心不平等现象不断加剧，但也正是这个时候，亿万富翁们的财富总额却首次以每年1万亿美元的速度增长。他们在2008年、2009年的股市崩盘中损失了约2万亿美元，却只花了几年时间就把钱赚了回来，而且此后他们的财富继续一路飙升。总的来说，在2007年到2020年的14年里，包括金融危机那段时间在内，亿万富翁们的财富总额以2021年的实际美元计算增加了4.9万亿美元，平均每年增加约3500亿美元。[8]

相比之下，在2020年3月至2021年10月的19个月里，包括疫情一开始导致的股市崩盘时期，这些亿万富翁的财富总额增加了5.5万亿美元，相当于每年增加约3.5万亿美元。比起本已令人发指的历史常规水平，他们财富总额增值的速度还要高出整整一个数量级。

疫情期间，亿万富翁的财富总额超过了14万亿美元，他们还只是我们所知道的《福布斯》杂志列举的那些备受瞩目的、大部分来自西方的亿万富翁。真实的数字肯定要大得多。有许多亿万富翁的财富并没有纳入上述统计，其中包括：加密货币交易平台币安创始人赵长鹏，他通过加密货币一夜暴富；神秘的海纳国际集团创始人杰夫·亚斯，据新闻机构Project Brazen的调查，亚斯的财富超过了1000亿美元；还有其他神秘的寡头。

亿万富翁的崛起创造了许多"何不食肉糜"的经典时刻，尤其是杰夫·贝佐斯耗资数十亿美元，坐着丑陋的火箭飞向太空的快乐之旅。

疫情暴发前，贝佐斯登台接受了德国出版商阿克塞尔·施普林格（Axel Springer）集团首席执行官马蒂亚斯·多夫纳颁发的一个企业奖，并回答了一些很简单的问题，其中之一就是"你打算怎么回馈社会"。多夫纳还问贝佐斯，作为历史上第一个身价超过1000亿美元的人，他打算如何"合理地使用这笔钱"并"做善事"。

对一个处于公众目光下的亿万富翁来说，这样的问题再好不过了。他可以利用这个机会来打造自己的人设——不是一个贪婪的、扰乱整个行业、颠覆数百万人生活方式的资本家，而是一个深刻思考如何利用巨额财富让世界变得更好且很乐意将这些计划付诸行动的人。然而，不知何故，贝佐斯的答案却让人大跌眼镜。

多夫纳当时未预见到，在他提问之后不到一年，贝佐斯就在推特上宣布和妻子麦肯齐离婚，震动了慈善界。离婚后麦肯齐获得了几百亿美元，立刻把自己变成了世界上最具进取心和想象力的慈善家。她以一种历史上财阀阶层明显缺少的谦逊态度来对待自己的财富和好运。

大多数慈善基金会的设立，都是为了留名青史，同时在一定程度上限制受赠者。慈善机构往往会花费大量时间证明自己过往捐赠的合理性，以便最大限度增加未来募款的机会。麦肯齐·贝佐斯在改回本名麦肯齐·斯科特后做了完全相反的事情。她根本就没有设立基金会，而是招徕了几个值得信赖的顾问，明确了需求事项后便开始开出巨额支票，完全出乎大家意料。她并不担心

"她"的钱会被"浪费",而是意识到慈善机构运营人员的钱款使用能力不亚于她,甚至可能更强。因此,她把决策权外包且不附加任何条件,仅在头两年就花掉了90亿美元。

麦肯齐的慷慨,是在委婉地对前夫进行双重指责。首先是一个简单的事实,她只有离婚才能捐赠这么多钱。贝佐斯是世界上最富有的人之一,在她还是贝佐斯夫人的时候,她却无法大力支持慈善事业,这对任何人而言都是很受挫的。然后更尖锐的是,她离婚后所展现出的慷慨,可被视为直接回应了贝佐斯对多夫纳提问的回答。

在多夫纳提出问题时,以自己的动力和想象力为荣的亿万富翁贝佐斯回答说:"如此大量的财富资源,我能想到的唯一用法是,将我在亚马逊的成功转化到太空旅行领域,基本上就是这样。"

这并不是说贝佐斯不愿意把钱捐给那些不如他幸运的人,而是说即便他掌握着几乎无人能及的资源,他却根本没有想到慈善这个选项。在花钱问题上,贝佐斯想到的唯一方式是把钱在近地轨道上"烧掉"——在疫情期间,他终于做到了近地轨道飞行,在那11分钟的飞行时间里,约80人死于饥饿,约100人因缺乏基本医疗保健而死亡。火箭飞行产生了约300吨碳排放,超过墨西哥人终生碳排放量的均值。

回到地球后,这位电子商务亿万富翁想要传达的信息就更加明确了。"我要感谢每一个亚马逊员工和客户,因为是你们为这一切买的单,"贝佐斯在全球直播的新闻发布会上说,"说真的,对于每一位亚马逊客户和员工，我从心底里感谢你们，非常感谢！"这等于是在明确承认，正是不平等将世界首富推入太空，他自己是幸运的受益者，而亚马逊数十万仓库工人提供了必要的劳动。

我在路透社工作时和同事瑞安·麦卡锡一起创建了网站Counterparties，它有点类似于金融圈的德拉吉报道（Drudge Report）网站。我们在这里提供有趣故事的链接，留言者通常只用一个标签进行评论。瑞安是标签创建大师，他创造的最有用的标签是"异想天开的亿万富翁"。这个标签有时用来描述纯粹的消费决策——一位卡塔尔酋长决定投入数百万美元在沙漠中摆放理查德·塞拉的大型雕塑作品；或是甲骨文的创始人拉里·埃里森买了一架退役的苏联战斗机；又或是杰夫·贝佐斯希望花4000多万美元在得克萨斯州西部的山上建造一座500英尺高的时钟，每年只响一次，但寿命至少有一万年。你如果买得起，为什么不呢？

更多的时候，这个标签用来描述投资决策，那种，嗯……异想天开的奇葩决策。比如，香港亿万富翁李嘉诚2007年向脸书投资1.2亿美元，只因为这让他感到年轻；[9]世界报业大亨鲁伯特·默多克创办了iPad（苹果平板电脑）电子报，只因为他曾做梦梦到了这件事；[10]股神沃伦·巴菲特收购了家乡的报纸，尽管通过分析过往的记录不难得出结论，这份资产无论如何都没有收购意义。巴菲特是对的，9年后他亏本出售了该报纸。[11]

金融资讯界的亿万富翁迈克尔·布隆伯格在担任纽约市长期

间二话不说就收购了《商业周刊》杂志。顾问们告诉他该杂志可能每年要亏损2500万美元,但他反驳道:"我看起来像是担心2500万美元亏损的人吗?"[12]

贝佐斯对蓝色起源商业太空公司的投资便同此类投资类似。你成了亿万富翁就可以做这样的事情,尤其是,这种投资有时候会带来惊人的回报。

例如,埃隆·马斯克2004年从在线支付平台PayPal公司退出时已经非常富有了,他向一家名为特斯拉汽车(Tesla Motors)的小型电动汽车初创企业投资了650万美元。在随后几年内,马斯克投入了更多资金——总共约7000万美元,大致相当于一栋洛杉矶豪宅或一幅毕加索名画的价格。最终,这笔投资一度使马斯克成为全球首富,更重要的是,这笔投资彻底改变了全球汽车行业。

并不是所有的变革性投资都以营利为目的。例如,洛克菲勒基金会和其他一些机构在半个世纪的时间里,为"绿色革命"项目投资了大约6亿美元。这6亿美元先用于抗病小麦的研究,后来用于抗病水稻和抗病玉米的研究。抗病农作物首先在墨西哥推广,然后推向全球,10亿人因此免于因饥饿而死。这个故事的主人公是1970年诺贝尔和平奖获得者、科学家诺曼·布劳格,但资助他开展研究的资金则是来自洛克菲勒家族标准石油公司的垄断利润。

美国的公共图书馆系统、国家"9·11"应急系统、婚姻平等,甚至包括越南立法强制要求骑自行车佩戴头盔,等等,这些

第三部分 企业、社会:经济该如何涅槃重生　　283

都得益于一些亿万富翁慈善基金会的资助。

然而,尽管亿万富翁的财富有时会带来好处,但它所造成的不平等加剧的后果依然是显而易见的。在被世界经济论坛提到的几乎所有全球性风险,都会因为不平等而加剧,甚至自然灾害也不例外。因为当地震和海啸等自然灾害袭击贫困地区时,死亡人口就会多得多。不平等导致饥饿、疾病和儿童成长期的发育迟缓,而且儿童经受的这种损伤是终生无法弥补的。因为这不仅使他们成年后身材矮小,而且更加瘦弱、贫穷,学习能力不强,也更容易罹患慢性病。在布隆迪和厄立特里亚等国家,5岁以下儿童发育不良的比例超过一半。这个数字在危地马拉为47%,也门为46%,利比亚为38%。在美国,这一比例要低得多,仅为3.4%,但仍是爱沙尼亚1.2%的近3倍。

不平等加剧了生物多样性的丧失和水危机,还会引发政变和战争,进而导致大规模移民和难民危机,也令难民接收国出现政治仇外倾向。不平等甚至加剧了财政的不平衡,导致实际上纳税的只有底层99%的民众。

几千年来,不平等也推动人类取得了一些宏伟成就,从埃及的金字塔到中国的长城,从佛罗伦萨著名的美第奇家族的宝藏到巴拿马运河。由于不平等,少数人能够支配多数人的资源,能够押下重注,赢得大胜。

不平等能够驱动长远的思考,尽管人们长远思考可能是出于自私的目的。例如,王朝的首要工作是将财富代代相传。哈布斯堡王朝就非常擅长这一点,从1273年到1918年,他们统治了欧洲大片土地，长达 645 年。但今天的王朝往往低调得多，在财富的全球分散配置上做得更好，以便财富不会被即将上台的政府没收。

亿万富翁除了自身不被消灭之外，还存在一种渴望，也就是要在历史上留下印记，为子孙后代所铭记。史上最伟大的肖像画家迭戈·委拉斯开兹就为哈布斯堡家族中的许多人留下了肖像画。如今，肖像画似乎已不足以让画中人青史留名。超级富豪的第一件事是把自己的名字和一个旨在永远存在的宏伟事物挂钩，例如重要的文化机构，或是每年只捐赠 5% 资金的高调慈善基金会，以此达到永不消亡的目的。

无论马克·扎克伯格和劳伦娜·鲍威尔·乔布斯是否成立基金会，雄心壮志都是他们不变的风格。扎克伯格说想在 2100 年之前治愈所有的疾病。他和脸书联合创始人达斯汀·莫斯科维茨，以及即时通信软件 Skype 公司的埃隆·马斯克和贾恩·塔林等人，一直在为"x 风险"研究投入资金，一投就是数百万美元，目的是识别和预防可能彻底摧毁人类的风险。据称，一个名为 OpenAI（开放的人工智能）的组织得到了马斯克和其他科技名人以及微软公司数十亿美元的支持，正在着手应对计算机获得意识并摧毁人类的风险。

我最喜欢的慈善思想家是斯坦福大学的罗布·赖克，他鼓励这种做法。赖克指出，基金会，或者更广泛地说，非常富有的人们可以而且应该在任何民主国家都发挥至关重要的作用，"参与高风险、长周期的政策创新和实验"。[13] 上市公司要对股东负责，主要专注于保持季度收益，所以上市公司做不到这一点。政治家们也很难发挥这个作用，因为试验如果失败，他们下一次选举的前景就会非常糟糕，尤其是当试验的代价高昂时。相比之下，慈善机构可以尝试各种想法。如果成功，政治家们推广成功经验的风险要小于从头试验的风险；如果失败，也没有人需要负责，所以在理想情况下，不会对他们的职业生涯造成负面影响。

社会影响债券是个不错的例子，其背后的构思简单而聪明：大量刑满释放人员最终会再次犯罪入狱，州政府要为此花很多钱，因为它不仅每年要支付数百万美元用于关押囚犯，还要支付大量的刑事司法费用。此外，犯罪行为当然会危害当地社区。因此，如果效果能够达到预期，在防止刑满释放人员再次犯罪的项目中花上几千美元就显得很有意义。

高盛为此提出了一个市场化的解决方案。高盛用极低的成本创建了一个组织，其认为既然成本足够低，那么即便只能防止一小部分刑满释放人员再次入狱，性价比也足够高。因此，高盛向相信该计划的投资者发行了社会影响债券，并用收益来支付成本。如果取得了预期效益，那么投资者可以拿回投资；如果没有，那么投资者承担损失。

该计划由彭博慈善机构承保。也就是说，迈克尔·布隆伯格是站在这项计划幕后的人。在该计划的试点期间购买债券的投资者实际上没有任何风险：如果累犯率未如预期般下降，布隆伯格将偿还投资者资金。

在政治上，这个项目并不受欢迎，尤其鉴于高盛可能因此获得利润。记者马特·塔伊比曾经把高盛描述为"一只缠绕在人类脸上的吸血鬼乌贼，无情地从任何闻起来像钱的东西中吸血"。[14] 然而，作为一种慈善赌注，这对彭博慈善机构而言很有意义。如果社会影响债券持续奏效，政府可能会被说服扩大注资规模；反之，慈善机构也不会为此丢面子。大胆冒险是好事，但并不是所有风险都有回报。

最终，社会影响债券的效果并没有像布隆伯格和高盛所期待的那样；债券结构和他们资助的减少累犯计划都存在弱点，而且人们事先并没有预料到这些弱点。但我不认为这个实验是失败的，我认为这是一个风险与风险偏好相匹配的绝佳例子，是推动几乎所有增长和进步的基本方法。布隆伯格的财富给了他不惧于承担损失的风险偏好，事实上，我几乎确信，布隆伯格的想法是："如果我的慈善机构没有时不时做一项可能导致彻底爆雷的决策，那未免也太保守啦。"

不平等对于风险而言就像是增味剂：不管有什么风险，不平等都会将其放大，下行风险变大变糟，上行风险变大变好。疫情对不平等现象造成的影响便是一个完美的例子，说明疫情不仅仅是新非常态世界最重要的例证，也是加速这些变化的力量。二战后的世界经历了最糟糕和最大的下行尾部事件，总体上波动性低到了人们难以置信的地步。这种状态是不可持续的，如今，这种状态已经结束了。

也就是说，不平等就像增味剂，撒向美国的土地后，灰烬废墟更少，涅槃凤凰更多，在把美国和其他国家做对比的时候尤其是这样。美国不是一座孤岛，全球风险是全球性的，只有少数几个国家在疫情期间不平等程度下降，美国是其中之一。

加州大学伯克利分校对不平等现象进行研究的学者伊曼纽尔·赛斯、加布里埃尔·楚克曼和托马斯·布兰切特遐迩闻名。他们花了大量精力来计算疫情对美国社会不平等情况的影响，发现尽管2020年的衰退非常严重，令人痛苦，但只持续了几个月，随后经济便以前所未有的速度复苏。当然啦，富人先尝到复苏的甜头，穷人则要经过更长的等待，这一点并不令人感到惊讶。[15]

但令人惊讶的是，总体而言，穷人的收益比富人更高。2020年1月，收入水平最高的那10%的美国人平均可支配年收入是26.89万美元，而收入水平最低的那50%的美国人只有2.42万美元。两者之间的比率为11.1，这也是衡量不平等的一种常见方法。

到2021年12月，最高的10%的美国人平均可支配年收入增加到28.06万美元，而最低的那50%则增至2.63万美元。二者的比率已降至10.7。

在疫情最严重的时候二者的对比更加鲜明。2021年3月，二者分别为28.84万美元和4.09万美元，前者仅约为后者的7倍。如果把2021年全年与2019年全年做比较，那么美国收入分布中最低的50%的家庭收入平均增长20.3%，涨幅惊人。也就是说，超过6000万个家庭享受到了这种增长。

上述现象很大一部分得益于疫情救济，即经济刺激计划。疫情救济显然是影响并不长远的权宜之计。但即使排除政府援助，底层50%的美国人在2021年的平均税前收入也增长了11.7%，这还是扣除通胀因素后的实际收入。2022年，通胀确实抵消了部分的收入增长，但大部分收入增长还是实打实的。

经济增长、技术发明和其他上行惊喜通常与系统中的风险资本过剩有关，这正是我们在疫情期间所看到的。2020年和2021年，数千个非常规项目收到了投资，尽管其中大多数注定失败，但从概率的规律来看，肯定有一些项目会取得巨大成功。尽管美国确实吸引了远远超过其应有份额的资金，但"大部分投资打水漂，小部分投资取得大成功"的规律却是全球性的。

更有趣的是美国的收入分配底层正在发生的事情。资本涌入工薪阶层，社会稳定水平随之加强，解放了数以百万计的人。美国疾病控制与预防中心出于健康原因叫停驱逐租客，这个举措可能产生了更大的影响。靠薪水度日的人，经常在打零工时遭遇剥削，同时还在偿还巨额学生贷款，他们突然发现自己的生活前所未有地稳定。

禁止驱逐租客的政策持续了超过两年半的时间，在这段时间里，租客们在出租房里安定地居住，有充足的经济刺激补助，无须支付学生贷款，和其他被迫居家的人几乎处于完全平等的地位。尤其是那些没有孩子的租客，他们甚至发现自己有幸拥有了奢侈的悠闲时间。

虽然大部分时间都被浪费了，但令人惊讶的是，大量被浪费的时间竟然变成了改变世界的原材料。例如，基思·理查兹在卧室里创作了超出世人想象的吉他曲调。非结构化的时间是创造力和发明之母。疫情期间，人们史无前例地拥有了更多的时间，并且发现整个互联网触手可及，包括能找到各种稀奇古怪东西的优兔，还包括有代表性的游戏聊天应用软件 Discord。

有史以来最伟大的戏剧之一《麦克白》可能是莎士比亚在 1606 年因瘟疫封城期间写成的，剧中的苏格兰充满沉重的"叹息、呻吟和尖叫声"，这种"剧烈的悲伤"非常常见，已成为当时人们生活中的日常事实。莎士比亚写的"善良人的生命往往在他们帽上的花朵还没有枯萎以前就化为朝露"，使用的是当时人们讲述黑死病时所用的语言。

当然不能期待一场瘟疫会催生《麦克白》（或作者同时期写成的《李尔王》）这样的杰作。但大数定律确实起了作用，疫情有点类似给 100 万只猴子 100 万台打字机的那个著名思想实验，在互联网普及的时代尤其如此。在某种意义上，天才的笔触一定会发生在某个领域，如果不是艺术领域，那么就是商业、学术或科学领域。新非常态意味着黑天鹅和极端事件会增加，而这正是人类进步的主要驱动力之一。

我没有水晶球，不知道这种灵感会以什么样的形式出现。但我期待在疫情后的几年里，人们在时间存在富余而且对金钱的担忧处于历史低点时，能够产生足以震惊世界的创意。社会企业家勒伊拉·亚娜生前常说，"天赋是平均分配的，但机会不是"。从这个角度来看，疫情是推动机会平等的一种方式，至少在美国如此。这甚至可能有助于产生下一个勒伊拉·亚娜，一个可以在她的基础上再接再厉、为缺乏机会的人们提供机会的人，一个努力让所有人永远都能得到机会的人。

在美国，或者在地球的其他任何角落，我们都还没有实现机会平等，但是或许已经有许多年我们没能像现在这样见到人类这么接近实现机会平等的梦想。我非常期待看到因机会平等而产生的红利。

后记　未来可期

在充满沉重压力和出现大量死亡的时期之后，往往是增长和创新的时期。第一次世界大战之后是充满了激动人心事件的"咆哮的20世纪20年代"；第二次世界大战结束，拉开了法国人所说的"全球经济增长繁荣的30年"的序幕。尽管疫情破坏力十足，完全不受人们欢迎，但它暴发时世界正深陷在某种一成不变之中——经济学家喜欢谈论的"大稳健"或"长期停滞"，甚至是"新常态"。在这种情况下，人类对经济增长的预期永久性地降低，不得不接受巨大进步只属于过去时代的事实。

疫情前的世界非常高效。全球物流网货品交付准时，雇主向工人支付合理的工资，"敏捷"项目管理这种企业优化管理方法正在取代以前的"六西格玛"。事实上，在疫情前的世界，效率实在是太高，以至于任何进步都显得微不足道。工业革命以来，排除掉战争年代，欧美的生产率增长就从未下探到这个水平。[1]我们非常接近拓扑学家所说的"局部极大值"，即如果不先降低，就再也无法走高。

随后疫情暴发,几乎打破了一切。世界各国都按下了停止键。疫情损害了我们的身体,冲击了我们的思想,甚至打破了时间的概念,然后又告诉我们人类团结一致能够做到什么。我们以全新的方式重建,重建的速度之快,超过了所有人的预期。数百万人利用疫情封控之际重新审视生活、调整生活,事实上也许我们在几年前就应该这么做了。毕竟,人类是路径依赖的生物,倾向于按照既有的习惯来做决策,有时需要在巨大的冲击下才会采取行动。

我们在自己、朋友和雇主身上都看到了这种影响。几乎在一夜之间,既有的工作方式被打破,取而代之的是快速拼凑起来的新的工作方式,而它居然运作得还不错,超出了所有人的预期。整个过程混乱不堪,也绝对称不上好,但是人们在突破局部极大值时遇到的往往就是这样一种情况。我曾就远程办公采访过一家大型全球咨询公司的董事长,在采访开头的几分钟里,我需要教他该怎么用 Zoom。直到今天,每当有人发来会议邀请链接,我依然会感到不寒而栗。但是,正如我们在第二章中所说的,几乎所有的人都因为问题解决的速度,以及发生改变的速度而感到惊讶。在疫情前,从来没人给我发送过带有会议链接的邀请。

我一直避免用"后疫情"这个词来描述我们所处的世界,因为疫情是不会消失的,所以也许我会称"后疫情经济"为"凤凰经济"。与疫情前的世界相比,凤凰经济是不可预测的,也就是说,呈现出的是非常态。此次疫情不太可能是最后一场肆虐全球的大流行。地缘政治上的紧张局势会加剧，甚至可能引发战争，而许多战争的根本原因是全球气候的变化。全球气候变化已经不再是未来的某种威胁，已经是看得到的危险。不平等、不确定性和不稳定将变得更加普遍。

在这些麻烦面前，我们会更加关注《圣经》中关于吃喝玩乐的内容，也许你会喜欢世俗的快乐胜过虔诚的苦行。

我的名字费利克斯（Felix）来自拉丁语。这个词很难翻译，因为古罗马人创造它的时候并不像如今的我们既区分了"幸福"和"幸运"，又区分了"幸运"和"成功"。在古代世界，这些都是同一件事，就是命运对你微笑。在现代社会，如果有人说某个成功人士是"幸运的"，他往往会觉得受到了冒犯，同时幸运也并不意味着快乐。在凤凰经济中，这3个概念将重新变得相似。很多人在赌桌上下注，而且往往押得很大，其中有些人幸运，会赢来财富和幸福，可是多数赌徒都不会有这么好的运气。显而易见，这和加密货币有相似之处，随机性、技能、纯粹的运气在某种程度上交织在一起，难以区分到底是什么更加重要。也许，疫情期间开始做加密货币的人只是比我们早一点入场而已，我们迟早都会去做同样的事情。

在一个连金钱本身都不一定可信的世界里，财富就不再那么有吸引力了。储蓄是消费的延迟，但总是存在风险——第二天人或者钱突然出了状况，没法去进行消费了。这种风险越大，人们自然就越倾向于今朝有酒今朝醉，无论命运明天是否还会继续眷顾你。我们已经观察到，人们对空间和体验的需求都在增加。

在未来不确定性增加的情况下，如果上述需求保持强劲，就会给经济提供强大的动力，推动经济凤凰振翅飞起，进一步去探索未知。

经济学家有一个概念叫作"边际时间偏好率"，这个数据虽然用利率来表示，但基本上体现的是为了明天能得到更多，今天的你有多大意愿去延迟满足。[2]在我一生的大部分时间里，我的"边际时间偏好率"一直很低，事实上是太低了，比如我十多年前就买了葡萄酒，当时是为了将来的某个特殊场合准备的。原则上说这是个好主意，但我没想到自己对葡萄酒的偏好会改变，未来的自己实际上不会想喝之前买的酒。当疫情来袭时，我开始兴致勃勃地打开很多瓶"好"酒。在疫情封控时期的孤独时光里，这是我安慰自己的一种方式，但显然当时驱使我的，还有"人生苦短，及时行乐"的感觉。我当然不是为了留给后人才买那些酒的！

当"边际时间偏好率"上升时，我们今天的消费欲望也随之增加。疫情来袭标志着超低金融利率时期的结束，同时也标志着超低个人贴现率时期的结束。

在高端人群中，以前保持低调奢华生活的亿万富翁开始高调买断全球的超级游艇库存，囤积豪宅和艺术品，大幅增加支出。当然，可能还有不少并没有高调消费的富豪，或许这些低调富豪的财富总额更大。但是，事实上富豪们一直都有足够的钱，完全可以这样消费，只是觉得没有必要而已。正如我们在第十二章中所说的，中产阶层的消费倾向明显上升，而增加消费的趋势在低收入群体中甚至更加明显。尽管可能一直存在这种趋势，但是在收到经济刺激补助之前，在工资上涨之前，相对贫穷的人们没有足够的钱，无法像在疫情期间那样尽可能自由地消费。

需要明确的是，我不是在谈论繁荣时期的乐观消费。在繁荣时期，人们消费时会预期"明天会比今天更有钱"。人们在信奉第四章所谈到的"哈哈，一切都不重要"的宿命论的情况下，或是觉得人生无常，应该今朝有酒今朝醉，同样也会出现增加支出的情况。

人们进入了一个不可预测的、非常态的世界，花钱只是开始。新非常态中，人们更有可能去辞职，也更有可能去结婚或离婚。如果不平等是风险的增味剂，放大了利和弊，那么凤凰经济将有效地把这种增味剂洒到日常生活中，放大当下的味道，增强我们对世界的体验。

在谈到这种新经济时，我最终是一个乐观主义者。这不仅是因为我的名字叫费利克斯，也不是基于任何类型的经济分析。相反，是因为我看到了人们更有同情心也更加慷慨，我相信在人们饱含同情、慷慨待人的地方，往往会有非常好的事情发生。

在凤凰经济中，你再也不能指望曾经认为理所当然的事情一定发生。悲剧和胜利都会变得更加普遍。但这一切的背后，是我们对生命本身的重新领悟，既包括对自己生命的领悟，也包括对其他人生命的领悟。

致谢

这本书能够面世,离不开许多人的帮助,但首功归于我的经纪人布里奇特·马茨伊,是她最早提出应该写这么一本书。布里奇特在戴维·库恩的团队工作。库恩的耐心惊人,2008 年我们签下合同,但一直到 2020 年 4 月疫情突发、时机降临之前,他都没有催促过我。如果没有他们的督促,这本书恐怕永远不会出现在诸位面前。本书能够面世同样也离不开吉纳维芙·贝尔的鼓励和建议,她认为可以用宏大的视角来审视疫情,这个构想成就了全书的结构。

哈珀商业(Harper Business)的霍莉斯·亨鲍奇有着堪比戴维·库恩的耐心,早在 2010 年 2 月她就说服我写一本书由她出版,到今天已经过去了十多年。写书对于大多数人来说应该都不是什么愉快的过程,但我写得很开心,真是多亏了霍莉斯对这个项目的热情。因为她的热情,写书成了一种真正的乐趣。

然而我盲目乐观,错误估计了一个现实问题:我的主业是在

Axios 公司和一群绝妙的写手、编辑一起做"丰富而简洁"的文案,用尽可能少的文字表达丰富的含义,以此达成沟通。这份工作需要的是简短的、结构化的文字。上班写精简的要点,下班写长篇大论,来回切换就很……困难。我非常感谢 Axios 的尼克·约翰斯顿和埃贾·惠特克-莫尔,既是因为他们给我放了 3 个月的假去完成本书的大部分内容,更是因为他们是所有记者梦寐以求的最完美的老板。我还要特别感谢我的朋友兼同事埃米莉·佩克,感谢她对这个项目始终如一的热情,我们在中央车站喝鸡尾酒时是她激发了我的灵感,这些灵感化成了我心爱的第三章。

之所以多数人认为写书的过程痛苦,很可能是因为他们没有体验过在爱尔兰的圆石镇写作是怎样的享受。那是地球上最友好和最美丽的地方之一。非常感谢安妮和西蒙,你们给我在码头上安排的住所是个巨大的惊喜——说真的,只要你亲自去住一住圆石码头之家(Roundstone Quay House),就一定会喜欢上它。很庆幸我入住时正值冬日,因为窗外的景色太美,天光大亮的时候你一定会沉醉其中,肯定就不会去写书啦。

真的,我只是想躲起来写本书,但这里可是康尼玛拉,每个拐角都有扑面而来的善意和殷勤。奥多德酒吧(O'Dowd's)的热情好客堪称康尼玛拉之冠。走进奥多德酒吧,就一定要点一杯吉尼斯牌黑啤,那酒真是好喝,哪怕是厌恶吉尼斯的人也会被它打动。如果你到圆石镇,就一定要去咖啡小屋来杯咖啡,再要碗汤,那里的咖啡师詹姆斯和奥伊夫的水平在镇上首屈一指——尽管我必须承认,巴伦(Burren)的布赖恩·奥布赖恩烘焙的安南咖啡才是推动我写作的主要"燃料"。布赖恩,他是个烘焙咖啡的天才,如果他在爱尔兰排第二没人敢称第一。我确信布赖恩的咖啡独步爱尔兰,是因为相信告诉我这一点的人——克里奥德娜·普伦德加斯特和她才华横溢的丈夫帕特里克——绝不会说错。这两位带给我食物、饮品和友谊,又带我游览了令人惊叹的巴利纳欣城堡(Ballynahinch Castle)。对的,城堡同时是一家豪华酒店,非常值得一住。他们什么时候来纽约呀?我很期待能够尽一点地主之谊,给他们一些小小的回报。

在爱尔兰以外的地方,我必须感谢西蒙·克拉克和安德丽娅·雅尤拉、马修·罗斯和路易莎·博肯豪泽、乔恩·费恩和劳雷尔·托比、约翰·格雷利和杰拉尔丁·麦金蒂、杨冠和玛丽安·利兹、朱莉·亨特、拉里·科本、约翰·阿瓦隆、纳西姆·尼古拉斯·塔勒布、德尔菲娜·盖宁、文字链(Wordlechainers),尤其是整个比克福德-兰斯伯里家族,你们真的非常棒。我还要感谢扎克·盖奇,我在他开发的游戏上着实浪费了不少时间,但他的游戏帮助我排解了很多压力。

然而,我最想感谢的是妻子米歇尔·沃恩。如果不是她一直以来支持和鼓励我,写书这么困难的事我真是想都不敢想,更不可能完成啦。聊起戴维发来邮件催我的时候,是她让我下定决心开始书写;面对家务的时候,是她承担了许多本该属于我的工作;去爱尔兰离群索居 3 个月专注写作也是她的主意。米歇尔,谢谢你做的一切!我爱你。我发誓从今天起多多承包下厨的工作。

注释

序言

1. 万分感激凤凰城政府运营的普韦布洛-格兰德博物馆和考古公园,是它们提供的细节帮助我完成了本部分的写作。

前言

1. See Mary Williams Walsh, "A Tidal Wave of Bankruptcies Is Coming," *New York Times,* June 18, 2020, at https://www. nytimes. com/2020/06/18/business/corporate-bankruptcy-coronavirus. html.
2. Nouriel Roubini, "The Coming Greater Depression of the 2020s, " Project Syndicate, at https://www. project-syndicate. org/commentary/greater-depression-covid19-headwinds-by-nouriel-roubini-2020-04.
3. James Altucher, "NYC is dead forever," at https://jamesaltucher. com/blog/nyc-is-dead-forever-heres-why/.
4. Global Health Security Index 2019, at https://www. ghsindex. org/wp-content/up-loads/2020/04/2019-Global-Health-Security-Index. pdf.

5. John Kay and Mervyn King, *Radical Uncertainty: Decision-Making Beyond the Numbers* (W. W. Norton, 2020).
6. Douglas Adams, *The Restaurant at the End of the Universe* (Pan Books, 1980). 亚当斯在书中列出的职业清单在40年后仍然没有过时, 这个事实表明世界的变化速度确实很慢。

第一章　新非常态: 一个新不确定时代已然到来

1. 2016年埃尔-埃里安开始呼吁"新常态"的终结。See Mohamed El-Erian, "The End of the New Normal?," Project Syndicate, February 2016, at https://www.project-syndicate.org/commentary/the-end-of-the-new-normal-by-mohamed-a--el-erian-2016-02.
2. Lewis Carroll, *Through the Looking-Glass*, Chapter 5.
3. Dodai Stewart, "The Year in Limbo," *New York Times*, December 18, 2021, at https://www.nytimes.com/2021/12/18/style/year-in-review-2021.html.
4. Ben Dolnick, "(Let Us Out of This Clause)," *New York Times*, July 6, 2020, at https://www.nytimes.com/2020/07/06/opinion/parentheses-coronavirus-writing.html.
5. Kate Fox, *Watching the English* (Hodder & Stoughton, 2004).
6. "'Stay at home!': Italian mayors send emotional plea to residents," *Guardian News*, at https://www.youtube.com/watch?v=KxtGJsnLgSc.
7. 民调显示, 62%的澳大利亚人希望废除清零政策, 并在疫苗接种率达到一定目标时结束防控, 24%的澳大利亚人表示反对。https://www.smh.com.au/politics/federal/voters-back-national-vaccination-targets-to-ease-restrictions-20210824-p58lk5.html.
8. Mary Douglas, *Purity and Danger: An Analysis of Concepts of Pollution and Taboo* (Routledge, 2002).
9. Leslie Jamison, "Since I Became Symptomatic," *New York Review of Books*, March 26, 2020, at https://www.nybooks.com/daily/2020/03/26/since-i-became-symptomatic/.

10. The Emanuel clip in question can be found at https://www.youtube.com/watch?v=Pb-YuhFWCr4.
11. As quoted in Tom Philpott, "The Biblical Flood That Will Drown Cal-ifornia," *Mother Jones*, August 26, 2020, at https://www.motherjones.com/environment/2020/08/california-flood-arkstorm-farmland-climate-change/.
12. 2020 年 5 月，罗默在与泰勒·科文的对话中勾勒了利用"州主权豁免"允许企业销售未经美国食品药品监督管理局批准的检测产品的计划。https://conversationswithtyler.com/episodes/paul-romer-2/.
13. Steve Coll, *Private Empire: ExxonMobil and American Power* (Penguin Press, 2012).
14. See Felix Salmon, "The fall of an empire," Axios, November 1, 2020, at https://www.axios.com/2020/11/01/the-fall-of-an-empire.

第二章　一种全新的经济模式正加速到来

1. See Felix Salmon, "Inflation, recession, pandemic makes for messy reality," Axios, July 30, 222, at https://www.axios.com/2022/07/30/inflation-recession-pandemic-putin-biden.

第三章　股市大跌，零利率时代的投资新逻辑

1. Fred Schwed, *Where Are the Customers' Yachts? Or, a Good Hard Look at Wall Street* (Simon & Schuster, 1955). 这本书至今仍在印刷。
2. Robin Wigglesworth, *Trillions: How a Band of Wall Street Renegades Invented the Index Fund and Changed Finance Forever* (Portfolio, 2021).
3. Howard Marks, "Thinking about macro," at https://www.oaktreecapital.com/insights/memo-podcast/thinking-about-macro.
4. Kevin Roose, "He's a Dogecoin Millionaire. And He's Not Selling," *New York Times*,

May 14, 2021, at https://www.nytimes.com/2021/05/14/technology/hes-a-dogecoin-millionaire-and-hes-not-selling.html.

5. See https://twitter.com/WHO/status/1237777021742338049.

6. 是的，这正是布拉德的一篇论文。James Bullard and John Duffy, "Learning and Structural Change in Macroeconomic Data," FRB of St. Louis Working Paper No. 2004-016A, at https://papers.ssrn.com/sol3/papers.cfm?abstract_id=763926.

7. Kyle Chayka, "The meme economy," January 29, 2021, at https://kylechayka.substack.com/p/essay-the-meme-economy.

8. Charles Duhigg, "The Pied Piper of SPACs," *The New Yorker*, June 7, 2021, at https://www.newyorker.com/magazine/2021/06/07/the-pied-piper-of-spacs.

9. Michael Lewis, *Liar's Poker: Rising through the Wreckage on Wall Street* (W. W. Norton, 1989).

第四章　投资赌徒心理：从投资金银到加密货币

1. Bruce Robinson, author and director, *Withnail & I* (1987).

2. See https://twitter.com/nathanielpopper/status/1494772157448011777.

第五章　居家办公是更高效的工作模式吗？

1. Matt Levine, "Fraud Is No Fun Without Friends," Bloomberg, January 13, 2021, at https://www.bloomberg.com/opinion/articles/2021-01-13/fraud-is-no-fun-without-friends.

2. See Adam Tanner, "AIG chief defends holiday," Reuters, August 27, 2009, at https://www.reuters.com/article/insurance-aig/aig-chief-defends-holiday-idUKLNE57Q03K20090827.

3. See Hayley Peterson, "Sears' reclusive CEO explains why he rarely visits the office—

and instead lives at his sprawling $38 million estate that's 1,400 miles away," *Business Insider*, March 27, 2018, at https://www.businessinsider.com/sears-ceo-eddie-lampert-responds-to-critics-of-his-management-style-2018-3?r=US&IR=T.

4. See Kali Hays, "New York Times Editor Dean Baquet Has Been Run-ning the Gray Lady from L. A. ," *Los Angeles Magazine*, July 26, 2021, at https://www.lamag.com/citythinkblog/dean-baquet-los-angeles/.

5. See Avery Hartmans, "Billionaire Oracle founder Larry Ellison has reportedly moved to the Hawaiian island he mostly owns, the latest high-profile departure from Silicon Valley," *Business Insider*, December 14, 2020, at https://www.businessinsider.com/larry-ellison-oracle-lanai-island-hawaii-move-2020-12.

6. See David Benoit, "JPMorgan's Jamie Dimon and His Brush with Death," *Wall Street Journal*, December 24, 2020, at https://www.wsj.com/articles/jpmorgans-jamie-dimon-and-his-brush-with-death-you-dont-have-time-for-an-ambulance-11608821876.

7. See Zack Fink, "Staten Island Accounts for 25 percent of City's Recent COVID-19 Deaths," NY1, December 9, 2020, at https://www.ny1.com/nyc/all-boroughs/news/2020/12/09/cuomo--staten-island-accounts-for-25--of-city-s-covid-19-deaths.

8. See Gregory Schmidt, "Luxury Rental Buildings Take 'Working from Home' to the Next Level," *New York Times*, July 23, 2022, at https://www.nytimes.com/2022/07/23/realestate/co-working-luxury-rental-buildings.html.

9. Nicholas Bloom et al. , "Does Working from Home Work? Evidence from a Chinese Experiment," *Quarterly Journal of Economics* 130, no. 1 (February 2015): 165-218, at http://dx.doi.org/10.1093/qje/qju032.

第六章 后全球化的世界：更加多元，更具韧性

1. Joseph Stiglitz, *Globalization and Its Discontents* (W. W. Norton, 2002).
2. Kyle Chayka, "Welcome to Airspace," The Verge, August 2016, at https://www.theverge.com/2016/8/3/12325104/airbnb-aesthetic-global-minimalism-startup-

gentrification.

第七章 疫情改变世界：身体距离、集体主义与数字化世界

1. W. J. Freeland, "Pathogens and the Evolution of Primate Sociality," *Biotropica* 8, no. 1 (March 1976): 12-24, at https://doi.org/10.2307/2387816.
2. See Miriam Krieger & Felder, "Can decision biases improve insurance outcomes? An experiment on status quo bias in health insurance choice", *International Journal of Environmental Research and Public Health* 16, no. 6 (June 19, 2013): 2560-77, at https://www.mdpi.com/1660-4601/10/6/2560.
3. Corey L. Fincher, Randy Thornhill, Damian R. Murray, and Mark Schaller, "Pathogen prevalence predicts human cross-cultural variability in individualism/collectivism," *Proceedings of the Royal Society B* B.2751279-1285, at http://doi.org/10.1098/rspb.2008.0094.
4. Leo Herrera, Weird, September 26, 2020, at https://www.instagram.com/p/CLPddziBFe0/?hl=en.

第八章 从疫情恐惧中走出来

1. "Global prevalence and burden of depressive and anxiety disorders in 204 countries and territories in 2020 due to the COVID-19 pandemic, *The Lancet*, October 8, 2021, at https://doi.org/10.1016/S0140-6736(21)02143-7.
2. AAP-AACAP-CHA Declaration of a National Emergency in Child and Adolescent Mental Health, at https://www.aap.org/en/advocacy/child-and-adolescent-healthy-mental-development/aap-aacap-cha-declaration-of-a-national-emergency-in-child-and-adolescent-mental-health/.

3. National Center for Health Statistics, Provisional Drug Overdose Death Counts, at https://www.cdc.gov/nchs/nvss/vsrr/drug-overdose-data.htm.
4. Rebekah Levine Coley and Christopher F Baum, "Trends in mental health symptoms, service use, and unmet need for services among US adults through the first 8 months of the COVID-19 pandemic," *Translational Behavioral Medicine* 12, no. 2 (February 2022): 273-83, https://doi.org/10.1093/tbm/ibab133.
5. Tara Parker-Pope, Christina Caron, and Mónica Cordero Sancho, "Why 1,320 Therapists Are Worried about Mental Health in America Right Now," *New York Times*, December 17, 2021, at https://www.nytimes.com/interactive/2021/12/16/well/mental-health-crisis-america-covid.html
6. See KQED, "Did the Emptying of Mental Hospitals Contribute to Homelessness?" and "Rosemary Kennedy: The Tragic Story of Why JFK's Sister Disappeared from Public View," at https://www.kqed.org/news/11209729/did-the-emptying-of-mental-hospitals-contribute-to-homelessness-here and https://www.kqed.org/pop/22432/rosemary-kennedy-the-tragic-story-of-why-jfks-sister-disappeared-from-public-view.
7. See Vern Pierson, "Hard truths about deinstitutionalization, then and now," Calmatters, March 10, 2019, at https://calmatters.org/commentary/2019/03/hard-truths-about-deinstitutionalization-then-and-now/.
8. Tom Bartlett, "The Suicide Wave That Never Was," *The Atlantic*, April 21, 2021, at https://www.theatlantic.com/health/archive/2021/04/pandemic-suicide-crisis-unsupported-data/618660/.
9. See Our World in Data, "Suicide Rate vs. Homicide Rate," at https://ourworldindata.org/grapher/suicide-vs-homicide-rate.
10. Australian Institute of Health and Welfare, "Mental health impact of Covid-19," at https://www.aihw.gov.au/reports/mental-health-services/mental-health-services-in-australia/report-contents/mental-health-impact-of-covid-19.
11. See Christopher Ingraham, "New data shows Americans more miserable than we've been in half a century," January 28, 2022, at https://thewhyaxis.substack.com/p/

new-data-shows-americans-more-miserable.
12. "Reading and mathematics scores decline during COVID-19 pandemic," National Center for Education Statistics, at https://www.nationsreportcard.gov/highlights/ltt/2022/.

第九章 风险的正反面

1. See Dennis Romero, "'Cannonball' coast-to-coast drive record set amid virus shutdown," NBC News, April 11, 2020, at https://www.nbcnews.com/news/us-news/cannonball-coast-coast-drive-record-set-amid-virus-shutdown-n1182011.
2. Pedestrian Traffic Fatalities by State, GHSA, at https://www.ghsa.org/sites/default/files/2022-05/Pedestrian%20Traffic%20Fatalities%20by%20State%20-%202021%20Preliminary%20Data%20%28January-December%29.pdf.
3. "FTC Report Finds Annual Cigarette Sales Increased for the First Time in 20 Years," at https://www.ftc.gov/news-events/news/press-releases/2021/10/ftc-report-finds-annual-cigarette-sales-increased-first-time-20-years.
4. See the 2020 FBI Hate Crimes Statistics, at https://www.justice.gov/crs/highlights/2020-hate-crimes-statistics.
5. See National Center for Health Statistics, Mortality in the United States, 2020, at https://www.cdc.gov/nchs/products/databriefs/db427.htm.
6. Felix Salmon, "Coronavirus ushers in era of uncertainty," Axios, April 2, 2020, at https://www.axios.com/2020/04/02/coronavirus-economy-market-uncertainty.
7. Andrew Anthony, "To mask or not to mask? Opinion split on London underground," *The Guardian*, September 19, 2021, at https://www.theguardian.com/world/2021/sep/19/to-mask-or-not-to-mask-opinion-split-on-london-underground.

第十章　经济真的会恢复吗：我们应该这样做

1. Adair Turner, "How to tame global finance," *Prospect*, August 27, 2009, at https://www.prospectmagazine.co.uk/magazine/how-to-tame-global-finance.
2. See Dave Girouard's tweet thread at https://twitter.com/davegirouard/status/1452333296415911936.
3. John Maynard Keynes, *Essays in Persuasion* (W. W. Norton, 1963), pp. 358-73.
4. M. Shahe Emran, A. K. M. Mahbub Morshed, and Joseph E. Stiglitz, "Microfinance and Missing Markets (March 2007). Available at https://ssrn.com/abstract=1001309.

第十一章　解决经济危机：我们找到了一个超级厉害的办法

1. 2002年11月8日在伊利诺伊州芝加哥大学，伯南克在米尔顿·弗里德曼教授荣归欢迎仪式上致辞。https://www.federalreserve.gov/boarddocs/speeches/2002/20021108/.
2. 如需查看完整视频，请点击：https://www.mediamatters.org/stuart-varney/watch-fox-panel-become-speechless-after-guest-defends-universal-basic-income。
3. Alan Greenspan, "Dodd-Frank fails to meet test of our times," *Financial Times*, March 29, 2011, at https://www.ft.com/content/14662fd8-5a28-11e0-86d3-00144feab49a#axzz1I5YYNcgb.

第十二章　经济出现了结构性变化

1. See Colin Nagy, "The Revenge Travel Edition", Why Is This Interesting, July 1, 2021, at https://whyisthisinteresting.substack.com/p/the-revenge-travel-edition.

2. John Maynard Keynes, "How Much Does Finance Matter?," The Listener, April 2, 1942.

3. Ecclesiastes 8: 15, New International Version.

4. Robbie Whelan and Jacob Passy, "Disney's New Pricing Magic: More Profit from Fewer Park Visitors," *Wall Street Journal*, August 27, 2022, at https://www.wsj.com/articles/disneys-new-pricing-magic-more-profit-from-fewer-park-visitors-11661572819.

5. Agatha Christie, *An Autobiography* (Collins, 1977). 该引文广为流传，但经常都是带有轻微乱码的文字。我很感激蒂莫西·李（Timothy Lee），他找到了所引文本的确切形式。李关于该引文的出色文章见：https://fullstackeconomics.com/why-agatha-christie-could-afford-a-maid-and-a-nanny-but-not-a-car/。

第十三章　驾驭变幻莫测的货币

1. Narayana Kocherlakota, "Money is Memory," Federal Reserve Bank of Minneapolis, October 1, 1996, at https://www.minneapolisfed.org/research/staff-reports/money-is-memory.

2. Satoshi Nakamoto, "Bitcoin open source implementation of P2P currency," February 11, 2009, at https://satoshi.nakamotoinstitute.org/posts/p2pfoundation/1/#selection-9.0-9.50.

第十四章　不平等现象不断加剧

1. "The income gradient in COVID-19 mortality and hospitalisation: An observational study with social security administrative records in Mexico," *The Lancet*, November 10, 2021, at https://doi.org/10.1016/j.lana.2021.100115.

2. "Assessing the Burden of COVID-19 in Developing Countries: System-atic Review, Meta-Analysis, and Public Policy Implications," BMJ Global Health, at https://

gh. bmj. com/content/7/5/e008477.

3. Credit Suisse Global Wealth Report 2021, at https://www.credit-suisse.com/media/assets/corporate/docs/about-us/research/publications/global-wealth-report-2021-en.pdf.

4. National Human Rights Commission, "Human Rights Advisory on Rights of Women in the Context of COVID-19," October 7, 2020, at https://nhrc.nic.in/sites/default/files/Advisory%20on%20Rights%20of%20Women_0.pdf.

5. Nishant Yonzan, Christoph Lakner, and Daniel Gerszon Mahler, "Is COVID-19 increasing global inequality?," World Bank Data Blog, at https://blogs.worldbank.org/opendata/covid-19-increasing-global-inequality.

6. T. V. Padma, "COVID vaccines to reach poorest countries in 2023—despite recent pledges," *Nature*, July 5, 2021, at https://www.nature.com/articles/d41586-021-01762-w.

7. Benjamin Mueller and Rebecca Robbins, "Where a Vast Global Vaccination Program Went Wrong," *New York Times*, August 2, 2021, at https://www.nytimes.com/2021/08/02/world/europe/covax-covid-vaccine-problems-africa.html.

8. 相关数据收集最全的是《2022牛津饥荒救济委员会不平等报告》，见 https://oxfamilibrary.openrepository.com/bitstream/handle/10546/621341/tb-inequality-kills-methodology-note-170122-en.pdf。

9. Russell Flannery. "Li Ka-shing's Midas Touch," *Forbes*, March 7, 2012, at https://www.forbes.com/sites/russellflannery/2012/03/07/li-ka-shing-midas-touch/?sh=8c0fb88429e4.

10. Amy Chozick, "After a Year, Tablet Daily Is a Struggle," *New York Times*, February 5, 2012, at https://www.nytimes.com/2012/02/06/business/media/after-a-year-the-daily-tablet-paper-struggles.html?_r=2&ref=media&pagewanted=all.

11. "Billionaire Buffett Dumps Newspaper Holdings at a Loss," Agence France-Presse, January 29, 2020, at https://www.courthousenews.com/billionaire-buffett-dumps-newspaper-holdings-at-a-loss/.

12. Michael Barbaro, "Bloomberg Testing the World of Opinion," *New York Times*, Febru-

ary 28, 2011, at https://www.nytimes.com/2011/03/01/nyregion/01bloomberg.html?_r=2&adxnnl=1&ref=nyregion&adxnnlx=1299006634-j0Vk/Fg5BQJwk1Wyc6kV3Q.

13. Rob Reich, "What Are Foundations For?," *Boston Review*, May 28, 2013, at https://bostonreview.net/forum/foundations-philanthropy-democracy/.

14. Matt Taibbi, "The Great American Bubble Machine," *Rolling Stone*, April 5, 2010, at https://www.rollingstone.com/politics/politics-news/the-great-american-bubble-machine-195229/.

15. Thomas Blanchet, Emmanuel Saez, and Gabriel Zucman, "Real-Time Inequality," NBER Working Paper No. 30229, July 2022, at https://eml.berkeley.edu/~saez/BSZ2022.pdf.

后记　未来可期

1. See "Solving the Productivity Puzzle," McKinsey Global Institute, February 2018, at https://www.mckinsey.com/~/media/mckinsey/featured%20insights/meeting%20societys%20expectations/solving%20the%20productivity%20puzzle/mg-solving-the-productivity-puzzle-report-february-2018.pdf.

2. Mark A. Moore and Aidan R. Vining, "The Social Rate of Time Preference and the Social Discount Rate," Mercatus Center, November 2018, at https://www.mercatus.org/system/files/moore_and_vining_-_mercatus_research_-_a_social_rate_of_time_preference_approach_to_social_discount_rate_-_v1.pdf.

翻译委员会

(按姓氏拼音排序)

丁　岩　何　裔　竟庭瑜　李文然
吴宇琪　许　宏　杨　瑞　朱宁昊